思宗紀《ししゅうき》

つながる高知の物語

GREETING

ごあいさつ

この本を手に取っていただき、ありがとうございます。

大石宗です。１９８０（昭和55）年生まれです。２０２３（令和5）年9月で43歳になります。

地方政治家です。高知県を足場にし、高知県のことを考え、行動し続けています。

高知県という窓から日本を、世界を見るように努めています。

高知県議会議員になったのは26歳のときでした。

地盤もカネもゼロ、無謀ともいわれましたが、選挙に落ちるかもしれない、落ちたらどうしよう、とはなぜか考えませんでした。若さだったと思います。

自分は若いのだと思いながら走り続け、いつの間にか不惑の40歳を超えました。

といっても政治家としてはまだまだ若造です。

その若造が本を出すなんて生意気ではないかと思ったのですが、行きつ戻りつ考えた末に出そうと決めました。

その理由は、政治という責任ある世界に身を投じている以上、自らのことを説明する必要があると感じているからです。

私は政治の世界からポピュリズムやワンフレーズをできるだけ除くべきだと考えています。

もちろんワンフレーズで支持を得るのも大切でしょう。

が、それ以上に大切なのは考えや行動を理解してもらうことだと思います。

理解してもらうには長い文脈で語る必要があるのです。

26歳で県議になったとき、私は当時の民主党に身を投じました。

野党から与党となり、また野党になったあと、私は衆院選に挑戦しました。民主党公認で二度。民主党が民進党となって事実上解党した直後は希望の党の公認で。

希望の党が消滅したあとはどこの政党にも属していません。

三度の国政挑戦に失敗したあと、再び県議に戻りました。

現在は政党に属さない県議会議員として活動を続けています。

スタンスが分かりづらいと言われたこともあります。しかし私の考えは一貫しています。足場も一貫して故郷高知です。

この本は「私が歩んだ道のり」に、「私の考え方、行動」を織り交ぜています。歴史があってこそ今があります。私は歴史が好きですし、私の人格形成には今は亡き祖父や曽祖父、そして数々の「師」といえる皆さんの存在が関わっています。

祖父と曽祖父は高知県という足場に拠って自由民権運動、実業界、大正デモクラシー、農民運動、萌芽期の政党政治、戦争を経験してきました。時流に流されずに自分の頭で考えることができる、自身の哲学を持った人たちでした。本当の意味での自由人でした。

私が戦没者の慰霊巡拝や遺骨収容を続けているのも、沖縄に足を運び続けているのも、曽祖父や祖父が歩んだ道筋の上に今の自分があるからです。戦争末期、祖父は初年兵に対してこう説諭しました。「服従と盲従は違う、盲従はするな」と。軍法会議にかけられるかもしれないと思いながら、上官の前で「盲従はするな」と言ったそうです。心が自由であることの大切さを知っている人でした。

少しでも読みやすくしたいと考え、この本は語り口調で書いています。興味のあるところだけでも目を通していただけるとうれしいです。

推薦のことば

プロパティエージェント株式会社　代表取締役社長
高知県イノベーションベース　代表理事兼委員長
中西　聖

「誰しも僕ら人生は一度
正しい道か誰もわからないけど
きっと人生はそんなところ
大事な気持ち見失わず行こう」

（GReeeeN『道』より）

2007年、身も心もボロボロになって挑んだ初の県議選、心が折れそうになった時に支えになった、彼（著者）の友人が作った曲・歌詞の一節である。

彼は、高知のため、国のために、なぜ努力を継続することができるのだろうか。常々そう思っていた私の不思議は、この本を読んで氷解した。

これは、苦難を乗り越えつつ、地に足をつけ、力強く前に進む彼の政治家としての哲学、考え方、行動に加え、高知県の歴史と現状についても非常に学びになる一冊である。

「思宗紀」というタイトルを見た時に、彼の思いの変遷を書き下ろしたものだと思った。

しかし、それだけではなかった。

大石家の歴史をたどりつつ、高知県の歴史の一端をも知ることができる構成となっていた。

彼は歴史を学ぶ姿勢が強く、それが今の彼の礎となり、生き方、考え方の根幹になっている。

さらに、この本を読んで分かることは、彼があらゆる人との出会いに恵まれ、師と呼ぶ人に恵まれ、そして、進むべき道が形成されてきたということだ。

彼がこの本の締めくくりに綴っている「思いが集まり、道ができる」という表現がある。

これは、彼の生き方にとって非常に重要なセンテンスであることが分かる。

あらゆる人との出会いの中で彼は学び、彼の信念や考え方がより強固なものになっていったように思う。

そして彼は、学ぶだけではなく、自分が関わってきた人のみならず、自分が直接的に関わらない人たちの領域にも一生懸命貢献してきた。かく言う私も、高知県で起業家を育成する会、「高知県イノベーションベース」の創設にあたって、彼に非常にご尽力いただいた。

彼はそのような行動を、地道にコツコツと、様々な人々と語らいながら実践してきた。

彼がこうした人物になりえたのは、政治家としてスタートした後の三度連続の落選と7年間にわたる浪人期間も大きかったように思う。

浪人中のある時期、彼は、仕事もない中で、毎朝5時からビニールハウスでシシトウ収穫のアルバイトをし、そのまま朝の街頭演説に出かけていた。

また各地域地域で地域おこしのプロジェクトを手伝ったりもしていた。

2013年からは「国軸の会」という国会議員の会に参加し、それまでよりも深く政治に向き合うようになった。

剣道で鍛えられた精神からか、祖父から受けた影響からか、議員バッジを外した後も全くブレずに国と高知県に向き合い、貢献することを考えていた。

現場に足を運び、汗をかき、手を動かし、人と語らい、多種多様なことを思考していた。

しかも、彼はこのような地道な7年間の努力を「つらくなかった」という。

ここに彼の確固たる信念と哲学を感じる。

目線は現場にあり、志を大きく持つ。

私は、彼のような存在が今後の日本、高知に前向きな影響をもたらすと思っている。

私の話となって恐縮だが、私は高知県出身で、高知のことをいろいろと知っていたつもりであった。

しかし、この本を読み、高知を歴史から紐解くことによって、高知に対する理解がさらに深まった。

高知を憂うるだけではなく、どのように希望を持てばよいかのヒントにもなる。

この本は、政治に関係がなくても、特に、高知県の若い方々、高知県にゆかりのある方々には誰にでも、ぜひ読んでもらいたい。

私は今後、高知県を愛する者として、彼の想いと高知の歴史が詰まったこの一冊をバイブルとして大切にしていきたいと思う。

CONTENTS

思 宗 紀

S H I S H U K I

9月11日の記憶

私は1980(昭和55)年の9月11日に高知市で生まれました。

9月11日という日付には思い出があります。

2001年の9月11日、米・ニューヨークの世界貿易センタービルが航空機によるテロに遭った日は21歳の誕生日でした。

そのとき私は高知市春野町の、荒倉トンネルを春野側に出たところにあったグローリというレストランで先輩に祝ってもらっていました。先輩の名は熊智弘さんといって、私を最もかわいがってくれた音楽の先輩です。あとで詳しく書きますが、私は高校時代からバンドにのめり込んでいました。熊先輩は高知にいながらインディーズ(大手制作会社に属さない独立系グループ)レーベルからデビューするという新たなバンド像の草分けのような人で、今も高知市に住む市川勝さん、桑名秀輔さんと3人で「STORM(ストーム)」というバンドを組んで全国ツアーをしていました。そのスタッフとして、私は高校3年生の冬から浪人時代にかけて全国を一緒に回っていました。ツアーに帯同して全国津々浦々を回ったことが、私に高知という土地を意識させるきっかけとなったように思います。

STORMが属していたレーベルはTV−FREAK RECORDS。その社長だったRYOJIさんのやっていたバンド、POTSHOTのドラムは小学生の頃から大好きだったJUN SKY WALKER(S)(ジュンスカ)の小林雅之さんで、この縁がきっかけで今も宮田和弥さんはじめ、ジュンスカのメンバーの皆さんにはいろいろとお世話になっています。ジュンスカは今年活動35周年を迎えましたが、ますます精力的に活動を続けています。宮田さんは地方の風景に目を向けてくれているアーティストで、最近では、土佐町の早明浦ダムや本山町の棚田、中土佐町久礼の西岡酒造さんの蔵などへ一緒に行ってYouTube番組の撮影をお手伝いしました。宮田さんは高知でイベント会社を経営する出口裕家さんとも連携し、ファンツアーの企画先にも高知を選んでくれています。

世界貿易センターの映像を見たのはグローリを出て熊先輩の家に行ったときです。先輩の家は高知市神田の団地にありました。酒を飲み、テレビをつけたらビルに航空機が激突しているあの映像が飛び込んできました。怖いというより、とにかく驚きました。一機目がビルに突っ込んでいて、テレビを見ていると二機目が突っ込んだように記憶しています。映画を見ているような、現実とは思えない現実でした。のんきに誕生日を祝ってもらっていたら、いきなり非現実的な現実世界に放り込まれたのです。11年前に湾岸戦争(イラクのクウェート侵攻を契機に多国籍軍がイラクを攻撃)が起こっていたこともあり、世界秩序がこれで大きく変わっていくんじゃないかと感じたことを覚えています。

もう一つの9・11は2005年、郵政選挙の投票日です。この日も私の運命に大きな影響を与えました。それを書き始めると長くなるので、その前に私のたどった道のりを紹介させていただきたいと思います。2005年9月11日に至る道のり、政治家を志す道のりといってもいいかもしれません。

史跡の街、越前町

私の実家は高知市の越前町ですが、幼少期は市内西端の朝倉で育ちました。若草幼稚園の出身です。1980年当時はまだ開発の波が押し寄せておらず、田んぼや畑に囲まれ、牛がいるようなのどかな環境でした。小学校に入るとき、越前町にある父の実家に移ります。小学校は小高坂小学校でした。

越前町は史跡の多い街でした。そもそも名前の由来が戦国武将浅井長政の元重臣、百々《どど》越前守綱家からきています。高知城の築城にあたり、山内一豊がぜひにと召し抱えた築城の名人です。戦国時代、戦乱の土佐を平定したのは長宗我部元親でした。命運が一転したのは1600（慶長5）年にあった天下分け目、関ヶ原の戦いです。長宗我部家は石田三成の西軍に属し、徳川家康の東軍に完敗。家康の命で土佐には遠州掛川（現在の静岡県掛川市）から山内一豊が入ってきます。山内家が大高坂山に造り上げたのが今も残る高知城でした（初代天守閣は火事で焼失。現在の天守閣は1700年代の築造）。

家の近所には二つの史跡がありました。

一つは長宗我部元親の甥であり、長宗我部家の有力な武将であった吉良親実の邸宅跡。

もう一つは自由民権運動の指導者として有名な植木枝盛の邸宅です。

ともに石碑が建立されていましたので、子供心に強い印象が残りました。

吉良親実は、若く、文武両道の才気煥発な武将だったといわれています。ところが元親の長男信親が戦死したことで元親との関係が悪化します。元親は期待し、寵愛していた信親の死を嘆き悲しみました。信親の娘を四男である盛親の妻とし、家督を継がそうと考えたのです。絶対権力者の元親に対し、親実は諫言します。近い親族同士の結婚であること、盛親は四男であり、長幼の序に反することなどです。それが元親の逆鱗に触れました。切腹の命を受けた親実は粛然とそれを受け入れ、越前町の邸宅で切腹します。元親の怒りは収まらず、親実とともに行動した武将や一族郎党をも殺しました。

それから間もなくのことです。越前町の吉良邸近くでは首のない武士や大入道が目撃されるようになりました。それればかりではありません。元親に親実らの処罰を勧めたとされる重臣、久武親直の子供たちが原因不明の病気で次々と死亡しました。やがてこれが怨霊伝説「七人みさき」として広まります。七人みさきの伝説は全国各地にありますが、その代表格が吉良親実一党の話だといわれています。権力に臆せず堂々と正論を述べた吉良親実を人々は称え、その怨念が鎮まるよう邸宅跡に神社を建立しました。これが吉良神社です。明治に入り、吉良神社は師範学校建設のため山ノ端町の若一王子宮境内に遷宮されています。
植木枝盛邸は、遊び場だった桜馬場公園の前にありました。
最初は「自由は土佐の山間より」というコピーを書いたのが植木だというぐらいの知識でしたが、前を毎日通るので、自然と植木や自由民権運動について興味を持つようになりました。

植木邸は小さな民家でした。気づかずに通り過ぎてしまうような家なのですが、植木はこの座敷で「東洋大日本国国憲案」を起草したのです。自由主義的・民主主義的な性格を強く打ち出し、地方自治を重視した連邦制や国会中心の統治体制もうたっていました。抵抗権や革命権を認めていたことも大きな特徴です。現在の日本国憲法の源流の一つになったともいわれています。老朽化によりこの家の取り壊しが決まったとき、「歴史的に貴重な建物であり、残すべきだ」という声が沸き起こりました。結局家は壊されてしまいましたが、憲法案を書いた書斎は高知市立自由民権記念館に移築されました。最新技術で移築され、当時のまま復元された書斎は記念館のメイン展示となっています。

このときに尽力したのが自由民権運動と板垣退助研究の第一人者である歴史家、

公文豪さんです。少し寄り道すると、県議会議員になったあと、私は公文さんとの対談を何度かしたことがあります。自由民権運動や板垣退助の話です。公文さんの見識には教えられることが多く、たとえば板垣退助には公文さんが新たな光を当てつつあると思っています。ちなみに公文さんは県議会の先輩でもあります。共産党の県議会議員として２０００（平成12）年の県闇融資事件（県予算を流用して特定企業に融資）では県議会百条委員会で執行部に鋭い矢を放ちました。この事件では山本卓副知事ら県幹部３人が背任で起訴され、有罪となっています。公文さんは２００３（平成15）年の県議選で落選して政治家を引退、以後は歴史家として業績を積んでいます。

近年の研究で、植木邸にもともと住んでいたのは谷干城の一族だということが判明しつつあります。谷干城は板垣退助と同い年の旧土佐藩士です。討幕運動から軍人、政治家となるにつれて板垣とは離れていきました。谷家は学者の家系で、先祖に土佐南学を大成させたとされる谷秦山がいます。縁あって私は谷干城の顕彰と高知市西久万にある墓地の清掃を行う団体を立ち上げて活動しています。縁といえば、私は吉良親実にも少し関係しています。吉良神社がある若一王子宮の総代会顧問をしているのです。親実の墓があった春野町西分にも親実を祭神とする吉良神社があり、若一王子宮と交流しています。年に一度、石本満仁宮司や総代会の会長である長尾忠雄さん、総代会のメンバーらとともに私も参加しています。

ひとつあれば生きていける

少年時代の話に戻ります。朝倉から移ったこともあり、最初は学校になじめませんでした。本を読むのが好きだったので、学校では図書室にこもりっきり。友だちもできません。授業終わりの会で同級生が「大石君がきょうも外でドッジボールしませんでした」と報告していたのを覚えています。ぽちゃっとしていたので足も遅かった。とにかく内向的で、本ばかり読んでいる子供でした。

よかったのは、2年生くらいのときに剣道を始めたことです。同じ町内にある高知錬心館に通いました。おとなしい私を心配した母に連れて行かれたのですが、近所の子供もたくさんいたのでそのまま入門しました。一世を風靡した村上もとかさんの漫画『六三四の剣』にも影響を受けました。錬心館は当時、県内でも一、二を争う厳しい道場でした。稽古は苦しくて、毎回吐くぐらいだったのですが、やめませんでした。というか、やめさせてもらえるような家庭じゃなかった。で、やってるうちに、まあまあ強くなったんです。人間不思議なもので、一つでも自信を持てるものができたら生きていけるんですね。剣道をやったことで、ほんの少しだけですが、自分に自信が持てるようになりました。

少年剣道は私に大きな影響を与えてくれたと思います。高知錬心館は越前町と福井町（福井保育園の体育館を間借りしていました）に道場があり、主に越前町は弘田福先生、福井町は野中健作先生が指導してくれていました。1年後に弘田先生が引退されたことで越前町の道場が閉鎖になり、その後は独りで鳥越行きの路線バスに乗って福井町に長く通いました。弘田先生と野中先生のお二人は本当に恩人です。弘田先生は稽古のあとで夏はアイス、冬は肉まんをよく食べさせてくれました。そんなとき、私たちに戦争の写真を見せてくれたものです。先生はビルマ戦線の兵士を慰霊顕彰する高知パゴダ会の役員をしていました。僧籍を取って現地の慰霊祭で読経しながら遺骨収容をするような人で、見せてくれる写真には人骨が写っているものもありました。私はまだ小学校低学年ですから、人の骨を見て驚いたものです。あとで触れますが、弘田先生がいた陸軍歩兵第百四十四連隊は異常に過酷な運命にさらされた部隊です。激戦のニューギニアで戦い、生き残った者はこれも激戦地となるビルマ（現ミャンマー）に向かわされたのですから。ニューギニアでは内地出発人員３５００人＋補充１１５０人、計４６５０人のうち生還できたのはわずか3割。補充兵を加えて転戦したビルマでも１７４６名が亡くなっています。弘田先生は、そのような経験をした人でした。

野中先生は高知高校、法政大学の剣道部で鳴らしたあと、錬心館で指導を行っていました。勝負に厳しい半面、教え子一人一人の心から技術まで、これでもかというほど注意深く見守って温かい言葉をかけてくれる先生です。野中先生には心も身体も本当に鍛えてもらいました。高知錬心館は、前高知刑務所剣道部監督で現役国体強化選手の宮本理幸館長、大阪での指導経験も豊富な小谷徹先生、現役女子選手として県トップレベルで活躍中の芝麻由先生を中心に活動中です。野中先生は高知県剣道道場連盟の会長を務めています。

小学生のころの感謝の気持ちが元となって、私は学芸高剣道部の顧問でもある竹田真史さん、同い年の県チャンピオンだった池田大輔さん、弁護士として活躍している津田久敬さんら保護者仲間と一緒に今も高知錬心館のお手伝いをさせていただいています。

大石内蔵助伝説

私が育った越前町の実家は戦争末期に曽祖父の大石大が建てました。大は官界から実業界に入り、そのあと衆議院議員となりました。戦争中の翼賛選挙では東條英機首相が作った翼賛政治体制協議会の推薦を受けない非翼賛候補として立候補しています。すさまじい選挙妨害を受け、全く選挙運動のできない状態だったにも関わらずこのときも当選しました。私に最も影響を与えたのは祖父の大石喬ですが、まずは曽祖父のことに触れたいと思います。

大石家はもともと長宗我部家の遺臣で、県北部の本山町に根づいていました。藩政初期に現在の南国市陣山に移り、農業を生業としてきました。藩家老の野中兼山が物部川に山田堰を造って香長平野を開拓したとき、自らの知行地である本山から大石一族を選んで現在の香美市や南国市に入植させたといわれています。

私の高校の先輩で本山町の町議会議員を務めている吉川裕三さんの調査によると、もともと大石家は高石と称していたそうです。関ケ原の合戦後、土佐には長宗我部家に代わって山内家が入国します。入国した山内家に反抗して滝山（本山）一揆を起こしたのが高石左馬助兄弟で、一揆のあと一族は大石に改姓したといわれているそうです。

隣町、大豊町の町史には以下の記述があります。

「言う迄もなく高石左馬之助、吉之助は長宗我部時代の武将であり、元親、盛親亡きあとは土地の豪族であり領主であり、北山五百石の絶対的権力者でもあった。これを理解せず性急に貢物の納入を督促した新領主山内刑部に憤激したのがその発端である。山内刑部が着任と同時に威圧によらず仁政を施こし、民心収攬の措置を講じておればこのような悲劇はなかったであろう。それを強圧と性急な措置がこの反逆を生じた。

さて高石左馬之助の手腕力量は北山五百石を統御するに十分であった。農民が、その婦女子が、死を覚悟で彼の統率下にあったことでこれが窺われる。また一揆の場合その首領はことごとく処刑されているが、滝山一揆に限り左馬之助も吉之助も杳として行方は不明である。これも特異の一つであろう。後世、左馬之助が播州へ落ち、大石内蔵助良雄の先祖になったという土佐の伝承を生んだことも、左馬之助の優れた人物の考証ではあるまいか」

滝山一揆は1603（慶長8）年の出来事でした。大石内蔵助が吉良邸に討ち入ったのは1702（元禄15）年です。本山から逃れた左馬助が忠臣蔵の大石の先祖になったかどうかは分かりませんが、長宗我部家への忠義に厚く、反骨精神旺盛な人物であったようです。左馬助が最後に訴えたありさまについて、本山町出身で共産党の衆議院議員を務めた山原健二郎さんが著書『一揆の系譜《つてん》』でこんなふうに書いています。

「みなの衆、決起以来四十五日、よくぞ戦った。敵の死人は千をこえる。わしらの勝ちじゃ。百姓が大名に勝ったんじゃ。山内がおそれるのは幕府のおとがめじゃ。北山五百石の廃田じゃ。一人も帰農するでないぞ。そうすればふたたび勝つことができる。死んだものもうかばれる。その日まで木の実、草の根をかじっても辛抱してくれ。それじゃ解散するぞ」

左馬助の訴え通り、一揆に参加した農民たちは塗炭の苦しみを味わいながらも帰農しなかったようです。根を上げた土佐藩は、ついに年貢の引き下げと未納分の免除を約束します。左馬助への協力を山内刑部にとがめられた際、「刑部、百姓あっての侍ぞ、よく覚えておけ」と言い放って処刑された名主がいました。大豊町葛原の山原左馬之丞です。郷土史の泰斗、平尾道雄さんは佐馬之丞が山原健二郎さんの先祖ではないかと書いているそうです。平尾さんは半世紀にわたって土佐藩史を研究し続けた第一人者です。『竜馬がゆく』を書こうとする司馬遼太郎に坂本龍馬のエピソードをレクチャーしたことでも知られています。

戦時中に陸軍将校だった山原さんは祖父喬とも親しい関係でした。戦後は新聞記者、教師を経て県議会議員から衆議院議員になり、10期連続当選を果たしています。特筆されるのは小選挙区制になった1996（平成8）年に小選挙区の高知一区で当選したことです。共産党候補が小選挙区で当選するのは極めてまれなことでした。党派を超えて土佐人に愛された政治家だったと思います。文化人としても知られ、多くの短歌、俳句を残しています。

14歳で民権派伝令係

大石大は南国市陣山で1878（明治11）年に生まれました。「自由は土佐の山間より」という言葉がありますが、自由民権の空気をたっぷりと吸って成長した人だったようです。

自由民権運動は土佐の板垣退助らが中心となって広げた日本初の民主主義運動です。具体的には国会開設と憲法制定、外国との不平等条約改正を目指しました。土佐より発した運動は燎原の火のように全国へ燃え広がりました。土佐が、高知が日本を間違いなくリードした輝かしい歴史です。運動の起点となった土佐では若者が運動に熱中しました。若者が上京したため、若い働き手を失った農家が苦労したという裏面史もあります。曽祖父は13歳くらいのとき、物部川の堤防工事で稼いだ2円50銭を投じて買った『日本外史』全25巻を父芳太郎に川へ投げ捨てられています。学問が身につくと家を守らなくなる、と芳太郎は考えたのです。

曽祖父の人生を変えたのは1892（明治25）年の第2回衆議院議員選挙で起き

た選挙大干渉でした。

1890（明治23）年に大日本帝国憲法が施行され、翌年、初の衆議院議員選挙が行われます。選挙後の国会で第一党を占めたのは板垣退助の立憲自由党でした。定数4だった高知県の当選者はいずれも民権派の竹内綱、林有造、片岡健吉、植木枝盛です。政府と議会は対立し、内閣は山縣有朋から松方正義へと代わります。松方内閣も安定にはほど遠く、再び解散総選挙となります。議会の存在感に危機意識を持った政府側は、内務大臣の品川弥二郎が旗振り役となって露骨な選挙干渉に乗り出しました。政府与党の国権派に勝たせるため、民権派候補の選挙を露骨に、組織的に妨害したのです。民権派の議員が多い高知県は、特に激しい干渉の舞台となりました。

高知県では不正投票や日本刀を振り回すような暴力沙汰が相次いだようです。死傷者もたくさん出ています。14歳の大石大は、その中で民権派の伝令係を務めました。当選者は民権派の武市安哉、植木（西山）志澄と国権派の片岡直温、安岡雄吉。ところがのちの裁判で不正が明らかとなり、国権派の2人に代わって林有造と片岡健吉が議席を得ています。選挙権は高額納税者に限られていましたが、それでも民権派が議席を独占したわけです。

伝令役を務めたことが大石大に政治への目を開かせました。大は士族の子弟らとけんかして小学校を中退し、早朝から夜まで家の田畑で働いていました。忙しく働き続けながら、そこからの雄飛を夢に描いたのです。中学卒業程度の勉強をし、巡査か教員になって都会に生活の道を求めよう。傍ら法律を学び、弁護士となって政界に進出しよう、と。最初、現在の香美市土佐山田町にあった私立山田普通学館の夜学部に通いました。その後はほとんど独学で学びます。16歳で自ら名を改めました。七蔵を大と変えたのです。勉強時間を確保するため、大は職と住みかを転々と変えます。やがて大阪に出て働きながら勉強を続け、高等文官試験に合格。香川県の警察行政に携わったあと、実業界に転じて岡山や愛媛、大分で鉄道事業を営みます。

元さんにはかなわない

大が念願の政治家になったのは43歳のときです。１９２０（大正9）年の第14回衆議院選挙で高知二区（定数2）から出馬、トップで当選します。2位当選はのちに首相を務める濱口雄幸でした。当時は政友会の原敬が首相でした。原内閣は空前の財政出動をして鉄道網の整備を進めます。土讃線の敷設運動をやっていた関係で曽祖父が与党から選挙に担ぎ出され、野党憲政会の濱口雄幸に勝ったという構図です。この選挙で政友会は歴史的勝利を収めます。曽祖父は、いわば原チルドレンでした。

このころの、まさに飛ぶ鳥を落とす勢いの政友会を高知で支えていたのが、医師であり、高知市議会議員、県議会議員を経て衆議院議員を務めた町田旦龍高知支部長です。

若いときは民権運動にも傾注、「明治のイケメン」として人気となった織田信福と爆弾を手に上京したこともあります。のちには報道の世界にも進出、土陽新聞（高知新聞の前身の一つ）の社長も務めました。現在も続く町田病院の創始者でもあります。旦龍の子孫が町田病院の町田律子さんです。偶然ですが、私が政治の道に進んだときに助けてもらうこととなります。

大と同時期に中谷貞頼衆議院議員がいて、曽祖父とは同じ選挙区で三度戦っています。戦争遂行に向けた翼賛体制にはともに抗い、戦後は碁仲間でした。孫の中谷元さんは自民党の実力者で、衆議院議員に11回連続当選しています。私は3回連続で衆院選に挑戦したのですが、そのうち2回の相手は元さんでした。元さんにはかないませんでした。私が活動をおろそかにしたわけではありません。日常活動として、私は選挙区、特に山村をよく回りました。のです。私はそれが好きでした。一軒一軒歩き、家の人に声をかけるのです。私はそれが好きでした。都市部と違って山村にはインターホンがありませんん。がらりと戸を開け、こんにちはーと元気に声を出すと誰かが出てきてくれます。自己紹介し、話をし始める。と、「上がってお茶でも」と言われることがよくあるのです。お酒までごちそうになり、その家に泊めてもらうこともあります。田舎の小さなお祭りや集会にも足を運びました。そんなとき、いつも驚かされるのは必ず元さんが来ていることです。大豊町の山奥のまた山奥の祭りに行ったとき、やっとたどりついたと思ったら元さんが地元の人と一緒にもう酒を飲んでいました。驚いている私に元さんはこう声をかけてくれました。「シュウちゃん、よくきたね。こっちおいでよ」

脱線しました。曽祖父の話に戻ります。曽祖父は衆議院議員を2期連続で務めたあと、空白期を経て1936（昭和11）年から3期連続で再び衆議院議員を務めます。前半は与党政友会の一員として土讃線など鉄道の敷設に尽力したほか、政界革新を目指しました。鳩山一郎議員らとともに新党政友本党を結党、戦前の二大政党制が確立するきっかけとなる民政党の設立にも関わっています。鳩山一郎は2009（平成21）年に首相となった民主党の鳩山由紀夫さんの祖父に当たります。鳩山一郎も1950年代に首相を務めました。

土佐の「新田」問題

1926（大正15）年には全国の永小作権者の地租を免税する法律を、当時非常に珍しかった議員立法で成立させました。

曽祖父がこの問題に取り組んだ背景は、土佐独特の土地所有制度にありました。関ヶ原の合戦後、土佐には山内氏が入国します。土佐藩のスタートです。野中兼山をリーダーとして新田開発を精力的に行いました。その際に目をつけたのが、不平士族でもあった長宗我部の遺臣です。土佐藩はこの遺臣を郷士として取り立て、開墾や干拓の許可を与えました。ところが、実際に開墾した者の多くは農民でした。農民には権利がなかったので、郷士の名義を借りて新田を開発します。資金も労力も、すべて農民が出して新田を切り拓いたのです。名義人には「名義料」として収穫した米の一部を盆正月に持参しました。農民にすれば自分で切り拓いた自分の耕地なのですが、そう単純にはなりませんでした。農民は「上地持」、名義人は「底地持」と呼ばれた通り、一種の分割所有だったようです。その後、没落した郷士は郷士の権利を大商人に売るようになります。権利を売った郷士は地下浪人と呼ばれ、苗字帯刀は許されていました。地下浪人として有名なのは幕末維新の岩崎弥太郎です。権利を買った商人は郷士となり、「底地持」になりました。

土地分割所有の矛盾が噴き出すのが明治維新でした。

1873(明治6)年の地租改正で土地所有者を明確にすることが求められたのです。名義人となった旧郷士層や商人か、耕作者であり開拓者でもある農民か。結局、土地所有を表す地券は農民(上地持)ではなく名義人(底地持)に与えられました。農民による「新田」所有権は否定されたのです。農民にとってこれは大問題でした。

実質的な土地所有は農民であり、公租公課も農民の名義で支払っています。ところが納税で得られる選挙の投票権も含め、土地に絡む権利のほとんどを名義人が持ったのです。

この上地持、底地持問題は1898（明治31）年の民法施行時にも大きな議論となりました。当時21歳の青年だった曽祖父は、のちに高知市長などを務める民権家の松尾富功禄や弘瀬重正のもとで国への請願運動に参加しています。松尾は香長平野、弘瀬は埋め立てによってできた潮江のリーダーでした。ともに新田地帯で、上地持が多く存在する地域です。曽祖父は両氏への随行や書類の作成を担当したそうです。このとき問題になったのは、土佐独特の上地持が一般の永小作者と同様にみなされ、50年後には権利が消滅してしまうことでした。請願活動の結果、権利消滅の前に「底地持」が「上地持」と話し合うことが法律に書き込まれました。活動の成果は農民たちに大いに歓迎されました。

しかし曽祖父は、話し合いができるだけでは不十分だと思ったようです。これを宿題として次なる機会をうかがっていました。

当時は男子多額納税者のみを対象とした制限選挙でした。第1回の衆議院選挙は

1890（明治23）年でしたが、本来は投票権がある農民が衆議院議員選挙の投票権を失った傍ら、名義人が多額納税者として貴族院議員になるという現象が現れました。貴族院議員の一部（勅任議員）は多額納税者の互選だったのです。当時、高知県の農地の半分が本田、半分が新田だったといわれています。農民（上地持）の土地所有権が認められた場合、曽祖父の計算では県内の上地持1万4000人のほとんどが選挙権を得ることになりました。対照的に底地持は貴族院議員になれないばかりでなく、衆議院議員選挙の投票権まで失う可能性がありました。どちらも引けない争いでした。

1926（大正15）年、政府は自作農の免税法案を提出しました。提出者は濱口雄幸大蔵大臣です。このときも高知県の農民（上地持）は自作農と認定されず、免税になりませんでした。そのような不利益を解決するため、曽祖父が提案して成立させたのが永小作権者の地租を免税する法案でした。地租全額を支払っている永小作権者（土佐の上地持も含まれる）を自作農とみなす、という内容です。上地持の農民たちにとって、これは大きな前進でした。

県立高知短期大学教授で自由民権運動研究の第一人者だった外崎光広先生は、

「自由民権運動の本質的戦いの一つが農地所有権の確立と地租軽減にある」と指摘しました。その上で、民権運動最後の物質的成果として曽祖父の議員立法を挙げています。青年期に出会い、あこがれたであろう民権家たちがやり残した仕事に取り組めたのは幸せだったのではないかと思います。

上地持、底地持の経緯に始まる農業関係の諸問題に長く取り組んだ曽祖父は、農業者の厚い支持を得て県下各地に農民組合を設立しました。取りまとめの組織が土佐農民総組合です。これがいわゆる地域政党的な組織となり、曽祖父の後半の政治人生を支えました。

壁に大きく「国賊大石大」

後半の3期は戦争の時代でしたが、戦時体制に突き進む奔流には乗りませんでした。大石大は『春風秋雨八十年』という自伝を残しています。それによると、1940（昭和15）年初めには「反軍演説」をした斎藤隆夫議員の除名を回避すべく動いていています。同年夏には大政翼賛会が発足、国会議員のほとんどがその傘下に入りますが、翼賛体制にも批判的でした。同年秋には大政翼賛会への予算を大幅減額する修正案に賛成しています。1941（昭和16）年に東條英機首相が主導した翼賛議員同盟にも参加せず、非参加の議員たちで院内交渉団体の興亜議員同盟を結成しました。1942（昭和17）年の衆議院選挙では翼賛政治体制協議会の推薦を得ない候補として出馬、特別高等警察（特高＝秘密警察）の弾圧を受け、ほとんど選挙活動ができない状態で当選します。演説ができないことはもとより、外出もできない、宣伝文書を出せない、ポスターさえも貼れない状態で当選したのです。

非推薦で当選したうちの18人は親睦組織の非推薦議員倶楽部を作ったそうです。大はその副会長を務めます。会長は斎藤隆夫、もう一人の副会長は戦後に首相を務める芦田均でした。四国組は大石大のほか香川の三木武吉、徳島の三木武夫。二人とも戦後の実力政治家です。三木武吉は保守合同の立役者で自由民主党を生んだ男といわれ、三木武夫は田中角栄のあとの首相を務めました。

議員活動のため高知市に住む必要があり、曽祖父は1943（昭和18）年に南国市陣山の家を高知市越前町に移築します。翌年の6月、その壁に「非国民大石大、国賊大石大、火の用心せよ」と大書されました。消してもまた書かれ、門戸や瓦を壊されたこともありました。曽祖父は『春風秋雨八十年』に「隣組や町会の人々の悪意ではなく、私が満州事変以来軍閥の侵略政策に協力せず、大政翼賛会や同壮士団に反対し、隣組の児戯に類する防空訓練に協力せず、寧ろ冷笑するが如き態度に出たなどの経緯が非国民のレッテルを貼られる原因であったであろう」と書いています。時流に流されず、信念を貫いた人でした。戦後は日本社会党に参加し、平和運動にも力を注いでいます。高知新聞に載せた『春風秋雨八十年』の書評で、先の平尾道雄さんは大を「生まれながらのレジスタント」と書いています。

曽祖父は１９６６（昭和41）年に88歳で亡くなりました。私が生まれる14年前に亡くなったので、私は曽祖父から直接話を聞くことはありませんでした。

新聞記者だった大叔父

私に最も影響を与えたのは祖父の喬です。喬は大石大の後妻の長男です。

最初の妻の長男は利徳さんといって、１９３７（昭和12）年の衆議院選挙に高知二区から東方会公認で立候補をしています（大は高知一区）。これは東方会の勢力拡大のためだったと思われます。曽祖父の大石大の盟友だったのがジャーナリスト、政治家、そしてアジア主義者として知られた福岡出身の中野正剛です。1936（昭和11）年、中野は国家主義政党の東方会を作ります。曽祖父は国政復帰後、濱口雄幸内閣で内務大臣を務めた安達謙蔵率いる国民同盟に所属していましたが、ところが中野と個人的に親しい関係にあったことから、激しい中野の活動ぶりを心配した小泉又次郎（小泉純一郎元首相の祖父で小泉進次郎衆議院議員の曽祖父）や俵孫一の依頼で東方会に移籍し、常任顧問、大会等での議長役を務めました。長男の利徳さんを隣の二区に立てたのも東方会の勢力拡大のためだったと思います。大はトップ当選しますが、利徳さんは全く票が伸びずに敗れています。

利徳さんは九州で新聞記者をしていたようです。1938（昭和13）年、戦時下の経済を分析した『経済戦はこれからだ』という単行本を上梓しています。肩書は九州日報編集局顧問でした。九州日報は1887（明治20）年に頭山満が創刊した日刊紙です。1941（昭和16）年、利徳さんは九州日報から長崎日日新聞に編集局長として派遣されています。翌1942（昭和17）年、九州日報は一県一紙令によって福岡日日新聞と統合、西日本新聞となりました。同年、長崎日日も他紙と統合して長崎日報となります。現在の西日本新聞と長崎新聞です。利徳さんはその後も長崎に住み続け、１９４５（昭和20）年8月9日の原爆投下によって娘さん、つまり父の従姉弟を亡くしています。利徳さん一家のお墓も南国市陣山にありましたが、先年うちが墓仕舞いをしました。

利徳さんが高知に戻ってこなかったことも理由の一つだったのでしょう、大石家を継いだのは喬でした。

越前町の家で私たち一家は喬と一緒に暮らしました。晩ご飯を食べたあと、必ず祖父は私と弟の英《すぐる》を仏間の隣の和室に呼んで話をしました。

祖父は話し好きでした。雄弁家でもありました。多かったのは戦争の話です。明治大学を出たあと、3回も戦争に行っています。中国大陸と沖縄の竹富島です。実業家でもあったので、経営者としての心構えや失敗談もありました。大学時代、警察のお世話になったときに中野正剛が身請けにきてくれた話も聞きました。話はいつも長かった。同じ話も多かった。すごいのは、その同じ話が全くぶれないことです。日付などの数字もぴったり同じ。つまり何度話しても記憶のままを正確に語り聞かせてくれました。

こうして毎夜毎夜、いろいろな話をしてくれたことが私の人格形成に大きく影響したと思います。

剣道で学芸を選ぶ

私の話に戻ります。

小高坂小学校を卒業した私は高知学芸中学校に入りました。高知市朝倉にある中高一貫校です。学芸を選んだ最も大きな理由は剣道でした。私は小学校低学年のときから剣道を続けました。内気でおとなしく、足も遅かった私が、剣道だけはほんの少し自信を持つことができました。そんななか、同じ道場で一番強かった先輩の下村啓太さんが、伝統的に剣道強豪校だった学芸中に進学したのです。1972（昭和47）年に赴任した川添哲夫先生がその伝統を作りました。

「炎の上段」の構えで知られた川添先生は香美市土佐山田町の出身で、高知高校から国士舘大に進みました。1971（昭和46）年、大学生で初めて剣道日本一（全日本剣道選手権優勝）になった伝説の剣士です。学芸中高の先生になった

1972年は準優勝。1975（昭和50）年に再び日本一になっています。

剣道部に入部した初日、先生の直接の教え子でもある中学剣道部監督の道願正美先生と顧問の米田進先生が見せてくれたビデオは『剣豪故郷に帰る』でした。剣道界のスターであり、就職も引く手あまただった川添先生が、剣道部らしい剣道部のない故郷の学校に赴任するドキュメンタリーです。素人同然の生徒たちと勝利を目指して奮闘する様子に感動したことを覚えています。稽古の環境に恵まれない中で、先生は二度目の日本一を勝ち取りました。川添先生が赴任したとき高校生だった私の母は、古タイヤを引きずりながら校庭を黙々と走る先生の姿に心から尊敬の念を抱いたそうです。

川添先生は1988（昭和63）年に起きた上海列車事故で亡くなられてしまいました。この事故は学芸高が初めて海外へ修学旅行に行った中国・上海郊外で起きました。生徒27人と川添先生が亡くなるという大惨事で、学校の責任が強く問われました。事故の前夜、川添先生と食事をした学芸中高剣道部OBがいます。中土佐町の土佐久礼大正市場を全国区にした田中鮮魚店の4代目社長、田中隆博さんです。当時は香川県の企業に勤め、上海近傍で手袋工場の管理を任されていました。川添先生が宿泊するホテルで食事をした田中さんは、先生から「ここで泊まって、あしたは一緒に行動しないか」と誘われたそうです。翌日は早朝から仕事だったため、田中さんは帰ります。事故の一報を受けたのは翌日の仕事中でした。田中さんは現場に直行し、事故対応に協力したそうです。中国語に堪能な田中さんがいたことで助かった、と当時の新聞に載っています。その後田中さんは会社を辞めて郷里に帰り、実家の鮮魚店を継ぎました。田中鮮魚店を人気店に育て、土佐のカツオを全国にアピールし続けています。

余談ですが、剣道マンガの名作『六三四の剣』の作者である漫画家の村上もとか先生が2022（令和4）年に高知で講演をされた際、勇気を出して聞いてみました。「主人公六三四の父、夏木栄一郎のモデルは川添哲夫先生ではとの噂がありますが……」と。村上先生からは「当時、取材する過程でよく記事を見ていた。そう認識してもらってかまわない。一度お会いしたかった」というお言葉をいただきました。夏木栄一郎のモデルは川添哲夫と思ってくれていいよ、と言ってくれたのです。驚きました。無性にうれしくなりました。

打刃物と遠洋マグロ

学芸を選んだ最大の動機は剣道ですが、両親も学芸中高出身です。父の良は学芸高の7期、母の裕子（旧姓山本）は15期です。

父は曽祖父や祖父とは対照的に寡黙です。日大で雄弁部にいたそうですから、本来は雄弁なのかもしれません。現在、祖父喬が創業した「鍛造連」の社長をしています。曽祖父の選挙地盤だった南国市や香美市では、多くの職人さんが土佐打刃物づくりに従事していました。打刃物というのは高温に熱した金属を叩いて製品にしたものです。包丁や鎌、斧、鉈、鍬などさまざまなものを作ります。金属を叩くことを「鍛える」ともいいます。鍛えて造るこの行為は鍛造《たんぞう》とも呼ばれます。特徴は製品の強度を高めることができるところです。職人の世界です。

祖父の喬は、戦争から復員したあと土佐打刃物に携わりました。1952（昭和27）年、鍛造業者の要望で組合を作ったのです。目的は福利厚生の充実と、鉄材や燃料、資材など原材料の一括仕入れでした。これが「鍛造連」の前身となった高知県鍛造商工業連合協同組合です。仕入れた原料を組合所属の100工場に供給していたのですが、要望を受けて製品の全国販売にも手を広げます。やがて取扱商品が増え、販路もスーパーやホームセンターに広がりました。１９７３（昭和48）年、事業の拡大に伴って協同組合を株式会社化します。正確には株式会社「鍛造連」を作り、高知県鍛造商工業連合協同組合から営業の譲渡を受けました。現在は高知市上町に本社を置き、土佐打刃物や日用品、園芸用品を扱っています。

明治大学に進学して東京で働いていた弟の英も、今はＵターンして父と一緒に働いています。弟は明大を卒業後、新卒で入ったローソンから転職し、ＩＴベンチャー企業やユニバーサルデザインで有名な外資系生活雑貨メーカーＯＸＯ（オクソー）で働いていました。培った経験やセンスを生かし、伝統的な土佐打刃物に新たなチャンスを見いだそうとしています。四万十町で土佐打刃物「黒鳥」を経営する梶原弘資さんや、いの町の笹岡鋏製作所の笹岡悟さん、香美市の世ノ本貢さんら若手打刃物職人の皆さんにお世話になりながら、少しずつ新たな挑戦も始めているようです。

母は室戸市の出身です。元は小学校の先生で、教育熱心でした。実家は遠洋マグロ漁業を生業としていて、今も「高豊丸」という遠洋マグロ漁船を経営しています。

遠洋マグロ漁業を始めたのは母の祖父、勝馬でした。遠洋マグロの草創期、木船の時代です。氷を船いっぱいに積み込むため、港を出るときから甲板は喫水線ぎりぎり。速度は遅く、天気予報も不正確と、文字どおり命懸けの航海でした。

室戸岬には海難事故の犠牲者を供養する水掛地蔵堂がありますが、そこには250体の地蔵が並んでいます。そのほとんどは海難事故で亡くなった人々を弔ったものです。多くの地蔵に、遭難した船の名前が刻まれています。一つの船が遭難すると10人以上、あるいは20人以上の犠牲者が出ました。地蔵に刻まれた壮絶な歴史、膨大な犠牲者の数に息をのむ思いがします。水を掛ける意味は、水を欲しがりつつ海難死した人をしのぶことにあります。私は小さいころからよくこの水掛地蔵堂に連れていってもらいました。祖父母や母、叔父から、遠洋漁業が成り立つまでに多くの犠牲があったこと、心よりの供養と感謝の気持ちを忘れてはならないことを繰り返し教えられました。地蔵堂は今も室戸や関係者の人たちに守られています。

勝馬のあと、事業を引き継いだのが勝馬の三男、鹿弥太でした。私の母方の祖父です。鹿弥太のあとを母の弟、巖が継いでいます。

３００トンで世界の海へ

遠洋マグロ漁業は土佐の船がけん引しました。南アフリカのケープタウン、オーストラリア・タスマニア島のホバート、スペインのカナリア諸島、米・ニューヨーク……。世界中に拠点を作ってマグロを追いました。主力となったのは３００トンの遠洋マグロ漁船です。いいマグロは寒冷な暴風圏の海にいます。嵐の海に向かうには３００トンくらいの船型がちょうどいいのです。小さすぎず、大きすぎず、なにより波に強い。乗組員は漁労長を中心に約22人。低気圧直下の嵐の中、数時間かけて延長１２０キロの延縄《はえなわ》を仕掛けます。延縄につけた何千本もの枝縄に餌を付け、船尾から海に投げ入れていくのです。大変なのはそのあとです。大波を乗り越えながら10数時間ノンストップで延縄を揚げ続けます。揚げるのは右舷の開口部から。昔は人力で縄を揚げましたが、室戸市の泉井鐵工所がラインホーラー（延縄巻き上げ機）を開発して以降は機械力です。マグロがかかっていたら機械を止め、慎重に、人力で引き揚げます。すぐに内臓を処理し、マイナス五十数度で急速冷凍しなければなりません。延縄が切れたら見つかるまで探します。猛烈な勢いで大波が甲板を洗う船上で延々と作業を続けるのです。世界のマグロ漁場は室戸を中心とする土佐船が開拓しました。常識では行けないような暴風圏に突き進んでいったのです。特に南半球高緯度は土佐船の独壇場でした。「吠える40度線」「悲鳴の50度線」と形容される暴風圏を越え、南極の氷山が見えるところまでマグロを追いました。ピーク時の1970年代、高知県の遠洋マグロ漁船は200隻を超えていました。その多くは室戸の船でした。室戸の酒場も、高知の酒場もマグロ船の乗組員が上得意でした。遠洋マグロ漁は高知県の一大産業でした。

隻数は減りましたが、今も伝統は続いています。叔父山本巖の高豊丸、武井勝則さんの合栄丸、尾崎吉信さんの長久丸、高知商のエースとして甲子園で活躍した籠尾啓太さんの太和丸。現在、高知県では4人の船主が10隻の遠洋マグロ漁船を経営しています。船は少し大型化し、500トン型が主流です。2021（令和3）年には武井さん、籠尾さんが20数年ぶりに新船の建造を行いました。

延縄は釣り漁業なので資源に優しく、釣り上げたマグロを丁寧に処理できるとされています。しかし世界の本流は巻き網漁業です。スペインなどヨーロッパの船は

3000トンを超えています。台湾、韓国、中国の船はそれに次ぐ大きさで、いずれもヘリコプターまで搭載しています。ヘリで群れを見つけ、網をぐるりと巻いてカツオ・マグロを一網打尽にするのです。主な処理先は缶詰です。日本の大手企業も1000トン型の巻き網船団を駆って産卵に集まったマグロを日本海で一網打尽にしています。資源保護という意味では疑問符が付くのですが、発言力は巻き網が圧倒的に上です。遠洋、近海のマグロ延縄漁業者や沿岸のマグロ一本釣り漁業者の発言力は極めて弱いのです。

もちろん何とかしようという動きも出ています。たとえば室戸市で19トンの近海マグロ延縄漁船を経営する竹村正人さんです。近海マグロ漁船の行動範囲は日本近海から中西部太平洋で、19トンの場合はマグロを冷凍せずに冷蔵で水揚げします。おいしい生の天然マグロを気軽に食べられるのは19トン型マグロ船のおかげと言ってもいいくらいです。太平洋のマグロ資源が減少したため、19トン船の漁獲枠は厳しい状態に置かれています。竹村さんたち漁業者はその苦境を消費者や国に知ってもらおうとしています。手立ての一つとして作ったのが「土佐室戸鮪軍団」です。竹村さんが若手漁業者の山﨑英樹さん・光則さん兄弟、竹村大介さん・洋平さん兄弟、室戸市議会議員でもある竹中多津美さん、マグロ業界で長く働く柳原栄二さん、瀬戸崇生さんといった仲間たちと結成しました。それぞれの家族もメンバーとなり、商品開発や、イベントへの出店、学校での解体ショーによる啓発活動などに取り組んでいます。併せて漁獲枠拡大に関する国への要請も続けています。水産庁との交渉には中谷元さんが前面に立ち、私も室戸市の弘田兼一県議会議員と協力しながら動いていています。マグロ資源を次世代に残すためにも、高知の伝統産業を残すためにも、政治の役割は大きいと思います。

あこがれは考古学者

子供のころ、お正月に室戸に行くと、大人たちが楽しそうに「おきゃく」をしていました。宴会のことを土佐では「おきゃく」と言います。お酌をして回ってお年玉をたくさんもらった覚えがあります。母方の祖母は質素な人で、「派手にしたらいかん」が口癖でした。祖母に怒られたことが一度だけあります。結婚式のときです。政治でお世話になっている皆さんと友人関係で、午前と午後の二度に分けて合計1000人規模の結婚披露宴をやりました。それが気にかかったようで、「そんなに派手にするもんじゃない」と。いつも優しかった祖母の苦言は、今でも心に残っています。

この結婚式では収穫もありました。県外からのお客様が多かったこともあり、高知産の引き出物にこだわろうと考えました。地域産品ヒットメーカー、四万十ドラマの畦地履正さんと迫田司さんに相談すると、2人が四万十の産品満載の素晴らしい引き出物を作ってくれたのです。次の日、それが高知新聞に載りました。その後、「四万十たのTEAめでTEAセット」として正式に商品化されたことはうれしい思い出です。

ちなみに両親の仲人は高知大理学部の教授で、のちに佐川地質館の初代館長も務めた甲藤次郎先生です。甲藤先生のお家は当時の鍛造連の事務所（高知市升形）の前にあって、小さいときにはお家によく遊びに行かせてもらいました。お家にはアンモナイトなどの化石がたくさんあり、先生は太古のロマンについて語ってくれました。その後しばらく私のあこがれの職業は考古学者でした。甲藤先生は、もともと海だった高知市が都市となり、その軟弱な地層の上に多くの建築物がそびえ立つ様子を「砂上の楼閣である」と警告を発した有名な論文を残しています。

県都一極集中が進むなか、防災対策をしていかなければならない高知市の厳しい宿命を言い表していると思います。

バンド、クイズ、パチンコ

中高と剣道は続けていましたが、学芸高に進んだころからバンドにのめり込みました。ギターを買って弾いて、最初は校内でバンドを組みました。実は音楽の授業は苦手で、リコーダーや鍵盤ハーモニカの演奏は悲惨だったんです。ところが不思議なことに、なぜかギターだけはすぐ弾けるようになって。なんとなくベースにも触り始めて、いつしかバンドではベース担当になりました。そのうち校内だけでは飽き足らなくなって校外の人間と組むようになって。高知中央高の藤野博之君、西村拓哉君と3人でバンドを組み、剣道の部活が終わったあとはスタジオに入り浸り。それ以外の時間も、室戸から出てきて高知工業高に通う一つ上の竹井定文さんの家に行っていました。竹井さんがお兄さんの英彦さんと住んでいた越前町の一軒家です。バンド好きなみんなが集まって持ち寄ったＣＤを聴いていました。週末はライブばかりしていました。

竹井定文さんは高校卒業後に上京し、私と同い年の高橋祐平君（現須崎市議会議員）とBRAND JACKというバンドを組んでメジャーデビューします。高橋君は私が衆議院選挙で落選を続けていた時代にスタッフをしてくれました。

高3になってドラムの西村君が高知県で一番人気のあったＥＩＣＨＩというバンドに移ることになりました。代わって加入してくれたのが、土佐塾高の一つ下で小柄ながらカッコいいドラムを叩く四万十市出身の柴田淳君です。以後、出場したコンテストすべてで優勝しました。バンド名はSMASH−TV。ものごとを深く考える藤野君の命名で、流行や常識の象徴であるテレビをぶっ飛ばせ、つまり自分らしさを大切にしようという意味です。ジャンルはロック。オリジナル曲です。何度かテレビにも出ましたよ。本当は私、もともと人前に出るのは苦手なんです。今では誰も信じてくれませんが……。ただ、イベントの企画や営業などの渉外は得意でした。ちなみにＥＩＣＨＩを率いていた若松久人さんは、県内はもちろん都会でも高い評価を受けている土佐鴨の飼育・販売で活躍しています。

テレビといえば、フジテレビの高校生クイズ選手権にも出ました。子供のころから本はたくさん読んでいたので、雑学は得意なんです。クラスメイトだった西村大司君、村上尚徳君とのチームで高知県予選を勝ち抜いて、東京のお台場で全国大会があって。周りは名だたる進学校の人たちばかりでした。何回か勝ってベスト10まで進んだところで敗退しました。雑学は得意でしたが、発想力がなくて、殺人事件のトリックが全然解けませんでした。あと2回勝ったら決勝だったかな。決勝の場所は香港でした。もう少しだった。残念。

本は好きだったので、よく読みました。乱読です。読んだ本は捨てないようにしています。いつか私の子供が読むんじゃないかと思うんです。自分が祖父の部屋の本を読んで育ったので。そういえば中高時代も本ばかり読んでいました。成績は悪かったけど、国語と社会の成績だけはまあまあでした。同じクラスに笹岡寛君という友達がいました。同じように成績は絶望的に悪かったのですが、休み時間に国際ジャーナリストで知られた落合信彦の本をサラッと読んでいるような男でした。政治にも詳しく、ときには怒鳴り合いやつかみ合いもしながら、ずいぶん意見を戦わせたものです。いま考えると真っすぐな楽しい時間でした。

大学は現役ではほとんど受験していません。行く気がなかったんです。ふざけた話ですが、ドラムの柴田君が一年後に卒業するのを待って東京に出ようとしていたんです。浪人した1年間もバンドばかりやっていて、逆に成績は下がりました。学芸高はね、けっこう郡部から出てきた先輩が悪かったんです。高校を出たあと、先輩たちはマージャンとパチンコばかりしていました。そんな生活を送っていながらあっさりと難関大学に合格する福本鉄平さんや藤本歩さんらツワモノの先輩たちの頭の構造が不思議でした。今は2人とも弁理士として活躍中です。大きな声では言えませんが、そんな先輩たちにかわいがってもらった影響もあり、浪人時代から大学1年生ぐらいまではスロットをよくやっていました。スロットのパチンコです。けっこう勝ったんです。

当時はビタ押しという目押しの技術でたくさんコインを取れたり、当たりのあとの小役確率で台の設定が大体分かったりと、攻略方法がいろいろありました。確率を収束させていくために仲間と一緒に打ちました。勝っても負けても全員で割って、少しでもリスクを減らそうというわけです。ライブの費用、楽器代、移動のためのバイク代、なんとかそれで捻り出した思い出があります。

痛恨のガッツポーズ

剣道では残念なことがあります。高校2年のときから私はレギュラーにしてもらっていました。高2のレギュラーは香川県の強豪道場出身の森岡哲也君と私の2人で、私は大将でした。高2のときは先輩方に助けられて県体ベスト4で四国大会に出場しています。翌年、高3の最後の県体に臨みました。私はキャプテンだったので、予選リーグ後に決勝トーナメントのくじを引きました。すごくいい組み合わせのくじを引いたんです。当時の優勝候補は、各大会の個人戦をほぼ制覇していた池田大輔君率いる高知商業高と、高1から国体選手だった戸嶋泰誠君率いるチームワーク抜群の土佐塾高、そして錬心館の1学年下のチームメイト中川景太君と澤谷起明君のいる名門高知高でした。そのどことも決勝まで当たらないクジを私は引きました。引いた直後、私は「やった！」とガッツポーズをしました。チームメイトも沸きました。それを見た瞬間、審判席にいた田村秀司監督は「負けた」と思ったそうです。

準々決勝の相手は明徳義塾高でした。このときの明徳は個人戦で優勝した大将の高橋佑輔君だけが3年生、あとは下級生で、練習試合では学芸が勝ったこともありました。ところが先鋒、次鋒がとんとんと負けて、絶体絶命。会場に明徳勝利の雰囲気が広がるなか、ここから学芸は踏ん張ります。2年生で唯一選手に入っていた河野達朗君が、これまで見たことのないような気合いの立ち合いで格上の相手に勝利します。ポイントゲッターの副将森岡君も手堅く勝利し、私にバトンが回ってきたのです。会場の盛り上がりは最高潮。その局面で、私の頭に緊張がよぎりました。あんなに喜んで負けたらカッコ悪いなと。やはりというべきか、そんなメンタルで勝てるはずはありません。硬くなった瞬間にメンを打ち込まれて、高校最後の試合は終わりを告げました。田村監督には「お前がガッツポーズした時点で負けたと思った」と言われました。そのとき以来、軽々な行動をしないように気をつけています。

この敗北で学んだのは、日ごろの積み重ねが大一番のメンタルに作用するということです。集大成の試合を前に、日々の稽古、やるべきことをやり切ったという自信があれば心は動きません。政治の道に進んで以来、朝の街頭演説を積み重ねるのはこのときの経験があるからです。部活の引退式で、主将を引き継いでもらう土佐市出身の中村拓也君らに二度と思い出したくない失敗談として話したことも思い出です。

チーム名は大連立⁉

剣道はその試合で引退しました。引退後、その後も引きずるようなことがありました。交通事故です。12月に入ったころだったと思います。自転車に乗っていて、家の近くで車にはねられました。出合い頭でした。相手の車は女性が運転していて、スピードは出していませんでした。でもどういうわけかカンガルーバー（大型野生動物との衝突から車を守る大型バンパー。歩行者への衝撃が強いといわれている）をつけていて。ぐちゃっと当たって。強がりもあって救急車は呼ばず、相手の名前と連絡先だけ聞いて、家に帰ったんです。そうしたらあとからすごく痛くなってきて、夜も寝れなくなって。痛くて痛くて、夜中に脂汗と涙を流していました。翌日病院に行ったら、「十字靭帯が切れていますね、側副靭帯も切れています」

と。手術をして治療しましたが、その古傷がのちのち尾を引くことになります。

高知に帰ってきたあと、２００６（平成18）年に剣道を再開しました。県議会議員になってからは学芸高剣道部の大先輩の武石利彦議員、私と同期当選した桑名龍吾議員の３人で県議会チームを作って大会に出ていました。当時、私は民主党、武石県議と桑名県議は自民党です。

２００８（平成20）年に西日本一大きい社会人の大会に出たときは、先鋒の私の勝ちを中堅の桑名県議、大将の武石県議が守り通してくれ、奇跡的に大阪の実業団との１回戦を突破しました。当時の時勢をもじった「攻める民主と守る自民。チーム名は大連立!?」という武石県議のウィットに富んだコメントが新聞やテレビに取り上げられたのも楽しい思い出です。そのあと県庁の剣道大会で個人戦に出場し、決勝まで進みます。ここで古傷が限界を超えました。対戦相手と交錯した際に、「ポキッ」。10年前に手術した十字靭帯が切れてしまったのです。表彰式もそこそこに、桑名県議に抱きかかえられて病院に直行しました。二度目の手術は２０１０（平成22）年の参院選後でした。

以後は順調でしたが、新型コロナウイルスが広がった２０２１（令和３）年にまた痛めてしまいます。そのころ私は太った体を鍛え直して剣道に復帰し、少年剣道の指導をしていました。アクシデントが起きたのは、高知城でのトレーニング中でした。小学生と張り合ってお城のアップダウンを競走していたのです。下り坂を全力疾走していたとき、古傷が「ぶちっ」。MRI（磁気共鳴画像診断装置）で撮ったら十字靱帯が薄くなっていました。日常生活には支障がないのでこのままいくか、もう一度手術するか。なにごともやり過ぎる性格なので三度目のこのケガはやり過ぎを諌める啓示だったのかもしれません。

面接突破、秋山和宏ゼミに

大学は、日本大学法学部政治経済学科に入りました。

入ったのはいいものの、ここでも懲りずにバンドばかりやっていました。日大は1年生の授業が埼玉の大宮であるんですが、ちょうどそれも都合がよくて。バンドの機材は自前なんです。機材がたくさんいるし、それを運ぶために車もいるし、車を持つなら埼玉のほうが駐車場代が安いですから。

中古で買った日産のバネットにアンプを積み込んでライブ三昧です。新宿、高円寺、いろんな街のライブハウスに行きました。

自分たち主催のイベントでは、同じように高知から上京したバンドも呼んで一緒にライブをしました。先に書いた髙橋祐平君もこの頃の仲間です。高知に里帰りライブをするときは、高知に残って活動していた田所裕介君（現高知県議会議員）とも一緒に出演していました。

大学生活はゼミ前とゼミ後にはっきり分かれます。土佐塾高から明治大学に進んだ4歳上の従兄弟、田村直嗣さんに「ゼミくらい入っとけ」と言われて、政治学のゼミに行こうと思いました。秋山和宏教授の「政治過程論」です。何かの志があって政治学を選んだわけではないのですが、政治には興味がありました。秋山ゼミは倍率が高かったので、「入るのは難しいかな」と覚悟していました。合格の決め手は中野正剛だったと思います。うちの家は曽祖父の話になると中野正剛の名前が出るんです。福岡の中野正剛先生のことについてちょっと勉強してみたいと面接で話したら、秋山先生も中野正剛のファンだったらしくて。一気に面接の雰囲気が変わって、入れてもらいました。

3年になった2002（平成14）年4月に秋山ゼミへ入ったのですが、1年上に仁戸田元氣《にえだ》君がいました。松下政経塾を経て、今は立憲民主党の福岡県議会議員です。当時は民主党青年局のリーダーのような存在で、菅直人事務所の学生長でした。彼の存在は目からうろこでした。田舎から東京に出てきて、政治のみならず、ベンチャー、ボランティア、社会活動、いろんな団体に関わりながら活動しているのですから。今もお世話になっている起業家で、ベンチャー通信という起業家を扱うメディアを発刊したばかりだった明石智義さんに会ったのもこの頃です。

彼らから多くの刺激を受け、「自分も何か動かなければ」と同郷の小南晶裕君と高知出身の学生を集めて団体を作ったこともあります。情報交換と高知への貢献を目的にしましたが、ほとんどは飲み会でした。

仁戸田君には多くの人を紹介してもらいました。その一人が菅直人さんです。最初、仁戸田君に呼ばれて菅直人事務所へ手伝いに行きました。事務所は質素で、ボランティアの皆さんが支えていました。菅さんは当時すでに大物政治家でしたが、気取らない事務所で正直驚きました。市川房枝さんの草の根選挙で頭角を現し叩《たた》き上げの政治家らしい感じといえばいいでしょうか。政策の勉強とか難しいことを言われるかなとビクビクしながら行ったのですが、頼まれたのは延々ポスター貼りのための地域回りです。私は体育会系なので、座って勉強するよりもそういう活動が向いていたようです。

政治への興味が募り、いい人がいたらその人の元で勉強したいなと思うようになりました。

この思いが北神圭朗衆議院議員との出会いにつながることとなります。

受けられなかった最後の授業

秋山和宏先生の専門、政治過程論を一言でいえば「統計学的・科学的な手法を用いて政治の過程を分析する学問」となるでしょうか。秋山先生は、まだ誰も着目していなかった地方の選挙に目を向けていました。道なき道を切り拓いた、信念と気骨ある人でした。日本の地方政治に焦点を当て、膨大なデータを分析していました。

秋山先生は地方政治における政治家・政党のあり方についても関心を寄せていました。政治過程を科学的に追求する傍ら、先生は「政治は生来矛盾や限界を抱えた

『人間』という存在によって織りなされる複雑な社会現象だからこそ、法則化が容易でない」とも記しています。人間とは「神と野獣の中間」で、神は理性的に、野獣は本能で行動するが、間にあるため常に葛藤に苦しむ存在である。だからこそ人間を対象とした政治学は怪獣の正体解明に挑むような難しいものだ、と。「人間は一人では生きられない、その中で成立する社会では利害の対立や紛争は不可避であり、それを平和で安定したものにするためには秩序の維持が重要で、そこに政治の重要性がある」とも書いています。底辺に人間の本質を据えた上で政治を考えていたのだと思います。

政治家が高い理想や倫理観を持ち続けることを願った人でもありました。ゼミに入ってすぐ、先生がゼミ生に見せた映画は『スミス都へ行く』でした。1939(昭和14)年のアメリカ映画で、監督は名匠フランク・キャプラ。国会議員の死去で急きょ補欠選挙に駆り出されて当選した若い政治家の物語です。希望に燃えて向かった中央政界は腐敗と汚職にまみれていました。スミスは信じていた仲間に手ひどく裏切られ、国会からも追放されそうになります。ボロボロになりながらも、リンカーンに代表されるアメリカ民主主義の理想を信じるスミス。クライマックスはスミスの演説でした。合衆国憲法、聖書、そして独立宣言を読み上げ、スミスは同僚議員たちの良心に訴えます。秋山先生がこの映画を見せてくれたのは、最後まで理想を捨ててはいけないというメッセージだったように思います。

秋山先生は、大学卒業後も不良学生だった私をかわいがってくれました。選挙事務所にも激励に来てくれましたし、よく電話もいただきました。

先生と最後に話したのは、２０２２（令和４）年3月28日夜のことです。退職された先生に、これまでの研究や歩み、そして今の政治への思いなどを聞かせていただきたいと考えました。福岡の仁戸田先輩の県議会副議長就任祝いも兼ね、ゼミ出身の地方議員を集めた勉強会を翌29日に企画していました。

言い出しっぺの私が幹事役で最後の打ち合わせを済ませ、次の日の再会を約して電話を切りました。先生が本当に楽しみにしてくれている様子が電話越しにも伝わってきました。「戦前に生まれ、日本の政治を見つめ続けてきた自分自身の歴史を明日皆さんに伝えたい」という先生の思いがうれしく、早く明日にならないかとワクワクしていました。

迎えた当日、会場として借りた母校日本大学法学部の応接室、約束の時間になっても先生は姿を現しません。ゼミ当時から資料の準備などで時間にはゆっくりの先生でしたので、最初は気にせず待っていました。あまりにも遅いので電話をかけますが、つながりません。さすがに心配になって何度か電話を入れるうち、つながります。聞こえて来たのは、「この携帯をお持ちの方をいま救急搬送しています。詳しいことはご家族に連絡しますのでお聞きください！」との緊迫した言葉でした。心配で仕方ありませんが、ご家族とも連絡が取れません。

その日は集まった議員団だけで勉強会を済ませ、帰途につきました。その後、ご家族から聞いた話は衝撃的でした。私たちの勉強会に向かうために家を出た先生が、途中の駅で倒れ、そのまま他界されたのです。

受けられなかった最後の授業、秋山先生が未完の宿題を私たち教え子に残してくれたような気がしています。

偉大な研究者であり、何より人間として温かかった秋山和宏先生のご冥福を心からお祈りいたします。

北神圭朗さんを知る

秋山ゼミに入った2002（平成14）年の10月25日、菅直人さんの妻、伸子さんの運転手をして神奈川県に行きました。衆院神奈川八区の補欠選挙をやっていたんです。伸子さんは凛とした佇《たたず》まいで歯切れのよい演説を行う人でした。忙しい菅さんの代わりに選挙区内を回り、菅さん以上に人気があるほどでした。選挙区外での応援演説にも引っ張りだこでした。

朝ご飯だったか昼ご飯だったか、サイゼリヤでご飯を食べたとき、伸子さんが沈痛な表情で電話をしていたのを覚えています。最後、関西に向かう伸子さんをJRの新横浜駅で下ろしました。もう暗くなっていました。そのとき伸子さんは私にこう言いました。

「きょうは石井紘基さんという大事な人を亡くした大変な日です」。民主党の現職衆議院議員だった石井紘基さんがこの日の朝、都内の自宅前で暗殺されていたのです。社会民主連合から新党さきがけを経て民主党と、菅直人さんと軌跡が重なっていたので伸子さんも親しかったのだと思います。続いて伸子さんはこう言いました。「でも、必ず政権交代は起きます。その象徴が、これまでなら自民党から選挙に出るような有為な人材が民主党から出てくれるようになったことです。これは社会の変化です」と。さらにこう言いました。「その象徴のような人が全国で最も厳しい選挙区である京都の野中広務さん（元自民党幹事長）の地盤から出ます。大蔵省で非常に期待されていた人です」。すごい人だな、どんな人かなと思いました。

それが北神圭朗さんでした。ホームページを見ると剣道をやっているし、政策もすごく共感を覚えました。一度会ってみたいと思うようになりました。

仁戸田君から面白い人をたくさん紹介されたことをきっかけに、私は人との出会いに深い興味を覚えていました。学生から社会人まで、面白い人がいると聞けば青春18きっぷを使って北へ南へ図々しく会いに行っていました。青春18きっぷというのはＪＲ全線の普通車自由席が格安で乗り放題という切符です。体力さえあれば安く遠くまで行くことができるのです。

北神さんに会いに行ったのは翌２００３（平成15）年です。就職活動で西日本に行ったときだったと思います。アポも取らずに訪ねていきました。京都は右京区西院の、古いという言葉を通り越した、吹けば倒れそうな事務所でした。京都らしい町屋の風情で中庭があり、お風呂は五右衛門風呂で、しかもガスが壊れていたのか、お湯が出る確率は半々でした。秘書の田中英子さんが「よう来てくれはったなあ。北神はいま集会しとる。行ってみ」と言ってくれて。近所でミニ集会をやっていて、そこに後ろから入っていって。北神さんは面白い人でした。一言でいうと大《たい》人《じん》です。アメリカ育ちのエリートですが、細かいことは気にしない。アメリカ育ちということで、日本のことをすごく意識してもいました。強烈な愛国者と言っていいと思います。

北神さんは著書『国家の骨格』の中で、「国家」を意識するきっかけとなった小中学生時代のエピソードに触れています。

その部分を『国家の骨格』から引用します。

> 米国では小学生の頃から、朝一番、授業が始まる前に、手を胸に当てて国旗に忠誠を誓う。
>
> 「I pledge allegiance to the Flag of the United States of America, and to

the Republic for which it stands, one Nation under God, indivisible, with liberty and justice for all（私は、アメリカ合衆国の国旗に対して忠誠を誓います。また、この星条旗が象徴するのは、神様の下、国民全員に自由と正義を与え、分割すべからずの国民国家である共和国であるが、その共和国に対しても忠誠を誓います）」。

どんな人種や宗教の子供も、これを声を大にして唱える。ここに米国の国家の物語が簡潔にあらわれていると考える。

「神さま」は、キリスト教の神様。「自由」と「正義」は独立後、英国と欧州の政治から決別した際の建国精神である。「共和国」は国民が自ら国家を運営するのだという民主主義、反君主支配の精神を意味している。

私は子供の頃から18年間、米国で暮らし貴重な経験をした。

中学生の頃こんなことがあった。ベトナムから転校生がやってきた。名前はホー君。七人兄弟。ベトナム戦争の焼け野原を逃れ、難民として家族とともに、小さな船で命からがらやってきた少年だった。米国ではこういうベトナム人を「ボートピープル」と揶揄した時代である。

私はホー君を白人の友達の嘲笑から庇ったりして、友情を結んでいた。我々と変わらない普通の少年だったが、こと勉強になると猛烈そのものだった。私はそれを不思議に思い、ある日、草野球でひと休みしている彼に「なぜそんなに一生懸命勉強するのか」と尋ねたことがある。ホー君はいつになく大人びた表情で、「お前ら日本人は帰れる祖国があるからいいかもしれない。しかし、ベトナム人には戻れる国がない。米国で生きていくしかないんだ。言葉のハンディも、人種の差別もあるけど、ここで生活するしかない。だから、人の二倍も三倍も勉強しなければならないんだ」と答えた。彼の澄んだまなざしは、今でも脳裏に焼きついている。

祖国が個人の生活に深く関わっていることを知った初めての経験だった。

北神さんはこうした実体験を、面白く、分かりやすく話してくれました。高知から出てきた田舎者の私にとって、目からうろこの連続でした。個人や家族に物語があるように、国家にも物語がある。日本の物語を理解するためには歴史を学ばないといけない、とも語ってくれました。悠久の歴史を語ってくれました。北神さんは歴史観と国家観を持つ、世界に通用するような懐の深い政治家だと思います。日本だけでなく世界各国の古典もよく読んでいました。すべての古典に通暁していました。

私のような学生にアルチュール・ランボーの詩を暗唱で語ってくれたこともあります。この人、人間としてすごいなと思いました。人間として心酔しました。

人の選挙で経験を積む

北神さんはお父さんもすごい人で、一橋大の演劇部だったそうです。映画監督になろうと思ったら友人の方が才能を持っている。その友人に映画を撮らせるために渡米して商売を始めたという人です。だから北神さんは生後すぐに渡米し、平日はアメリカの学校、土曜日は日本人学校で勉強したそうです。日本語の読み書きは苦手だったそうで、大学受験にあたっては小林秀雄（日本を代表する評論家）の文章を書き写して覚えたそうです。大学は京都大に入り、大蔵省を経て民主党から衆議院を目指していました。

菅直人事務所はもう出来上がっていたんです。仕組みができています。それに対し、北神事務所はベンチャー企業でした。家で奥さんが赤ちゃんを背負いながらパソコン打ってるというような。

2003年は11月に衆議院選挙がありました。気持ちとしては北神さんの事務所に行きたかったのですが、仁戸田君に言われて菅直人さんの小金井事務所を担当しました。もう役割が決まっていたし、秋山ゼミの仲間たちの取りまとめ役にもなっていたので東京を離れられなかったのです。菅さんの相手は鳩山邦夫衆議院議員でした。トレーラーなどを使ったド派手な選挙戦に驚きました。菅さんは当選、北神さんは残念ながら落選でした。心から悔しいと思いました。

その後、仁戸田君から東京や埼玉の地方議員選挙の運動も頼まれました。

それらの候補者に共通していたのは、いわゆる地盤（ジバン）・看板（カンバン）・鞄（カバン）の三バンがなかったことです。地縁血縁、政党や組織の支持、お金、何もない中で若い政治家が徒手空拳で選挙に挑み、勝利する。これまで考えもしなかった選挙の形に深く関わり、毎日が目からうろこでした。

考えてみると、大学生活の後半は選挙ばかりやっていたように思います。人の選挙をたくさんやったので自分の選挙ができたのかもしれません。

北神さんの応援は社会人になってもずっと続けました。泊まり込みで行って事務所の手伝いや車の運転はもちろん、演説もさせられました。野中広務さんのおひざ元、園部の駅前でもやりましたよ。北神さんは今も私が最も尊敬する政治家です。

フィリピンと一新塾

2003（平成15）年は初めて海外に行った年でもあります。フィリピンに行きました。旧米軍基地のスービックです。高知学芸高の後輩で弟の友人だった岡田聡太君のお姉さんが立命館大に行っていて、スービックでインターンするプロジェクトがすごくよかったと聞いて、岡田君と2人で申し込みました。立命館のプロジェクトでしたが、他大学もOKということで。主催は近藤清さんという日商岩井にいた方で、スービックの工業団地化の責任者を務めておられました。日本の学生を研修させるという趣旨だったようです。参加者は20人くらいだったと思います。全員が違う会社でインターンし、夜はその体験をみんなでシェアしました。期間は2

週間くらいだったと思います。刺激になりました。一緒に働いたフィリピンの若者たちは男性も女性もすごい勉強家で、能力も目的意識も高い。ところが給料を聞くと驚くほど安いんです。理不尽さとともに危機感を感じました。日本という経済力のある先進国にたまたま生まれたから自分たちは恵まれているんだ、こうした格差はグローバル化が進むにつれて均衡していくはずで、うかうかしてはいられないと思ったものです。

スービックにただ一人、1年生で参加していたのは中央大の西村奈緒美さんでした。卒業後、西村さんは横浜国立大の大学院を経て時事通信社に入ります。すぐに朝日新聞社へ移り、一時は高知総局に勤務していました。私はこの年、経営コンサルタントの大前研一さんが創設した政策塾「一新塾」に12期生として入っていたのですが、そのことを話すと西村さんも一新塾に入ってきました。

私が一新塾に入ったのは、「地方政府が独自性を発揮することで国がよくなる」という大前さんの考え方に賛同したからです。大前さんは、そのためには現代の廃県置藩、統治機構改革である道州制を導入し、日本の地方政府を自立できる経済単位に改めること（大前さんによると人口規模500〜2000万人）を主張していました。「最も厳しい四国でも世界30位ぐらい、南アフリカやルーマニアと同じ程度のGNP（国民総生産）がある。東京や大阪から見れば高知は辺境だが、アジアから見れば一大玄関口。オーストラリアやASEAN（東南アジア諸国連合）から見れば北米におけるシアトルやバンクーバーといった位置付けになる可能性がある」とも書いていました。

一新塾に入って学んだのは住民参加型の統治機構です。ひも付き補助金の廃止とか、地方の裁量幅を広げる必要性とか、社会の変化、時代の変化を地方のチャンスにつなげようという熱気がありました。それまでの政治は中央集権、分配型だった。しかし今や国民が圧倒的に支持する小泉純一郎首相は地方分権と財政再建をセットで行おうとしている。市町村や県の経営は待ったなしのところにきている。高度成長型、前例踏襲型ではない新しい政治が求められている、と。

卒塾前のグループ発表では、地域づくりに取り組む広島県庁の寺本克彦さんやビジネスマンとして活躍中の小山敏勝さんらと都道府県同士の合併シミュレーションを行いました。私たちが提示したのは高知県を東京都と合併させるプランです。高知は自然資源、東京はお金と人材を提供し合えるウィンウィンの関係が築けるのではないか。さらには八丈島のように、東京都民離島割引を適用し、東京高知間の移動を支援することによって互いが繁栄する、というような空想の物語を作り上げました。タイトルは「大石君の初夢２００６」。県庁を退職し、地域で活躍中の寺本さんが全文を残してくれていました。

意外と今も通じる内容に思えるので、以下に全文を掲載します。

大石君36才、東京の大学を卒業後、東京で就職、28才で地元の同級生と結婚、昨年地元にマイホームを購入。1男1女、最近、ちょっと太りぎみ。（誰だ、昔からって言ってるのは）

大石君の自宅は地元K空港から20分ほどのところにある、農地付き住宅、今朝もハウスで採れたメロンを職場の同僚にお土産として持参する。職場は、品川のオフィスビル、週に1回の会社出勤である。

8時のフライトで9時には羽田着、品川のオフィスに9時半に到着、自宅から2時間、首都圏では普通の通勤時間、それも1週間に一度だけ、快適な空の旅である。

Ｋ空港～羽田路線は、同道路線として、小笠原等の離島路線とともに、羽田に新設されたＥ滑走路、道営ターミナルを利用するため、混雑も少なく、もちろん同道民割引で格安。

同道って？　そうなんです。２０００年、Ｋ県と東京都が合併して、東京道が発足しているのです。国は、東京単独での道州制移行を考えていましたが、東京都民とＫ県民による思わぬ合併推進運動に、遠隔合併を認めました。石原前都知事や、Ｈ本前県知事がこの運動に加わったことも大きいようですが、都民県民の市民パワーが一番の原動力でした。

Ｋ県は、四国道や中国四国道の検討を進めていましたが、Ｔ県が早々と関西道への参加を決定し（フィクションです。すみません）、四国の一本化が不可能となりました。もともと独立性の高いＫ県、四国ならまだしも、中国との一体化について、県民の理解は高まりません。岡山や広島へ行く時間と、東京へ行く時間は、それほど違いません。大学や就職も、圧倒的に東京が多いＫ県です。とうとう合併推進協議会への参加を、議会が否決してしまいました。

行く当てのなくなったＫ県を救ったのが、Ｋ県出身の学生およびＯＢで組織する『東京いごっそう倶楽部』。この組織の代表を務めるのが、この物語の主役大石くん、その人です。

以前から、東京とK県の掛け橋として、人や物の交流等いろいろな活動を続け、東京・K県合併については、2005年の『東京いごっそう倶楽部』設立時に提言していました。

四国道破綻を受け、倶楽部の活動は東京都内、K県内で草の根活動から出発しましたが、両前知事の参加を契機として、爆発的に拡大し、1年足らずで、合併調印、東京道国会承認となりました。

東京・K県合併による東京道の発足に伴い、空路の制度整備をはじめ、人・物・金・情報等々の活発な相互交流のため、各種の制度、政策が導入された結果、大石君はK県に住み東京に通勤する21世紀型ライフプランをいち早く実現できたのです。

ウッドデッキで、奥さんが食事の準備をしています。もう少し振り返ってくれれば、顔が分かるのですが……。けたたましい目覚まし時計、今日も朝からバイトです。もう少しで将来の伴侶の顔が見えたのに……。ちょっぴり残念だけど『東京都との合併』もいいかなぁ、と思いつつ、当面は生活費を稼ぐバイトと卒論に向けて、がんばるしかない大石くんでした。

正夢もありかな

この物語を軸とした卒業発表は、この年の最優秀賞を受賞しました。こうした経験をするうち、自分たちの世代の若い感性が生かせる動乱、変化の時代になると思いました。変化の先端で早く働きたい、と思うようになりました。

「金子直吉」で難関突破

卒論は自由民権運動でした。誰を取り上げたというわけではなく、自由民権運動について勉強しました。タイトルは「自由民権が残した成果」。4年生になった2003(平成15)年、高知市の自由民権記念館に何週間か通って仕上げました。土佐の自由民権運動となると、まずは外崎光広先生の文献に当たる必要があります。外崎先生の本を読んでいると、曽祖父・大石大の名前がありました。外崎先生の本で曽祖父の名を見たことが、曽祖父が政治家だったことを意識したきっかけとなりました。

板垣退助の提唱した「人民平均の理」や、植木枝盛が作った「民権数え歌」とか、今も頭に残っています。記念館には「自由」と大書した大旗を持つ人々の銅像があり、当時の熱気を肌で感じたものです。高知らしく懇親会、飲み会で盛り上がったり、熱くなって芸妓さんも一緒に演説したり、旗奪いという勇壮な催しに多くの大衆が参加したり。言論弾圧で新聞が発禁になったとき、大真面目に「新聞の葬式」を開き、その葬列に多くの市民が参加したというのも印象的でした。自由民権運動は知れば知るほど心が震えます。立志学舎なんて、当時は日本最先端の教育をしていました。のちに大アジア主義者となる頭山満も九州から留学に来ていたくらいです。頭山満は日本で初めて婦人参政権を要求した民権ばあさん、楠瀬喜多とも深い友情で結ばれていました。喜多は私の地元でもある高知市上町や小高坂村の議会で女性参政権を実現しています。

晩年の電報のやり取りが残っています。頭山「マダイキテオルカ」。喜多「イキスギテコマル」。粋な二人の真骨頂だと思います。筆山に眠る喜多の墓には建立・

頭山満と刻まれています。曽祖父大石大の盟友中野正剛とも関係の深かった頭山満は、若いころの民権から国権に転じました。玄洋社という日本初の右翼政治団体を組織し、戦前の日本に大きな影響を与えます。

卒論と並行して就職のことも考えました。いきなり政治の道に進むのはちょっと浮世離れしているように思いました。いつか政治をやるにしても、国家の根本に目を向けんといかんな、と。それでメーカーとリクルートを受けました。当時、NHKでプロジェクトXという番組をやっていて、日本は技術立国だ、製造業、ものづくりは大事だ、と感じていました。製造業の川上にいけばすべてに関わることができるとも思いました。製造業の最も川上に位置する会社として入社を考えたのが株式会社神戸製鋼所(以後神戸製鋼と表記)です。

神戸製鋼には前の年に仁戸田君が入社していました。高知との関わりも考えました。祖父はラグビーが大好きでした。もちろん母校明治大学ラグビー部が一番ですが、社会人では特に好きなのが平尾誠二さん、大八木淳史さんの神戸製鋼でした。神戸製鋼は高知市にも工場がありましたし、県出身の金子直吉のことを知ったのも神戸製鋼に親近感を持った理由の一つです。

金子直吉というのは明治維新期に生まれた高知県名野川村（現仁淀川町）出身の商人です。神戸の鈴木商店に入り、その大番頭として鈴木商店を日本一のコンツェルンにしました。三井三菱を超える財閥グループを作り上げたのです。最盛期は第一次世界大戦末期の１９１７（大正６）年ごろで、鈴木商店の年間売上高は10億円強の三井物産を大きく超える15～16億円。なんと日本のＧＮＰの１割にも達していました。スエズ運河を通る船の１割は鈴木の船だといわれるほどでした。ところが鈴木商店は１９２７（昭和２）年に起きた金融恐慌のさなかに破綻します。資金調達ができなかったのです。直吉は「生産こそ最も尊い経済活動」という信念のもと、「煙突男」と揶揄されるほど生産工場ばかり造っていました。既存の財閥のように、系列銀行を育てて資金を調達するシステムを持たなかったのです。政治の後ろ盾もありませんでした。倒産はしましたが、鈴木商店の各部門は生き残りを図ります。事業自体は健全だったからです。帝人やＩＨＩ、双日、サッポロビール、太平洋セメント、日本製粉など、鈴木傘下の企業は今も日本経済をけん引しています。その代表格が神戸製鋼です。

直吉を表する言葉に「無欲恬淡《てんたん》」があります。頭にあるのは事業、そして鈴木商店に対する忠誠心と国益のみ。終生借家住まいで一文の私財も残さず、鈴木破綻後に財産整理をした銀行関係者は驚き称賛したといわれています。直吉の墓は高知市筆山にひっそりとあり、そこには顕彰碑が建てられています。

神戸製鋼の入社試験は大変でした。筆記試験のあと、面接が5〜6回あったと思います。狭き門でした。鈴木商店は歴史的に神戸高商（現神戸大）派と土佐派が競って大きくしたといわれています。土佐派は野人の集団で、金子直吉は郷里の若者を書生として自宅に住まわせました。その若者たちが鈴木の営業マンとして世界中を飛び回り、道なき道を切り拓いていったそうです。私が受かったのは金子直吉、そして名も知れぬ鈴木商店の土佐派の先輩たちのおかげだと思います。居酒屋で飲みながらの面接もあり、そこで「僕は高知県人なので、直吉の土佐派の系譜です！　御社とは縁を感じています。雇われる運命にあります！」と図々しく話しました。採用担当の人は大笑いして面白がってくれました。採ってくれてありがたかった。

海外志向で溶接部門へ

そういえば菅直人さんの事務所で手伝いをすることになったとき、埼玉県選出の民主党衆議院議員、細川律夫さんにあいさつに行きました。細川さんは高知県吾北村（現いの町）の出身で、高知学芸高から明治大を出て弁護士になった人です。民主党政権では厚生労働大臣も務められました。高校の先輩だし、明治大学校友会高知県支部長だった祖父とも大学時代から交流があった関係で、あいさつに行きました。「めし食いに行くか」と連れて行っていただいたのが東京・赤坂にあった「土佐」という店でした。その後、高知の友人を連れて何回か「土佐」に行っていて、神戸製鋼の最終面接があった夜も「土佐」に行って何人かで飲んでいました。そのときカウンターで一人飲んでいた上品な紳士が、名前も言わずに私たちに酒を差し入れてくれました。その人が帰ったあと、板前さんに「何をされている方ですか?」と聞くと、なんと神戸製鋼の常務から関連会社、サン・アルミニウム工業の社長になった人でした。名前は大和田英明さん。高知県出身です。神戸製鋼にはなぜか高知県出身者が多いんです。

いい会社でしたねえ、神戸製鋼は。入社に当たって希望を聞かれるんですが、私は溶接部門を志望しました。大学生のときからアジアに足を運んでいて、アジアかアフリカで仕事をしたいと思っていたんです。最もグローバルに仕事をさせてくれそうなのが溶接だったので。あまり知られていませんが、神戸製鋼は溶接の世界では圧倒的日本一、世界では第3位なんです。溶接をするんじゃなくて、溶接材料を作る方です。鉄と鉄をつなぐ、のりみたいな鉄とか。どんどん世界進出していこうという雰囲気がありました。

神戸製鋼に入る直前にはインド旅行をしました。2004（平成16）年の2月から3月にかけてです。学芸時代の先輩に井上学君という早稲田の学生がいて、よく東京で会っていたんです。彼は高知新聞社に入って、今は香川県で起業をしています。その井上君が前の年にインドに行っていて。それで自分も「面白そうだな」と思って。ゼミ仲間の吉澤裕亮君と一緒に行きました。衝撃でした。混沌とした国でした。最後はムンバイに行って、リッチな人がガラス張りの店の中で歌を歌っていて、扉を開けて外に出たらやせ衰えた人が地べたで乞食をしていたり。日本にはない風景でした。

インターネットカフェがどんな田舎にもたくさんあるのにも驚きました。当時、インドのコンピューター関連産業は急速に成長していました。それが影響していたのか、子供たちと話すとほとんどの子が「算数を勉強したい」と言うのです。一説によると、インド社会に根付いたヒンドゥー教のカースト制度が背景にあるそうです。カーストによって就く職業も規制されているのですが、新産業であるコンピューター技術は含まれない。つまり、誰にでもチャンスがあるため人気が沸騰していると聞きました。聖地バラナシでは、ガンジス川を泳いで渡る無謀な日本人がいました。声をかけたら高知大学の学生でした。島田君と言ったと思います。有名な南溟寮に住んでいる、と言っていました。島田君とは何日か一緒に旅をしました。

このインド旅行は、予定も、あてもなく、日本円で1泊200〜500円程度の安宿を泊まり歩く自由な旅でした。見るもの、感じるもの、出会う人、日々のすべてが新鮮でした。一緒に旅した吉澤君は好奇心旺盛、文章と写真が得意な友人で、今はその能力を生かして出版業界で活躍中です。

日本の技術が消える

2004（平成16）年4月に神戸製鋼に入社、初任地は広島でした。中国支店です。

私は鳥取、島根、山口の担当でした。宇部興産や日立金属といった大口ユーザー、それから代理店が取引相手でした。営業です。商社や代理店の皆さんと連携して鉄工所などに売り込むわけです。広島支店長は河嶌《かわしま》秀行さんといってスマートな人でした。同期の親友が高知県人で、「高知での結婚式に出て酒の飲み方に驚いたが好きになった」と言っていました。河嶌さんは鉄鋼本部で薄板を担当していたんですが、そのときに高知県出身の本部長にかわいがってもらったとも言っていました。その本部長が高知パレスホテルの社長だった吉村泰輔さんのお兄さん、吉村聡一郎さん。神戸製鋼で副社長まで務めた人です。私が高知県出身だと言うと、河嶌さんはすごくかわいがってくれました。

神戸製鋼に入って感じたのは、空洞化でした。造船所に行くと、現場にいるのはフィリピン人と中国人。何十年もやって来た親方が「技術を伝えたいけど、日本の若いのは続かないんだよな」とこぼしていました。日本は強い国だと思っていたのに、このままでは技術が海外に流出するばかりではないか。日本が積み上げてきたいろんな財産が消え、アジアの国々に追いつかれるのではないかと思いました。長期不況が続いているし、国や地方の財政も悪くなっているし、このままでいいのかという危機感を持ちました。

神戸製鋼時代、一度だけ仕事で高知に行ったことがあります。

神戸製鋼は商社や代理店の皆さんとの連携をとても大切にしていました。要の一つが指定商社や代理店と作る販売組織「神溶会」なのですが、その中国地区の総会が広島で開かれることになりました。課題となったのは基調講演です。「お前に任せるので、考えてみろ」と上司に言われました。頭に浮かんだのが、全国に名前を知られていた馬路村です。

寡黙で冷静な上司、広崎成一さんにおそるおそる企画書を出しました。広崎さんは意外にも強い興味を示してくれました。こう言ってくれたのです。「自分は都会育ちだが、福岡正信の『わら一本の革命』を読んで地方のあり方に興味を覚えていた。馬路も面白そうだな」と。福岡正信さんは愛媛県出身の農学者です。戦前は高知県農業試験場にも勤務していました。戦後、愛媛で自然農法（農薬、肥料などを使わない農法）を試みます。その思想を詰め込んだ『自然農法・わら一本の革命』は１９７５（昭和50）年に出版されています。世界20カ国で翻訳され、福岡さんの哲学を世界中に広めました。

講演を頼むため、広崎さんと一緒に車で馬路村まで走りました。馬路に向かう細い県道を走りながら、広崎さんは「こんなに遠いのか！　本当にこの先に村があるのかな?」と驚いていていました。

村役場では上治堂司村長が出迎えてくれました。講演のお願いを快諾してくれた村長は、そのあと農協も見学させてくれました。ユズ飲料「ごっくん馬路村」を世に出して馬路村の名を全国区にした馬路村農協代表理事の東谷望史さんからも話を聞くことができました。２人の目の輝きに感動を覚えました。

広島での基調講演は大成功でした。木で作ったオシャレなかばん「monacca（モナッカ）」を手にさっそうと現れた上治村長は、笑いあり、涙ありの村の奮闘を語ってくれました。懇親会では土佐流のおきゃくの実演までしてくれたのです。

その後しばらく、私は社内でも営業先でも馬路の話題ばかりされたものです。

上治村長は２０１８（平成30）年4月、43歳のときから20年間務めた村長を勇退しました。翌年の県議選に初当選し、今は高知県議会の同僚議員として机を並べています。

私は不思議な人の縁を感じることがたびたびあるのですが、広島の街で飲んでいるときにも驚いたことがありました。入社直前のインド旅行で、インドのかなり田舎を歩いたことがあります。そこで日本人のカップルに道を聞かれたんです。「一緒に行きましょう」と言ってしばらく一緒だったのですが、インドの片田舎でよくぞ日本人に会ったものだなと思ったものです。広島市のスナックで驚きの再会があったのはその数か月後。隣に座った店の女の子が「シュウちゃんじゃない？」と言ったんです。「え？」。よく見ると、インドの片田舎で会った女性でした。その女性には住所も名前も聞いていませんでした。インドの片田舎で日本人に会ったときも驚きましたが、初任地の酒場で出会ったときにはその何倍も驚きました。人の縁とは不思議なものです。

「鄙の論理」に感動

学生時代、私が最も感動した本は『鄙《ひな》の論理』でした。熊本県知事の細川護熙さんと島根県出雲市長の岩國哲人さんが書いた本です。細川さん、岩國さんにはあこがれました。これからは地方の時代だ、と思ったものです。本は「青年よ故郷に帰れ」とも呼びかけていました。地方に「分配」するのが高度成長時代の政治のやり方で、地方に自主自立の目を向けるのは地方の改革派首長に多かったように思います。当時、政治腐敗も顕在化しました。そういう中で魅力的に見えたのが民主党でした。北神さんとの出会いが大きかったのですが、それだけではありません。松下政経塾を出た野田佳彦さんや前原誠司さんといった若手の論客が多く、金融国会や有事立法論議で、民主党は反対だけではなく提案もしていました。何より地方分権に熱心でした。しがらみのない、政策通の人が参加している雰囲気がありました。一新塾でかんかんがくがくやっていた人もほとんどが公募などを通じて民主党から選挙に出ました。志と能力がある人が草の根で参加する政党というイメージでした。

いつの時点で政治家になろうと決めたのか、実は謎なんです。高校時代の友人は高校のときからそんなことを言っていたというのですが、覚えていません。真剣に考え始めたのは、三位一体改革のころ（2003年ごろ。国から地方への税源移譲と地方交付税の大幅削減など）かなあ。地方が一気に財政危機になる、先例にとらわれない政治が必要になる、と感じました。北海道の夕張市が財政破綻するという話に衝撃を受けたのもきっかけの一つです。政治経験はない。でも地域活性化は勉強しているし、自分がやるべきときではないかな、と。一新塾に行っていた影響が大きいと思います。道州制について議論をしていたし、地方に人を呼び込む仕組みづくりが大事だということも話をしていたし。道州制に絡んで、四国でものごとを考えたときには愛媛県の川之江に一つ空港を造った方がよかったのではないかということも議論しました。四国という島の将来戦略を長期的に考えた場合、各県に空港を造るのではなく、大きな空港を便利な場所に一つ造って共用した方がスケールメリットを生かせるという発想です。部分最適と全体最適を考えました。高度成長の果実を分配する時代なら部分最適でいい、でも低成長の時代は全体最適、そして新たな価値を創出することを求めるべきではないか、と。政治の世界は、特に権力の座にいればいるほど目の前にさまざまな要望やお願いごとが降りかかってきます。必然的に部分最適を優先しがちになるのです。のちに私が民主党を選ぶのも、しがらみのない立場で全体最適の実現を目指すためです。加えて、新たな価値を創出することに意欲を持つ政党が必要だと考えていました。

地方が国に寄りかかっているといわれる時代は終わった、地方は自立しないといけない、独立心がないとだめだ、と思っていました。そんなことを考え、では自分がどこで頑張るかと考えたときに一番しっくりきたのが県でした。県で頑張るには県議会議員が最もいいのではないかと思うようになりました。県議会議員選挙が自分の目標になりました。

学生時代、一新塾の関係で知り合った人に高知県須崎市の市議会議員になった松田健さんがいます。

きっかけはバブル期ハコモノ行政の典型といわれ、赤字が社会問題となっていたグリーンピア（大規模年金保養基地）でした。全国のグリーンピア施設の中で最も黒字化が難しいとみられた須崎市のグリーンピア土佐横浪が2年で黒字に転換します。それを手掛けたのが一新塾の先輩だったので、他の塾生とともに視察に行きました。黒字化の要因はたくさんありましたが、一つの鍵は地元との連携でした。地元の協力者だったのが商工会議所職員で、当時注目されていた鍋焼きラーメンの仕掛け人でもあった松田さんです。学芸中高の剣道部仲間だった坂本玄理君のお父さんで、「立目ポンカン」のブランド化に奔走していた坂本誠二さんもリーダー的存在でした。懇親会で意気投合し、二次会へ。そのままホテルに帰らず松田家に泊めてもらい、親しくお付き合いさせていただくようになりました。

須崎市による将来的な活用構想との絡みで、グリーンピア土佐横浪は黒字ながらホテル事業を中断せざるを得なくなります。このときに取材していた高知新聞の記者がインド旅行のきっかけをくれた井上学君でした。地方活性化のモデルとして全国に注目された施設が消えゆくことに2人で行き場のないむなしさを感じたものです。この日のことを覚えておこう、と美しい横浪の海を前に話し合ったことを覚えています。

山崎圭次さんの言葉

現在、グリーンピア土佐横浪の跡地はフライス盤（切削工作機械）造りで世界的な技術を誇る地場企業、山崎技研の水産事業部が拠点として使っています。山崎技研の創業者は、高知県工業会の会長を務める山崎道生会長の父、圭次さん。知る人ぞ知る「高知生コン事件」の中心人物です。

事件が起きたのは1971（昭和46）年6月9日早朝でした。高知市街地の西端付近にあった高知パルプ工業の排水溝に、山崎圭次さん、坂本九郎さんら市民数人が公道のマンホール口から生コンクリートを流し込んだのです。正確には土嚢24袋と生コン6トン。行き場を失った排水は高知パルプの工場内にあふれ、工場は操業停止。翌年、新たな県の排水基準を守れないとして高知パルプは廃業しました。今ならテロ行為と言われかねないような実力行使なのですが、この行為を非難する人は一般市民にはほとんどいませんでした。少なからぬ市民が廃液に苦しみ続けていたからです。この工場は高濃度の硫化水素を含む廃液を流し続け、市街地には腐臭が漂いました。家の中のテレビは壊れ、健康被害を訴える人もいました。高知市の中心部を貫く江ノ口川は死の川に、江ノ口川が注ぐ浦戸湾は死の海となったのです。1967（昭和42）年には抗議した男性が県庁前で断食を敢行、一週間後に死亡するという事件も起きています。かつての浦戸湾は風光明媚で知られ、市民の憩いの場でした。その浦戸湾を、県は工場誘致のために埋め立て始めていました。時代は高度成長でした。当時、県の幹部はこんなコメントを出しています。「猫額大の風景に恋着して世の進歩に取り残され、惰眠をむさぼるのがいいのか、あるいは、センチメントを振り切って豊かな生産の場を築くのがいいのか。後者を取ることこそが最良の道」と。高知パルプの排水問題でも、県は高知パルプ側に立っていると思われていました。山崎圭次さんは1964（昭和39）年に結成した「浦戸湾を守る会」の会長でした。事務局長が坂本九郎さんです。山崎さんらは県に100回以上も陳情をしましたが、誠意ある対応はされないまま。ついに交渉すら打ち切られます。会社に言っても県に頼んでもらちが明かない。やむにやまれぬ実力行使が生コン投入という構図でした。

山崎さんと坂本さんは威力業務妨害罪で起訴されます。裁判の陳述で、山崎さんはこう呼びかけました。「私たちから浦戸湾を奪うことは、私たちから、私たちの歴史を奪うことであり、心の支えを奪うことであり、人生との対話の場を奪うことであり、そして、浦戸湾を失ってしまった私たちを、なお、土佐人と呼べるのでしょうか」。優れた経営者でもあった山崎さんは、陳述の後半で「自然の価値計算」

を試みます。少し長いですが、自然保護と経済の関係として今も色あせない重要な思考ですので紹介します。

「ここで自然の価値というのは金に換算できない貴重なものであり、次元の違ったものである、というような考え方が、今までされておったと思います。今試みに、自然の価値を金に換算してみたいと思います。その例として、われわれが10年間愛し守ってきた浦戸湾を例にとってみたいと思います。

浦戸湾は高知の玄関口にありまして、たいへん美しく、魚の豊富な、高知市民にとって心のふるさとといわれている湾です。今、仮に、だんだん生活もよくなったから、この辺で一つ、湾が欲しいな、ということで、浦戸湾のようなものを造るとすれば、とても一千億円ではできないと思います。まあ、おおまけにまけて、一千億円とします。で、一千億円で浦戸湾のような湾ができた。そうした場合に、浦戸湾へ行って、寝ころぼうと、魚を釣ろうと、釣った魚は全部自分のものであるし、そこへ行くには、誰の許可も得ずに、勝手きままに行けるわけです。ということは、もう、一千億円の価値ある浦戸湾は、完全に僕自身のものといっても差し支えないと思います。ただ、税金を払うに及ばないという点だけ違って、完全に僕のものであり、同時に、完全に君のものでもあるわけです。とすれば、高知市民20万人のものだと言っても差し支えないと思います。

高知市民20万の人は、一人一人が一千億円の池を、魚のたくさんいる池を持っているといって差し支えないと思います。そうした場合に、その浦戸湾の価値というのは、一人一人が一千億円の池を持っている。高知市民は20万ですから、一千億円に20万を掛けたものが……いくらになるかわかりませんけれど、それが、浦戸湾の価値だと、そういうことがはっきり言えるんじゃないか。また、そういう考え方に立たない限り、この自然を守ってゆくことはできないんじゃないかと、そういうふうに思うわけです。

そしてその一千億円に20万かけた価値ある浦戸湾が、年間七億の生産のため（注・高知パルプの売り上げ）に、まさに死のうとしておったわけです。いわゆる経済成長の名において、七億円のパルプ生産のために、江ノ口川は死の川となり、浦戸湾はまさに死の湾となろうとしておりました。これは、浦戸湾だけの問題でなしに、日本全体について、そういうことは言えると思います。だからいま、過去の経済学ではなしに、全く新しい経済学も反比例の経済学も同時に養成されなければば、私たちの生命財産を守り抜くことは、困難ではなかろうかと思われます」

「うーさーぎおーいし」

裁判には東大工学部の宇井純助手や近藤準子助手、宮本憲一大阪市大助教授、田尻宗昭東京都公害局規制部長ら全国からそうそうたる人たちが駆けつけ、山崎さんらを弁護しました。結局、判決は罰金5万円でした。

山崎さんらはこの有罪判決を受け入れ、結審します。判決文には、この行為を誘発した企業側の責任も明記されました。

判決後、支援者を前に山崎さんらは「うーさーぎおーいし、かーのやま」と童謡『故郷《ふるさと》』を歌いました。歌の輪は自然に大きく大きく広がりました。多くの市民が涙を流しながら歌いました。江ノ口川は越前町を流れています。越前町育ちの私にとって、江ノ口川は身近な存在でした。私が小さいころ、まだ異臭は残っていました。異臭に辟易し、なぜこれほど川が汚れてしまったのか、怒りを感じていました。事件を扱ったドキュメンタリー番組を見たとき、歌の輪が広がるシーンに心を打たれた覚えがあります。

実力行使は決して許容されるものではありませんが、高知の公害史として、土佐人の行動として、歴史に残る事件でした。事件後、「死の川」江ノ口川に少しずつ生き物が戻ってきたことをきっかけに、山崎さんは「自然に対する恩返し」として畑違いの水産分野に乗り出します。魚の種苗生産を手掛けたのです。今や山崎技研水産部の生産する稚魚は年1千万匹を超え、養殖業界では近畿大学と並ぶ日本のトップメーカーに成長しています。

圭次さんの後を継いだ山崎道生会長は、ロマンあふれる経営スタイルも受け継ぎました。浦戸湾には毎年クロダイなどの稚魚を無償で放流し続けています。放流日は子供たちをはじめ、多くの県民が参加し、海の大切さを実感しています。これまでに放流した稚魚は優に1千万匹を超えているそうです。理念を守りながら社業を大きく発展させ、最近ではマグロやカツオなど、世界で誰も成功したことのない魚種の完全養殖にも挑戦しています。

山崎会長は2017（平成29）年に発足した高知カツオ県民会議の会長としても活躍しています。県魚・カツオを守ろうと官民が共同歩調で設立した民間組織です。海のエコラベルといわれるＭＳＣ漁業認証の取得に取り組んだ中田勝淑さんたち漁業者に加え、経済人、行政まで入った高知県あげての取り組みです。

ホームページの会長あいさつで、山崎会長は以下のようにカツオ問題の本質を指摘しています。

「カツオが減っています。高知の沿岸でいえば20年前の半分以下しか取れなくなっています。しかし地球規模の見かけ上は、大型の巻き網船が次々投入され南の海の隅々で操業するために、総量はあまり変化がない統計となっています。つまり減りゆく魚をどんどん獲って辻褄があっている状態です。小さい稚魚であろうとお構いなしです。背景には強欲ともいえる資本の論理と格差にあえぐ南の島国の事情があります。漁業権を買ってまで最新の大型巻き網船で操業する先進国、簡単に獲れる近場の小型魚に頼る島嶼国。枯渇はすぐ目の前に迫っています。高知カツオ県民会議はこの問題の巨大さと困難を承知しながらも、どうしても座視できず立ち上がりました」

目の前の自然が人間によって滅ぼされる姿を座視できない、ふつふつと沸く土佐人らしい熱さを感じます。「反比例の経済学」を訴えた山崎圭次さんの思いは高知

「うーさーぎおーいし」

県民の中に生き続けていると思います。

2021（令和3）年、山崎道生会長から連絡をいただき、私の同級生でもあるパラリンピアン、車椅子ラグビー日本代表キャプテンの池透暢選手と高知県工業会の若手経営者の皆さんをつないで意見交換会を行いました。これがきっかけとなり、あるプロジェクトがスタートします。車椅子ラグビーの特製車椅子を、高知県のものづくり企業が開発するのです。中心は土田哲郎さん、濵村力さん、島田誠さん、釜原邦光さん、山本明弘さんら高知工業会につどう若手経営者の方々です。車椅子ラグビーの車椅子は、これまで百パーセント外国産でした。高知のものづくり技術で国産化を実現できれば、県民の誇りになると思います。

「五島さんと会ってみたら」

県議会議員選挙の話に戻します。松田さんに県議選のことを相談すると、「民主党から選挙に出た女性がグリーンピア土佐横浪で働いているから一回会おう」と言われました。その女性が中村久美さんでした。2000（平成12）年の衆院選高知二区と翌年の参院選高知選挙区で民主党から出馬（結果は落選）した女性です。県議選に出たい、と中村さんに言うと「五島正規さんと会ってみたらいい」と言ってくれました。五島先生は高知一区選出の民主党衆議院議員です。現役医師とあって医療・福祉行政に詳しく、民主党政権ができれば厚生労働大臣間違いなしといわれていました。衆議院議員になったのは１９９０（平成２）年に高知全県区で社会党から出馬したときで、民主党結成以降は民主党から出馬していました。私が初めて会ったときは当選5回でした。

五島先生と会えたのは２００５（平成17）年のゴールデンウイークです。その年の大型連休は、前半に龍馬脱藩の道を歩きました。広島に住んでいたので、龍馬が脱藩した道を逆方向に歩いて帰ろうと考えたのです。四国霊場八十八カ所を歩き遍路して歩き旅に慣れている一つ年下の友人横山亮太君を呼んで2人で歩きました。

スタートを愛媛県長浜町（現大洲市）にし、高知県の檮原町まで歩きました。あとで知りましたが、脱藩ルートと重なる長浜〜大洲間は曽祖父大石大が創業した愛媛鉄道の軌道があったルートでした。国鉄に吸収されるまで、大は愛媛鉄道の社長を務めていました。

龍馬が脱藩したルートはよく知られていますが、逆コースは意外と難しいことを知りました。逆に歩く人などいないので、表示板が向こう向きだったのだと思います。とにかく表示板をほとんど見つけられませんでした。道に迷ったり、悪天候に見舞われたりしながら何日か後に檮原へ着きました。終着点は、脱藩の道を歩いた龍馬、沢村惣之丞ら八志士群像のある維新の門です。その迫力には息をのみました。宿泊は野宿中心、風呂にもろくに入れなかったため、到着時は髪がボサボサ、体も汚れていたと思います。檮原まで迎えに来てくれた室戸出身の先輩竹井英彦さんに、直ちに川へ連行されました。

五島先生には5月5日か6日に会ったと思います。場所は高知市の新阪急ホテルにあった喫茶「四万十」でした。会ってくれたのは五島先生と秘書の長尾和明さんです。なぜか長尾さんは苦虫をかみつぶしたような表情でした。一言も発しませんでした。

長尾さんは自民党高知県連青年部から伊野部武男元高知県議会議員の秘書に就いた人です。そのあと平野貞夫参議院議員の秘書となり、1993（平成5）年に小沢一郎さん、平野さん、伊野部さんと行動をともにして自民党を離党しています。1999(平成11)年の県知事選挙ではコメ問題で橋本大二郎知事に反旗を翻した県農協連会長、所谷孝夫候補の陣営に入りました。経験豊富な長尾さんからしたら、どこの馬の骨かも分からない若者に厳しい目線を向けるのも当たり前かなと思ったのですが、違いました。単にその日はおなかを痛めていて調子が悪かったそうです。そもそもとんでもなくシャイな人だということをのちに知りました。

そのあと長尾さんは、私を厳しくも温かく見守ってくれる兄貴分となってくれました。私が突っ走るため、その後始末で大いに迷惑をかけたこともたくさんありました。長尾さんは現在、高知市議会議員として活躍しています。

五島先生に向かって、私は「地域の活性化を図りたい。県議会に挑戦したいと思っている」と話しました。五島先生はこう言ってくれました。「そういう気持ちならぜひ帰ってきてください。自分もあれやから(もう年だからという意味だと思います)、長くやるつもりはない。若い人にやってもろうたらいい。なんやったら自分の秘書に登録したらいい。うちの事務所に属していたら給料も出るし」と。そのとき、「そんな道もあるのか」と思いました。給料をもらいながら選挙の準備ができるなんて考えもしていなかったですから。

郵政解散が背中を押した

2007（平成19）年春に県議選があることは知っていましたが、そのときに出るのか、4年後か8年後に出るのか決めていませんでした。神戸製鋼の仕事は楽しかったし、人間関係にも恵まれていたし、高知に帰るのはまだ先だとも考えていました。しかし五島先生と会ったことでその夢が現実となって具体化しました。広島に帰ったあと、1カ月ほど考えに考えました。

神戸製鋼を辞めて高知に帰ろう、2007年の県議選に挑戦しよう、と決めたのは2005年の6月か7月ごろだったと思います。辞める時期までは決めていなかったのですが、それを決めさせたのは小泉純一郎首相でした。小泉さんが最も熱心に取り組んだのは郵政民営化でした。日本郵政公社を分割、民営化するという計画です。130年にわたり国営で行ってきた郵便事業を民営化、さらに世界最大級となっていた貯金、保険事業を分離し、それも民営化する方針でした。与党の自民党内にも抵抗が多く、実現のために小泉首相は7月から解散風を吹かせ始めます。民営化法案が否決されたら衆院を解散するぞ、というわけです。8月8日、法案は参議院で否決され、小泉さんは即日解散を断行します。歴史に残る郵政解散です。

私は「どうせ高知に帰るなら選挙のときに帰りたい」と思いました。学生時代からの経験で、政治の世界では選挙のときが人手もいるし、人と知り合える最も重要な時間だと身に染みて感じていたからです。公示日は8月30日です。私は神戸製鋼に8月31日付の退職届を出しました。五島先生に「高知に帰ります」と連絡を入れ、すぐに帰郷の準備をしました。

神戸製鋼、最高でした

神戸製鋼にいたのは1年5カ月でした。いま考えても神戸製鋼の日々は忘れられません。人に恵まれました。

そういえば初日の研修の担当はラグビーの名選手、林敏之さんでした。迫力ありましたねえ。いきなり神鋼魂をたたき込まれました。感動しました。1年5カ月しかいませんでしたが、あそこで企業の一員としてサラリーマンを経験していなかったらその後の人生はかなり違ったと思います。

神戸製鋼の経営戦略の真髄、魂ともいえるのが会社のスローガン「オンリーワン」でした。新入社員当時、研修で視察したのは世界の半分のシェアを誇る船舶用クランクシャフトの加工です。その技術は、かつて戦艦大和の建造にも使われました。ほかにも自動車用の高張力鋼、海軍と共同開発した溶接棒……。神戸製鋼は鉄鋼業界では巨大ではありません。その代わりチャレンジスピリットを大切にしつつ、独自の強みを持つ製品を生み出していました。技術に誇りを持ち、規模で勝負しないその姿勢は、高知県のことを考える私に大きな勇気とヒントを与えてくれました。

神戸製鋼の人たちとはいまだに付き合いがあります。辞表を出したあと、本社の部長さんがわざわざ面談してくれました。粕谷強さんという人で、当時は溶接カンパニー営業部長、のちに常務になります。「どうするんだ」と粕谷さんに聞かれたので「政治をやりたい」と答えると、「頑張れ」と言ってくれました。粕谷さんは「自分のクラスメイトが高知で政治家をやっている」とも言っていました。それが高知一区選出の自民党衆議院議員、福井照さんでした。福井さんは神戸市の灘高から東大を経て建設省に入った秀才です。粕谷さんは灘高で福井さんと同級生だったと言っていました。

中国支店の直属の上司である営業室長、上田恒裕さんには叱られ続けましたが、昔気質の親方のような温かい人でした。高校卒のたたき上げの人で、私が退職したあと「近年珍しいような若者が入ってきたと思った。どうして辞めるのかと思った」と本当に残念がってくれていたと聞きました。直属の指導役、幸村正晴さんは溶接事業部有数の技術者でした。完全な文系の私が技術の問題で苦労していると き、温かくサポートしてくれました。ものづくりに携わる技術者の矜持や志、苦労を聞かせてもらいました。

同じ事業部で溶接ロボットを世界中に売り歩いていた越智剛さんは3歳年上の先輩でしたが、最も親しくお付き合いさせていただきました。独身寮でも一緒、転勤で来た越智さんと新卒の私、広島に来た時期もほぼ同じでした。私の部屋は本をはじめとしてモノにあふれていましたが、几帳面な越智さんの部屋はいつも整然ときれいでした。快適な空間を求め、週の半分以上は出張で不在の越智さんの部屋に行って勝手に寝泊まりしていたものです。帰ってきて冷蔵庫の中が減っているのを見ても、笑いながら補充してくれる心の広い先輩でした。ゴルフも2人でよく行きました。もちろん営業マンとしての仕事のあり方は厳しく指導してもらいました。広島支店長の河嶌さんをはじめ、神戸製鋼の人たちには本当にお世話になりました。

ありがとうございました。

「改革のゴジラ号」

高知に帰ったのは2005（平成17）年の8月後半、衆院選公示の2〜3日前だったと思います。「改革のゴジラ号」に荷物を詰め込んで高知に戻ってきました。

「改革のゴジラ号」は北神圭朗さんにもらった普通車です。北神さんは2003（平成15）年の衆議院議員選挙に民主党公認で初出馬し、落選していました。私はずっと事務所の活動を手伝っていたので、北神さんにもらいました。薄緑色のトヨタコルサです。ちっちゃい、40万キロも走っている車でした。北神さんは身長が

180センチ以上ある偉丈夫なので、ゴジラというのはぴったりです。でも車はちっちゃかった。車には「改革のゴジラ」のシールが貼ってありました。

荷物を詰めた段ボールを「改革のゴジラ号」に押し込んで広島インターから高速に乗ったとき、涙が出ました。神戸製鋼のサラリーマン生活は毎日が充実していました。楽しい生活に別れを告げ、ぽろぽろ泣きながら高知へ走りました。

高知インターを降り、向かったのは実家ではありません。はりまや町にあった五島正規事務所でした。駐車場に車をとめ、秘書にあいさつして五島先生の選挙を手伝いました。冒頭に書いた9月11日というのは、投票日です。この選挙があったから私は8月末で神戸製鋼を辞めました。運命の選挙でした。

選挙直前まで民主党は高知三区の候補が決まっていませんでした。実は私も「出てみないか?」と打診を受けました。断りました。微妙だったのは私の誕生日です。この年の9月11日で私は25歳です。衆議院議員選挙の被選挙権、つまり立候補できる年齢は25歳からです。25歳という年齢条件が公示日時点であれば、私に被選挙権はありません。ところが投票日時点ならちょうど25歳になるので立候補可能でした。年齢条件は、投票日時点でした。全国最年少の候補者として私も立候補できたのですが、断りました。もともと県議会議員になろうと考えていましたから。五島先生には「年齢が足らないので不可能です」と言い訳しました。このとき出馬していたら、また違った人生だったかもしれません。

事務所出勤は1日だけ

五島先生は高知一区で惜敗したものの、重複立候補していた四国比例で復活しました。六度目の当選です。祝賀ムードに浸る間もなく、とんでもないことが勃発します。この事務所は若者を労務者としてたくさん雇っていました。労務者とは報酬をもらって機械的な作業のみを行う人です。選対事務局に焦りがあったのでしょうか、労務者に選挙運動をさせてはいけないのに、選挙運動とみなされる行為に彼らを駆り出していました。マニフェスト配りや手振りです。熱気に包まれていますし、若者がたくさんいますから、ノリでやったところはあると思います。そこを警察に突かれました。開票日直後から警察が捜査に入ったようです。

選挙直後、私は五島正規衆議院議員の公設第二秘書になりました。第一秘書は長尾和明さんです。第二秘書になると同時に民主党へ入党しました。秘書として給料をもらいながら２００７（平成19）年春の県議選を目指そうと思ったのです。投開票2日後の9月13日、五島事務所に初出勤しました。誰もいません。待っても誰も来ません。どうしたのかなと思っていたら長尾さんから電話がありました。「もう帰ってえい」と。訳が分からなかったのですが、関係者はみんな調べられていたのだとのちに知ります。後日、私も調べられました。家宅捜索までされました。家が商売をしているので、警察には裏口から入ってもらいました。五島先生の事務所には結局その一度しか行っていません。

捜査が続くなか、私は高知で五島先生の運転手をしていました。10月に政策秘書が公職選挙法違反容疑で逮捕され、裁判が始まり、五島先生は12月13日に議員辞職します。わずか3カ月の秘書生活でした。県議選まであと1年4カ月、収入がなくなりました。まず世話になったのは須崎の松田健さんです。彼の事業立ち上げを手伝う形で2カ月間は彼にお世話になりました。このときに松田さんの新事業に誘ったのが同い年の2人。バンド仲間だった田所裕介君と、中華の名店「一壺春《いっこしゅん》」の長男で、高校時代毎日のように遊んでいた湯山丈太朗君です。飲食事業の立ち上げなどをやりました。

そのあとは無職です。同級生みんなに借金したりして、なんとか1年間生き延びながら選挙活動をしました。このときは祖父の逆鱗に怒られました。「地に足がついていない、経済基盤を確立するところからやるべきだ」と。祖父は経済基盤を作るために会社を起業して家を守った人です。それだけ必死に生きてきたのだと思います。

祖父の言うことはごもっともだったのですが、選挙は迫っていました。

「前に進むのみだ」

翌2006（平成18）年2月、高知市升形に4坪の事務所を開きます。

同月12日、ブログを開始します。記念すべき第1回に、私は以下のように書きました。気負いがある文章ですが、当時の気持ちがよく表れていると思います。


今日からブログをはじめることにしました。

それというのも本日ようやく自分の城（事務所）ができたからです。たった4坪の小さな城ですが、ここで一から頑張っていきたいと思います。

場所は電車通りの出雲大社の近くです。

まだまだ電話をひいたり、ネット環境をつなげたりとやらないといけないことは沢山ありますが、とにかく荷物は入りました。（笑）

思い返せば高校を卒業し、上京してからここに帰ってくるまで本当に色々な事がありました。

高校生の時から続けていたバンド活動にあけくれていた大学生前半。

政治家の事務所で勉強させてもらった大学生後半。

そして就職してから神戸製鋼所の社員として過ごした毎日。

特に神戸製鋼所での会社員生活では配属された中国支店の方々や、取引先のみなさん、そして同期のみんなや就職時お世話になった人事部の方々、本当に筆舌に尽くし難い恩を受けた。

それなのにこんなに短期間で退職してしまう事になってしまった時、色々と迷惑をかけたのにも関わらず、最後は「頑張れよ」と背中を押してくれたことは忘れることができない。

そして高知に帰って政治に携わる。

この思いを抱いて帰郷してから様々なことがあった。

感じた事。

政治は「悪いこと」なのだろうか。

帰郷してから「政治関係の仕事をする」と話すと、特に同世代のみんなからはこう聞かれることが多かった。

「給料どれくらいもらってんの?」

「儲かるんでしょ?」

これが政治家像の実態だとしたら、これは変えなければならない。

今は混迷の時代だといわれている。

多発する凶悪犯罪、地方と都市部の格差、日本人らしさの崩壊……。

学者も政治家も官僚も必死に「国のかたち」「地方のかたち」「生き方のかたち」を模索している。

その根底にあるもの、それは潔い生き方の欠如、道徳の欠如ではないだろうか。

ばれないことが美徳の世の中。

人より得することを奨励する世の中。

模範となるべき政治家までが率先してこれを奨励する。

なるほどみんなが上記の様な政治家像を抱くのも無理はないかもしれない。

しかし本当にこのままで良いのだろうか。

幕末時の日本人をある外国人はこう評している。

「彼らは貧しい、しかし潔い。」

もう一度立ち止まって自分達の未来を問い直す時期なのではないだろうか。

高知に帰るまで、学生の時も会社員の時もずっと心に残っていた本がある。

15年程前、「地方から国を変える」というテーマで出版された本で、著者は当時熊本県知事を辞職したばかりの細川元首相と当時出雲市の市長だった岩國哲人現衆議院議員だ。

特に岩國さんの経歴を見て驚いた。

世界最大の証券会社メリルリンチの副社長まで登りつめながら、会社を辞めて故郷出雲市に帰り市長になり、市の再建を果たしていた。

収入だけを見れば雲泥の差であるし、あえて苦労を買うことはない。
しかし僕の目には非常に岩國さんの生き方は潔く映った。
その本の巻末に岩國さんはこう書いていた。
「青年よ、故郷を目指せ。」
身震いがした。
いつもこの言葉は頭を離れなかった。
そして我慢できず故郷に帰ってきた。
何にせよ僕はもう高知に帰ってきた。
前に進むのみだ。

96歳のエールを受けて

ブログはできるだけ書きました。どこに行って何をしたか、何を考えているのか。道州制のこと、地方行政のこと、環境問題、高知ファイティングドッグス、ライブ、民主党、医療、災害、高知の歴史、人の紹介、工場の紹介、店の紹介……。

選挙区は高知市なのですが、機会があれば県の東部にも西部にも行き、そのことをブログに書きました。

3カ月後の2006（平成18）年5月21日、近くの高知オリエントホテルで後援会事務所開きをします。さすがに4坪の事務所ではできないので、ホテルを借りてやりました。同級生やバンド仲間が手作りで設営してくれました。小学校の同級生の畑山絵梨さん、山中亜希子さん、島崎幸子さんは受付を買って出てくれました。島崎さんのお父さんが市議会議員だった関係で、彼女たちは選挙の経験が豊富だったのです。強力な援軍でした。

五島先生や、先生の盟友であり曽祖父大石大とも関係のあった元県議、森田益子さん、そして須崎の松田健さんらも駆けつけてくれました。森田益子さんの父、村上亀義さんは戦前からの活動家でした。社会民衆党を経て氏原一郎さんの勤労同志会などで活動し、大石大とも親しかったようです。森田さんからは「おんしが大石大のひ孫かよ！」と最初に言われ、かわいがってもらいました。森田益子さんは部落解放運動の重鎮です。部落解放同盟高知市連絡協議会の議長を長く務めたほか、一時は部落解放同盟高知県連合会の委員長も務めました。

後援会事務所ができたことで活動に拍車がかかりました。県議選に取り組む政治団体事務所の看板は12枚掲示できるのですが、最初は升形の事務所以外アテがありません。困っていろいろな人に相談したところ、高知に帰ってきてから親しくさせていただいていた町田律子さんが自宅に貼ってくれました。これを契機に同級生の家や応援してくれる会社など、なんとか全部を貼ることができました。看板の題字は「路上詩人はまじ」こと浜崎一途さんに書いてもらいました。はりまや橋商店街のはりまや市（毎週金曜開催）に出店していた谷ひろ子さんに、はまじさんを紹介してもらいました。独特の力強い字が評判を呼び、「ああ、あの看板の人ね～」と声かけしてもらえるようになりました。まずは顔を知ってもらうために選挙区を回り、街頭でマイクを握りました。勉強会があれば参加し、私が勉強会を主催することもありました。県外や国外にも足を運んで知見を深めました。

このころ、父親が会員だった高知西ロータリークラブ（RC）の関係で、青年団体であるローターアクトクラブの活動も始めました。サポートしてくれたのは高知西RCでアクト担当だった三好恭弘さん、川本壽一さん、四ノ宮宏明さん、西沢史生さんらのロータリアン（ロータリークラブ会員）です。海岸清掃など、地域のイベントをいろいろと主催しました。高知市長就任1期目の岡﨑誠也さんと若者との対話集会も実現しましたよ。これは翌年の話ですが、香美市香北町に実家があった川本さんは選挙事務所開きにもち米を持ってきてくれました。ご自分で作ったもち米です。アクトの仲間が餅つきをしてくれ、事務所開きに花を添えることができました。その後、森憲太郎さんたちアクトのメンバーと川本さんの田んぼを借りて米作りにも取り組みました。名前は「アクト田」。香北の澄んだ空気ときれいな水で作ったお米は最高の味でした。

２００７（平成19）年には県議選に続いて参議院議員選挙もありましたから、その活動もありました。参院選の民主党公認候補は高知市議会議員だった武内則男さんに決まりました。ほとんど休みなく駆け回りました。

後援会事務所開きでは96歳になる祖父、喬がマイクを握ってあいさつしてくれました。

祖父はこう言いました。「彼はまだまだ未熟だ。皆さんにお願いしたいのは、彼の未熟さを考えたとき、後援会ではなく前援会として、後ろからではなく前に出て支えてほしい」と。祖父は明治大学雄弁会ですから、雄弁です。実は二度、喬は選挙に出たこともあります。曽祖父の大石大が終戦直後、1946（昭和21）年4月の衆院選に出ようとした際、パージされたそうです。公職追放です。国家主義、そして頭山満の玄洋社と関係があるとして追放団体に指定された東方会での活動が引っかかりました。盟友が中野正剛だった関係で、曽祖父は中野が作った東方会の活動もしていました。そこをGHQ（連合国軍最高司令官総司令部＝占領軍の司令塔）に問題視されたのです。曽祖父が立候補できないと決まったとき、急きょ担ぎ出されたのが復員したばかりの祖父、喬でした。票数は伸びたものの、落選します。もう一度は南国市長選です。このときも保守革新の一騎打ちではダメだと考える住民から共存共栄の第三候補として急きょ担ぎ出された感じで、告示1週間前に立候補を決めました。またも落選でした。

祖父は氏原一郎さんを支援していたそうです。1942（昭和17）年、氏原さんは曽祖父と同じく非推薦候補（翼賛政治体制協議会の推薦を受けない候補）として東方会推薦で衆院選に立候補し、落選。祖父が挑戦した1946（昭和21）年の衆院選で当選し、衆議院議員を1期務めたあと高知市長を4期務め、県知事選に挑戦して惜敗した人です。高潔なところが祖父と似ていたのかもしれません。市長選挙に際し、祖父は経営者代表として高知新聞に「氏原一郎さんは徳川家康に通じる名君だ」と推薦の言葉を書いています。氏原さんは国民健康保険を全国に先駆けて導入するなど、文化・教育・福祉に力を入れた革新政治家としての業績が知られています。しかし実際は革新の枠にとどまらない大衆政治家であり、データを細かく分析して政策に取り入れるなど実務的、合理的な発想を行った名市長でもありました。

喬は2008(平成20)年12月14日に98歳で亡くなりました。

ここからは私に最も影響を与えた祖父、喬のことを書きたいと思います。少し長くなりますが、ご容赦ください。

今西中通さんの絵の具

曽祖父が大阪にも家を持っていた関係で、喬は旧制中学校の途中まで大阪で育ちました。小学校は大阪市住吉区の帝塚山学院小学部。大阪で唯一の私立小学校で、1年のときから英国人の先生に英会話を学ぶような自由な雰囲気の学校だったそうです。晩年まで同級生との交流があったので、祖父にとってはいい思い出がたくさんあったのでしょう。同級生に住友か安田か財閥の御曹司がいたとも言っていました。裕福な少年時代だったと思います。当時日本経済の中心は大阪、そこで曽祖父は鉄道会社の経営を基盤として多くの企業を立ち上げ、実業家として活躍していました。相場でもかなりもうけていたようです。坂本龍馬像建立の代表を務めた高知の交通王、野村茂久馬が生まれて初めて自動車に乗ったのは曽祖父の車だったそうです。

喬は帝塚山学院を出たあと旧制天王寺中学校に進み、高知に戻って旧制城北中学校（旧制海南中となり、現在は小津高校）に転校します。仲のよかった同級生に、早世した窪川村（現四万十町）出身の洋画家、今西中通さんがいました。あるとき中通さんに喬の母親、つまり私の曾祖母が絵の具を買ってあげたことがあるそうです。そのお礼に、中通さんは曾祖母に絵をプレゼントしてくれました。喬と宇佐（現在の土佐市宇佐町）に写生旅行に出かけたときに描いた「宇佐の風景」です。中通さんの処女作として知られています。

中通さんの作品は、ふるさと四万十町の町立美術館をはじめ県内外の美術館に収蔵されています。特筆されるのは四万十町に２０１８（平成30）年12月新築オープンした美馬旅館のホテルです。美馬旅館は老舗の日本旅館なのですが、その離れに新館のホテルができたのです。名前は「美馬旅館はなれ 木のホテル」。このホテルの全客室に中通さんの絵が飾られています。ご当主で呉服店も経営する美馬勇作さんの心意気だと思います。「美馬旅館はなれ 木のホテル」は第十七回高知県木の文化賞を受賞しました。ホテルの趣と中通さんの絵がマッチし、お客さまの目を楽しませています。

竹村大佐に救われる

喬は城北中から明治大学法学部へ進学します。理科系が弱かったので試験科目に数学がない旧制弘前高校を受験しようとしますが、風邪のために受験を断念。弘前高校に進んでいたら東北大学に進学し、戦争で死んでいただろうと祖父は書いています。曽祖父の周りに明治大学出身者が多かったことから明大に進み、予科3年と学部3年の6年を過ごします。

戦争で死ななかった理由は、ある人物との出会いでした。

私も人との出会いに恵まれていますが、このときの祖父は恵まれていました。明治大学に配置された配属将校が高知県出身で、しかも人道主義者の方だったのです。陸軍士官学校から陸軍大学校を出たエリート、竹村直臣大佐です。配属将校というのは学校教練（軍事教練）のため中等学校以上の学校に配置された現役将校のことです。大学卒業を目の前にして、祖父は陸軍の幹部候補生試験を受けようとしました。当時は徴兵制の時代です。一般には兵士（二等兵、一等兵、上等兵）として兵役を務めるのですが、大学や専門学校を出た者には短期間で幹部候補生になる道がありました。そうなると兵役義務も短期になったそうです。

幹部候補生試験を受けようとしたとき、祖父は規定の単位を取っていませんでした。正確には規定が変わり、受験には学校教練の単位が必須となったようです。当時の大学生には軍隊嫌いが多く、学校教練の授業を忌避する傾向がありました。祖父もそうでした。祖父は竹村大佐に頼み込みました。3年分の単位を半年で取らせてくれ、と。必死のお願いに、竹村大佐は折れてくれます。そればかりではなく、「お前も卒業間近で忙しいだろうから教練の授業には出なくていい。私がなんとかしておく。お前は面白いところがあるから内申書には士官適と書いておく」と。祖父は1934(昭和9)年3月に明治大学を卒業しますが、兵籍簿には「三月三十日配属将校ノ行フ教練ノ検定ニ合格」と書かれています。竹村大佐はその後、青森の陸軍歩兵第五連隊長などを務め、少将で終戦を迎えています。

「ブハーリン読んだか」

祖父の戦争体験は後述することにして、まずは明治大学時代の話をします。

学部の2年まで、つまり卒業へあと1年という時期まで、祖父はさまざまな活動をしていたようです。学生自治機関の役員、映画研究会委員長、野球部のマネジャー。雄弁会にも所属したようです。雄弁会の先輩が戦後に首相となる徳島の三木武夫さん、映画研究会の後輩が横浜市長を経て社会党委員長になった飛鳥田一雄さんでした。飛鳥田さんはのちにこう述懐しています。「私は明治大学予科に入ってすぐ映画研究会へ入会した、当時の委員長は土佐の人で色の黒い逞しい体つきの大石喬という人で、私たち新人の会員に対して君たちはこれから映画批評もするだろうがブハーリンの弁証法的唯物論を読んだことがあるかと一喝されて都会育ちのひ弱な私たちは三省堂へ走り込んで買ったものだ」。ブハーリンはロシア革命の理論家で新生ソビエト連邦の指導者の一人です。祖父が生まれたのは1910（明治43）年3月。ロシア革命が起きた1917（大正6）年は7歳でした。日本ではシベリア出兵から米騒動、護憲運動、大正デモクラシーへと続く時代です。

商才があったのでしょうか、映画研究会ではかなりお金を稼いでいます。古賀政男さんの協力を得て山田五十鈴さんを呼んでイベントをしたと言っていました。田中絹代さんを招いて入会希望者を大量に増やしたこともあるようです。古賀政男さんは昭和初期から後期にかけて活躍した明治大学マンドリン部出身の大作曲家で、亡くなった直後に国民栄誉賞を贈られています。山田五十鈴さん、田中絹代さんも日本を代表する大女優です。やはり商才はあったのだと思います。そういえば、祖父は「まず財政がしっかりしていないとだめだ」というようなことをよく言っていました。

明治大学マンドリン部との関係は終生続き、校友会高知県支部主催の演奏会もたびたび開いていました。

身請け人は中野正剛

1930（昭和5）年、明治大学で「授業料値下げ」などを掲げた学生ストライキが起きます。祖父は予科の3年で、映画研究会の委員長になっていました。ストライキで大学側と闘っているとき、学生側の資金が不足しそうになりました。知恵を使ったのが祖父でした。急きょ「映画と音楽と舞踏の夕べ」を開催し、資金を調達したそうです。

このストライキでは西神田警察署に拘束されています。学生側の暴力を止めようとしたのに捕まえて、5日間も留置場に入れたと憤っています。行方不明になった祖父を心配した友人が衆議院議員で逓信次官だった中野正剛に連絡し、中野が身元引受人になって帰宅できました。中野の弁舌は各大学の雄弁会のあこがれの的であり、祖父も何度か中野の自宅に行っていたそうです。加えて曽祖父との関係もあったのでしょう。ちなみに中野の上司だったこのときの逓信大臣は小泉又次郎。先に書いたように大石大の東方会入りに関与した衆議院議員です。小泉純一郎さんの祖父、小泉進次郎さんの曽祖父に当たります。純一郎さんの父親も衆議院議員だったので、小泉家は4代続けて衆議院議員を務めています。

祖父が亡くなる3年前の２００４（平成16）年、明大交友会の全国大会が福岡でありました。私も祖父に同行し、一緒に中野正剛の銅像を見学しました。銅像を見上げながら、祖父は「福岡の人がこれだけ大きな銅像を建ててくれた、東條の銅像は全国どこにもない。中野は東條に勝った」と何度も言っていました。太平洋戦争が始まったあと、中野正剛は独裁色を強める東條英機首相の批判を繰り返します。痛烈な批判に東條が反応し、中野を逮捕・軟禁します。軟禁下で中野が選んだのは割腹自殺でした。東條と戦い、言論を封じられ、負けたといわれた中野が、国民からの支持という意味で「東條に勝った」のだと祖父は言いたかったのです。

銅像の裏側には「豪傑之士雖無文王猶興」と刻まれています。豪傑の士は文王無しといえどもなお興る、という孟子の言葉です。豪傑は文王（王様）の引きがなくても自分で興る、つまり人に頼らず自分自身の力で道を拓くのが真の豪傑だという意味です。中野はこの言葉が好きでした。

銅像を見たあと、祖父と玄洋社記念館にお邪魔しました。頭山満とともに板垣退助に呼応して自由民権運動に参加し、そのあと長く玄洋社社長を務めた人物に進藤喜平太がいます。頭山より少し年長で、明治末期に衆議院議員も務めています。彼の孫にあたる進藤龍生館長にお会いし、いろいろと中野正剛の話を聞かせてもらいました。ちなみに進藤館長の娘の久美子さんは第58代横綱千代の富士の妻となり、その子供さんもモデルとして活躍されています。

進藤館長は翌2005(平成17)年に他界されました。進藤さんからは中野一世一代の名演説であった早稲田大学での「天下一人を以て興る」のレコードをいただいたはずなのですが、その後行方が分からなくなってしまい、残念でなりません。この記念館には頭山満が「人生意気に感ず」と大書した掛け軸がありました。「書心画也《しょはしんがなり》」、書は人の心を映し出すという言葉の通り、私はその迫力に圧倒され、その後長く「人生意気に感ず」を座右の銘として使っていました。

「電力の鬼」の秀才不要論

祖父喬の学生時代の話に戻ります。

ストライキが解決したあと、祖父は西神田警察署長を不法監禁で告訴しています。赤星という特高の主任がやってきて「取り下げてくれないか」と言ったので、始末書を書かせて取り下げたそうです。数日後、警察に追われた共産青年同盟（侵略戦争反対などを掲げる非合法組織）の学生をかくまい、服と金を渡したそうです。その容疑で祖父も逮捕されるところだったのをこの特高主任が抑え、祖父のところに来て「これで貸し借りなしだ。うな丼でもおごってくれ」と言いました。「おごりましょう」と祖父は言い、一緒に昼ご飯を食べたそうです。祖父は背骨がしっかりした人でした。生きる上での哲学とでもいえるものを持っていました。自由主義で、エリートだけど反骨で。そういう意味では曽祖父とも似ていました。

大学卒業後、祖父は東邦電力に就職しました。

東邦電力は当時の5大電力会社の中で最も大きく、現在の中部・関西・四国・九州各電力会社の元となりました。入社試験は超のつく狭き門だったらしく、同期で私学出身は喬だけ。あとは全員が帝大出身だったそうです。同期には戦後に九州電力会長、JR九州初代社長になった永倉三郎さんがいて、プライベートヘリで高知に来て祖父と旧交を温めたという話があります。入社時の社長は「電力の鬼」と呼ばれ、現在の民営9電力体制の礎を築いた松永安左ヱ門でした。松永は慶應義塾で福沢諭吉やその婿養子で電力事業に力を注いだ福沢桃介の知遇を得た人です。新入社員への訓示で松永はこう言ったそうです。「わが社には大学時代の秀才はいらない。秀才は官僚になったらいい。経済界のトップで大学時代に秀才であった者はいない」と。秀才不要論ともいえるこの言葉に祖父は力を得たと言っていました。官僚嫌いだったといわれる松永は、戦前から電力の国家管理に反対し続けました。戦後も国家の介入を嫌い、中立性を確保するための体制づくりに尽力しています。

知事が部下だった

祖父は1935（昭和10）年1月、高知市朝倉の歩兵第四十四連隊に入営します。兵籍簿によると、年末に幹部候補生終末試験合格となり、いったん予備役（社会に戻る）になります。1937（昭和12）年に四十四連隊補充隊に召集され、同年末に少尉となって上海事変後の中国に数カ月だけ派遣されています。一時帰国し、1938年11月には四十四連隊第九中隊の小隊長としてソ連国境に近い旧満州・虎林へ。1939年に中尉となり、旅団長の臨時副官を務めます。旅団長は香美郡山北村（現香南市香我美町山北）出身の黒岩義勝少将でした。黒岩少将は終戦時には中将として高知地区司令官を務めています。１９４０年３月、祖父は中隊長になります。同年末、召集解除で帰国します。

帰国前の１９４０（昭和15）年12月１日、祖父は四十四連隊が所属する第十一師団の師団長にあいさつしています。師団長は４年半後に沖縄で自決する牛島満中将でした。祖父はこう書いています。「閣下はソファーをすすめて懇ろに応召中の労苦を心より労うて下さって感激した事がある。陸軍の高級軍人には珍しい人柄のお方だと思った」。牛島中将はいったん帰国し、陸軍士官学校長などを務めたあと１９４４（昭和19）年８月に第三十二軍司令官として沖縄に赴きます。後述しますが、その直後に祖父も沖縄の八重山諸島に赴任することになりました。祖父は那覇へ上陸したときに牛島中将を訪ねたそうです。残念ながら、そのときは会えませんでした。

晩年、祖父は軍隊時代の尊敬する上司として、黒岩義勝中将、牛島満中将、そして最後の赴任地八重山諸島を守備した旅団長、宮崎武之中将の名を挙げてよく思い出話をしていたものです。

少し脇道にそれますが、黒岩義勝中将の姉のお孫さんと私は少し接点があります。2007(平成19)年、私が初めて県議選に立候補したとき、同じ新人候補者として高知市選挙区で戦った國吉卓爾さんです。新人といっても私より30歳以上も年上で、長年にわたって建設会社を営んできた方です。新人候補者の写真撮影会の待合室で、緊張する私と違って悠々と読書をしていた姿が印象的でした。選挙戦もそのままの落ち着いた雰囲気で淡々と政策を訴えておられましたが、当選ラインには達しませんでした。その後、私は國吉さんと親しく話をさせていただくようになりました。驚かされたのは國吉さんの読書量です。もともと文筆の道に興味があったのでしょう、70歳にして國吉さんはシナリオライターになりました。シナリオコンクール受賞作の『カスリコ』は映画化もされています。昭和40年代の高知を舞台にした人間模様です。石橋保さん、宅麻伸さん、高橋かおりさん、高橋長英さんらのベテランに加え、高知県出身の鎌倉太郎さん、西村雄正さん、池上幸平さん、大家由祐子さん、掛水杏樹さんらがネイティブな土佐弁でわきを固めています。

祖父の軍隊の話に戻ります。

太平洋戦争直前の1941(昭和16)年10月、同じく高知市朝倉にあった歩兵第百四十四連隊補充隊に召集されます。直後、百四十四連隊は新編成された大本営直轄南海支隊の核として西太平洋のグアム、南太平洋のニューブリテン島ラバウルを経てオーストラリア大陸北方のニューギニアに向かいました。大本営は日本陸海軍の最高統帥機関です。百四十四連隊はその直轄部隊として赤道を越えたはるか南方で戦ったのです。

オーストラリア軍と戦ったニューギニアはマラリアと飢餓で人肉を食べざるを得ないほどの過酷な激戦地でした。そこで百四十四連隊は壊滅します。高知から向かった兵士３５００人と補充兵１１５０人のうち、生き残った者が１３８６人。生存率わずか29・８％です。激戦地ブナで自決した連隊長は、高知県副知事を務めた山本卓さんの父、重省大佐でした。百四十四連隊の悲劇は続きました。ようやく生き残った者が、ビルマ戦線に投入されたのです。当時、日本兵は「ジャワは天国、ビルマは地獄、死んでも帰れぬニューギニア」と口にしていたそうです。ニューギニアで命を拾った者をビルマに送るとは苛烈としか言いようがありません。

百四十四連隊の運命を知らないまま、補充隊だった祖父は日本に残りました。このとき祖父の中隊には県職員から高知県知事になった中内力さんがいました。

この中隊は戦後、大石会という戦友会組織を立ち上げて交流を続けていました。1942年当時、同じ連隊の将校仲間にキタムラカメラの創業者、北村政喜さんもいたそうです。

上官前に「盲従するな」

祖父は1942（昭和17）年末に召集解除となったあと、1944（昭和19）年8月に再び百四十四連隊補充隊へ召集されます。背景には富山丸の撃沈事件があったようです。同年6月、九州と四国で編成した兵員を満載して沖縄に向かった輸送船富山丸が徳之島沖で米潜水艦「スタージョン」の魚雷攻撃を受けて沈没したのです。犠牲者は3724人とされています。1隻の犠牲者としては太平洋戦争を通じて最大です。富山丸の次に多くの犠牲者が出たのは翌1945（昭和20）年4月に撃沈された戦艦大和の約3000人でした。

富山丸に乗っていたのは沖縄戦に備える第一陣、約4600人です。九州と四国で編成された二つの旅団で、高知県の兵士も多数が乗っていました。高知の部隊は死亡率が高く、４６０人のうち生存者はわずか57人です。乗り込んだ場所の上部に重火器や軍用トラックが載っていたため、すぐに逃げることができなかったといわれています。富山丸の下部船倉にはガソリンも満載されていて、そのことが死傷者の増大につながりました。沈没後、海面は激しい炎に覆われたのです。

４０００人もの部隊が一瞬にして消滅したことは沖縄戦の行方に多大な影響を及ぼしたとみられ、天皇陛下から「いったいどんな護衛をしていたのだ」と厳しいご下問があったともいわれています。部隊消滅に衝撃を受けた大本営は、戦後まで沈没をひた隠しにしました。

富山丸沈没で沖縄に向かう兵員が大量に欠けたため、祖父たちが召集されたとみられています。祖父は30歳を超えていました。いったん百四十四連隊に所属したあと、祖父は独立混成第四十五旅団独立歩兵第三百一大隊に転属して第一中隊長となります。９月、米軍の進攻が予想される沖縄に向かいました。９日那覇に上陸。12日那覇を出発し、14日八重山諸島の中心、石垣島に上陸。以来、１９４５（昭和20）年８月の終戦まで石垣島沖合にある竹富島の守備隊長を務めました。

祖父は常々、正しいと思ったら直言しなければいけないと言っていました。上司や同僚からすると煙たい存在だったのではないでしょうか。この本の冒頭に書いた「服従と盲従は違う」の話が典型です。この話は祖父から何度も聞きました。高知市朝倉の連隊本部にいたときのことだと思います。入ってきた新兵に、そう説諭したそうです。軍隊というところで、入ったばかりの新兵に「服従と盲従は違う、盲従するな」と説教する将校なんて前代未聞だと思います。さすがに祖父も軍法会議もの、つまり軍法会議にかけられても仕方ないと思ったそうです。そう思いながらも上官を前に言ってしまう潔癖さ、反骨心を祖父は持っていました。それだけ自己が大切だ、個人個人が大事だ、と考えていたのだと思います。しかし軍隊では祖父のような存在は煙たい。だから体よく竹富島に出されたのではないかと思っています。

疎開を自由意思に

竹富島での祖父は幾つものエピソードを残しています。

エピソードの一つは島民の疎開です。１９４５（昭和20）年6月ごろ、旅団司令部から島民を西表島に疎開させよという指示が下りてきます（祖父は「命令」ではなく「指示」だったと書いています）。米軍の進攻を考え、足手まといとなる島民を島外に出しておくという判断でした。しかし西表島はジャングルの島で、マラリアが猛威を振るっています。ジャングルには食料もありません。祖父は旅団司令部に「住民の自由意思に任せるように指導したい」と意見具申して認められました。この判断は島民の運命に大きな影響を与えます。竹富島から西表島へ疎開する人は少なく、罹患率は数パーセント、死者もほとんどいませんでした（祖父は戦時中のマラリア死はゼロだったと書いています）。対照的に、住民を強制疎開させた波照間島では約1600人の住民のほとんどがマラリアに罹患、約3割の住民が命を落としました（大田静男著『八重山の戦争』によると、波照間島民全1590人のうちマラリア罹患者1587人、マラリア死477人）。八重山諸島全体では4000人近い人がマラリアで亡くなっています。

もちろん疎開をさせないことによるリスクもありました。米軍が竹富島に上陸してきたらおそらく守備隊は玉砕、住民の多くも犠牲になったはずです。しかし祖父は祖父なりの計算をしていました。八重山諸島は沖縄本島のはるか南、台湾の近くに位置しています。米軍が台湾に進攻するのであれば、橋頭保にするために八重山諸島を占領するだろう。しかし米軍は3月末から沖縄本島に侵攻し、日本軍を壊滅させている（牛島司令官の自決は6月23日）。沖縄を占領したあと、反転して台湾を占領しようとするだろうか。台湾に進攻する必然性はないのではないか、と。戦闘機による毎日5～6回の空襲はあるものの、竹富島を襲う米軍の動きに変化はありませんでした。旅団司令部からの情報も勘案し、祖父は八重山への米軍上陸はないと読んでいたのです。しかし米軍が来てしまったら大変です。そのときのために住民を避難させる洞窟も調べていました。

祖父の意見具申が実現した背景には旅団長の信頼もありました。

前述したように祖父の喬は一家言ある人ですから、直属の上司である大隊長は祖父とそりが合わなかったようです。祖父は第三百一大隊の第一中隊長でした。旅団本部から竹富島の守備隊として一個中隊を差し出せという命令がきたとき、大隊長は祖父の第一中隊を差し出しました。第一中隊は手元に置くのが普通だそうですが、それを差し出したということは祖父が煙たかったのでしょう。おかげで第一中隊は旅団直轄になりました。祖父は直接旅団長と話ができる立場になったのです。

その後の経緯を考えると、これは幸運としか言いようがありませんでした。なにより宮崎武之旅団長は人格者でした。竹富島に進駐して2カ月後、祖父は宮崎旅団長から「貴官の島は民間との間が非常にうまく行われている」と言われたそうです。それを踏まえて、宮崎旅団長はこう祖父に頼みました。「どうも軍の各部隊は民間との折り合いが悪くて困っている。士官学校出身の将校は偏った教育を受けているので民間人の気持ちが分からない。麾下の将校を集めるから対民間の協調について君の体験なり考えを話してくれ」。断る祖父に、宮崎旅団長は「では隊長を君のところへ1カ月出すから教育してくれ」と言って引き受けさせたそうです。

祖父の手記によると、宮崎旅団長は終戦直後、民間マラリア患者の治療に軍医を差し向けたり、マラリア孤児のための保育園を設けたりしたそうです。その費用をまず旅団長個人で負担、多くの将校に拠出を呼びかけたと書いています。戦後、宮崎さんは郷里の熊本県天草郡五和《いつわ》町（現在の天草市）の町長を務めています。高級軍人に厳しい目が向けられていた時代、宮崎さんの人格が評価されたのだろうと祖父は書き残しています。

宮崎さんと祖父の交流は長く続き、今も実家には宮崎さんからの手紙が残されています。宮崎さんは隊と竹富島の交流を喜び、手紙をこう結んでいます。「水到って渠成る。霜を履んで堅氷到る。大石さんありがとう」

波照間島の悲劇

マラリアのことにもう少し触れます。波照間島は竹富島と同じ竹富村（現竹富町）に属する島です。同じ村でありながら、波照間島は西表島への疎開で多数のマラリア犠牲者を出してしまいました。近年、この島のすさまじい悲劇が掘り起こされています。悲劇というより人災かもしれません。この島にはスパイ養成校として名高い陸軍中野学校出身の軍人が山下虎雄という偽名で入り込んでいました。八重山にある九つの島に11人送り込まれていた離島残置工作員の１人です。米軍上陸に際し、現地住民を組織してゲリラ戦を展開するなどの任務が極秘に与えられていたといわれています。工作員はそれぞれ身分を偽り、社会的地位の高い立場に就いていざというときに備えていました。山下虎雄は青年学校の教師でした。山下は突然、豹変します。軍服姿になり、抜刀して島民を疎開に追い立てたのです。山下は島内の家畜すべての処分を命じました。「米兵が食料にするのを防ぐ」というような理由だったといわれています。

疎開先の西表島でも山下の横暴は止まらず、住環境の劣悪さと食料不足もあって住民は次々とマラリアにかかって亡くなりました。敗戦後、波照間島に戻った島民たちはなおも苦しむことになりました。家畜がいない、畑は荒れている。つまり生活ができないのです。マラリアの発生も続きました。波照間ほどではないにしろ、黒島でも西表島への疎開でマラリアの犠牲者が出ています。八重山諸島では戦争による死者よりもマラリアによる死者の方がはるかに多かったのです。波照間国民学校の識名信升校長は、多くの教え子をマラリア禍で失った西表島の浜辺の岩に「忘勿石《わすれないし》 ハテルマ シキナ」と刻みました。強制疎開がもたらしたこの悲劇は、沖縄では「戦争マラリア」と呼ばれています。

悲劇の島となった波照間島と、そうならなかった竹富島。なぜ大きな差が出たのかを私は考えます。波照間は山下虎雄という軍の指示しか念頭になかったであろう人物が支配しました。住民の生活なんて顧みる必要はなく、いかに抗戦するかが判断の最優先という教育を受けてきたのでしょう。竹富島の祖父は違いました。自分の頭で戦況を分析し、西表島の危険性を考慮し、旅団長に直談判したのです。エリート中のエリートで、軍命を忠実に実行した山下の方が軍内では評価されたのかもしれません。しかし私は祖父の生き方を尊敬しています。

祖父の名誉のために

祖父の名誉のため、付け加えておきたいことがあります。宮良作さんという方（日本共産党の元沖縄県議会議員）が書いた『日本軍と戦争マラリア』という単行本に祖父の話が出てきます。ノンフィクション仕立てで、祖父が抜刀して住民を脅した様子などが書かれています。たとえば「大石は声を張り上げ、『たたき切ってやる』と抜刀した」と。全くの事実無根です。発端はある住民の証言でした。1995（平成7）年、町史を作るために竹富町が戦時中の証言を集めたとき、そのようなことを話した人がいたようです。事実確認なしに竹富町はその証言を町史に採用します。証言した人は戦争当時には台湾にいた人でした。つまり自分が見聞きしたわけではなく、伝聞を元に話していました。あとで聞くと、編集作業中に

「この発言は事実確認ができていない、掲載するのは適当ではない」という意見が出たそうです。以後の詳しい経緯は不明ですが、結果的にはそのまま町史の「戦争体験記録」に載りました。

町史ができたあとで事実誤認が問題となり、竹富町史編集委員会と竹富町史編集室は「事実ではない記述」だったとして祖父にお詫びの文章を出しています。1998（平成10）年8月5日付です。「竹富町史編集委員会委員長印」の角印が押された文章にはこうあります。「○○氏（お詫び文では実名）の一文は、本来、『竹富町史』第十二巻（戦争体験記録）へ収録されるべきではありませんでした。にも関わらず、当方の編集態勢が充分でなかったために、慎重な調査・検討を経ることなく不用意に収録してしまうこととなり、貴殿および元大石隊の皆さまには多大のご迷惑をおかけしましたことを、深くお詫びします」。戦争中のことなので、行き違いが誤解になって伝わったのではないかと思います。

『日本軍と戦争マラリア』は誤った町史を参考にし、伝聞に想像を加えて膨らませたように見えます。ところが活字になって出版されると、事実とかけ離れた情報が事実として出回ってしまいます。私はこの本を読んだときに背筋が凍りました。

その後、ふつふつと怒りと悲しみ、寂しさが沸きました。島のことを大切に思っていた祖父は、編集委員会の謝罪を受け入れ、大きな問題にしませんでした。謝罪文を公にすることもありませんでした。しかし祖父の名誉を考えると、私はいつかこの経緯を表に出したいと思っていました。泉下の祖父の了承は得ていませんが、以上を活字として残しておきたいと思う次第です。

島で起きたこと、経験していたことを、祖父は戦友会の機関誌などには書いていました。ところがそれは限られた範囲でしか知られておらず、読んだ人以外は知らなかったために誤解が大きくなっていったのだと思います。

竹富島での高知の部隊のことが高知県内で知られるようになる発端は、一人の女性が竹富島を旅行したことでした。

1990（平成2）年、小学校の教員を長く務めた高知市の鍋島寿美枝さんが、たまたま旅行で行った竹富島で大石隊の話を聞きます。興味を覚えた鍋島さんは、高知に帰って祖父や戦友会に取材を重ねました。1994（平成6）年に完成したのが小説『うつぐみは時を超えて 沖縄・竹富島と高知の絆』です。鍋島さんの柔らかい筆致と八百川久須子さんの美しいイラストが相まって、この小説は大きな反響を呼びました。翌年、テレビ高知（ＫＵＴＶ）はこの小説を元にして戦後50年の記念ドキュメンタリーを制作しています。

この時のプロデューサーはのちに社長となる井上良介さんでした。

その後、井上さんは私が竹富島関係のイベントを行う際に力を貸してくれることとなります。

戦争末期に「娯楽会」

祖父は住民の生命財産を守ることも重要な任務だと考えている人でした。祖父が書いたものを読むと、中国大陸にいた１９３８（昭和13）年ごろからその考えを固めていたようです。祖父はこう書いています。「作戦準備最優先の軍の幹部にはそんな考えは持っていない軍人が多く、私は上官より『大石は中国民衆を甘やかす』と言って叱られたものである」

竹富島でも祖父はその考えを実践しました。

たとえば娯楽会というのを立ち上げています。１９４５（昭和20）年４月ごろから毎日曜、3軒単位くらいの家に兵士と国防婦人会、女子青年会が行って午後のひとときを楽しく過ごすのです。隊から砂糖と小豆を供出し、それでぜんざいを作り、歌を歌ったり、トランプをしたりしたそうです。米軍上陸に備える沖縄の離島で守備隊長が兵士と住民に娯楽会をさせるというのはそうとう珍しいと思います。ほかにも、島民と一緒によさこい節を歌った話、島の踊りを習った話、お礼に四国のおけさ踊りを教えた話、お酒に酔ったら赤ふんどしで踊る楽しい兵隊さんがいた話などなど、戦時中とは思えない交流があったようです。当時小学校長だった桃原《とうばる》用永さん（戦後の一時期、石垣市長を務めた）が書いた『戦後の八重山歴史』の中にもこんな記述があります。「竹富の駐屯部隊はなじんだ　私は、今でも高知の兵隊さん達が、お正月だったと思う。土佐の『ヨサコイ節』を歌いながら家々を廻り歩いた情景を思い出している。それは、八重山の人々がお祝いの座のしめ括りにお互いの仕合わせを祈って歌う『ミルク節』や『ヤーラーヨー節』を思い出す」

明日にも米軍が上陸するかもしれない中での交流なのです。当然ながら、厳然たる「戦争」の姿についても祖父や元兵士は書き残しています。夜間切り込み訓練や機雷解体中の暴発死、連日の空襲、港や陣地構築のため島の木を売ってもらった話、ダイナマイトとノミを使った陣地構築の苦労……。この両面が、島と部隊の歴史そのものだと思います。

「私は貝になりたい」

戦後、民俗学者として多くの仕事をされた上勢頭亨《うえせど》さんという方がいます。司馬遼太郎の名作『街道をゆく』にも出てくる人で、島唯一のお寺「喜宝院」の住職もしていました。30代半ばだった戦争中は、石垣島の海軍飛行場建設のために徴用されていました。体が弱かったため、徴用され続けると命の危険もあったそうです。竹富島からは15人ほどが徴用されていたのですが、祖父は1カ月間の交渉で上勢頭さんら全員の徴用解除を実現します。上勢頭さんはそのことを終生感謝してくれています。

祖父が書き残しているものを読むと、このときの交渉相手は海軍の幕田稔大尉でした。なかなか一筋縄ではいかなかったと書いていますから、交渉は大変だったようです。幕田大尉は戦後、捕虜殺害で絞首刑となりました。このことも祖父は書いています。石垣島へは祖父の部隊からときどき連絡兵を送っていたそうです。この連絡兵が、捕虜を松の木に縛り付けて海軍兵が刺突訓練をしているのを見たと祖父に報告します。祖父は慌てて石垣島の旅団司令部に行って宮崎旅団長に「やめてほしい」と直談判したそうです。宮崎旅団長は沈痛な表情でこのように言ったと祖父は書いています。「貴官の言う通り非常に残念なことを海軍はしてくれた。私はこのことを知ってすぐやめるよう勧告はしたが、作戦のことではないので命令権はない」と。祖父は「そんな馬鹿げた事が行われる事は私達の常識にはなかった」と書いています。殺害されたのは米海軍艦載機の搭乗員3人で、米軍による戦後の裁判で幕田大尉ら将校、下士官計7人が絞首刑となりました。この事件は石垣島事件として知られていて、テレビや映画になった『私は貝になりたい』のモチーフになったともいわれています。『私は貝になりたい』の主人公は土佐清水市出身の床屋さんという設定でした。

キャメロンさんのバナナ

祖父も一度、捕虜を捕らえています。

1945（昭和20）年6月ごろのことだったようです。早朝、はるか沖合に敵軍のゴムボートが浮いていると連絡が入ります。すぐに馬を走らせて海岸から双眼鏡で見ると、確かにゴムボートが見える。兵3人に手漕ぎの船で捕らえるように命じたそうです。手漕ぎなので時間がかかります。敵機が来ないよう、祈るような気持ちだったそうです。連れてこられた捕虜に対し、祖父は片言交じりの英語と筆談で会話を試みます。それによって名前はキャメロンで、英軍人であること、搭乗機が撃ち落とされて12時間漂流していたこと、グラスゴー農科大学の4年生であること、故国に帰ったら結婚することなどが分かりました。竹富島は一日に5回も6回も艦載機の空襲を受けていて、住民は憤っています。「島中引き回してくれ！」と叫ぶ島民もいます。祖父は指一本触れてはならぬと厳命し、キャメロンさんを守りました。それればかりか、キャメロンさんの唯一の持ち物だった時計を石垣島に送って修理してあげたそうです。

捕らえたとき、祖父はキャメロンさんに握り飯と芋を与えましたが、警戒して食べません。しばらくして島の女性がいい感じで熟したバナナを房ごと祖父に差し入れました。祖父はそれをキャメロンさんの前に持って行き、自分が一本食べたそうです。安心したのか、キャメロンさんはそのバナナを全部食べました。この女性はのちに「隊長さんに食べてもらおうと持って行ったバナナを房ごと捕虜に食べさせたのを見て腹が立ってしようがなかった」と振り返っています。

翌日、祖父はキャメロンさんを石垣島へ送りました。

戦後、祖父はキャメロンさんのことを気にかけていました。分かったのは祖父が亡くなった直後です。第二次世界大戦の連合軍捕虜の実態を調査研究するＰＯＷ（Prisoner of War＝戦争捕虜）研究会の報告に載っているのを私が見つけました。報告には〈１９４５（昭和20）年６月８日・沖縄県石垣島付近・イギリス空母ビクトリアスから飛来したＦ４Ｕ（機体番号ＪＴ４１８、１８３６中隊所属）が墜落。Donald Cameron 海軍中尉が捕虜。大船海軍捕虜収容所へ送られ、戦後ニュージーランドへ帰還〉とありました。Ｆ４Ｕというのは「コルセア」という愛称を持つ米戦闘機です。イギリス軍に供与されていたのだと思います。

ドナルド・キャメロンさんはニュージーランド出身の人だったようです。小さいころからよく話を聞いていたキャメロンさんが無事に祖国へ帰っていた事実をうれしく思いました。残念なのは、祖父がキャメロンさんに会えなかったことです。もう少し早く分かっていたら祖父はキャメロンさんと会えたかもしれません。会いたがっていたので、できれば会わせてあげたかったと思います。

隊＋島民＝事業組合

戦争終結後、祖父が最も心を砕いたのは住民との関係でした。当初、竹富島の守備隊が復員できるのは4年先だといわれていたそうです。戦争が終わったら軍隊は邪魔なだけ、住民から厄介者扱いされることもあるし、ひどい場合は兵隊が野盗の集団になることもあると祖父は懸念します。そうならないため、軍と民間の共同出資で事業組合を作りました。島民が50円、祖父が50円を出資し、軍隊の労働力を活用して六つの事業をするのです。6事業は次の通りでした。

①鍛造事業　農具の生産
②製塩事業　海岸で塩づくり
③建築事業　空襲で傷んだ家の補修
④交易事業　貯蔵していた島特産の葉タバコを売る
⑤漁労事業　沖縄的な漁労法で魚を捕る
⑥農業　　　食料生産

①～⑤はお金を稼ぐための商売で、⑥は軍の食料確保のためでした。人件費はかからないし、材料は軍の手持ちを使えたので儲《もう》かったようです。島の葉タバコを白砂糖と交換し、それが高額で売れてかなりの利益を上げたと書いています。①③⑤は実質的には島民へのサービスだったようです。

戦争中、祖父は家畜の屠殺食用禁止命令も出していました。他島でヤギや牛、豚、鶏をどんどんつぶしていると聞き、刹那的なことをしてはだめだと思ったようです。その代わり隊内に漁労班を作り、爆薬で魚を取って動物性たんぱく源にしたそうです。屠殺食用禁止命令は軍だけではなく民間人にも下していました。本来は祖父に民間への命令権はありません。違法を承知で島民にその命令を出したそうです。冷や汗ものだったそうですが、戦後になって祖父は感謝されます。他島には家畜がほとんどいなくなっていたので、竹富島の家畜が高く売れた。竹富島が金持ちになった、と。

事業組合といい、祖父にはやはり商才があったのかもしれません。

青年に民主主義を提唱

終戦直後、竹富島では青年団報が発行されています。敗戦のショックが大きい女子青年団（17〜18歳の青年学校生）に希望を与えようと小学校長の桃原用永さんが発想し、祖父が協力しました。「竹富青年団文化部」の名で１９４５（昭和20）年の10月に1、2号、11月に3号を出しています。発行のため、祖父は軍の紙と謄写版を提供し、専任の兵士も1人つけました。

祖父は団報の2号に「青年に対する提唱」という文章を書いています。「青年の武器は情熱であり、実行力である」と前置きし、その情熱を正しい方向に向かわせることが大切だと説きます。では正しい方向とは何か。祖父は続けます。「国体護持の精神であり、且又これを真に透徹しむる方法論は民主主義であろう」。敗戦のショックに沈む竹富島の青年に、祖父は民主主義という言葉を紹介したかったのだと思います。祖父はこう書いています。「民主主義と云うと外来思想であり国体と相反する主義の如く従来まで考えられていた傾向は相当濃厚であった。然し、日本の代々の天皇陛下は、畏くもすべて民意を基調する政治を執り行わせられたのであって名称は外来のものであっても其の実体は我国に於いては古来より存在しているもので国体と何等相反するものでないことを、特に自覚したいのである」。最後、青年たちに「眼を公的方向に向け、先ず自己の身近の問題より改善せられん事を希望する」と訴え、こう結びます。「而してその方法は民主主義の徹底にあるのである」。終戦直後、軍の元守備隊長が青年たちに民主主義の意義を訴えるというのも祖父らしいなと思います。

青年団報には詩や俳句、短歌、川柳のほか、地元の「巻唄」「いぬがだに（祈りの歌）」の採録、論文、そして「科学知識」の紹介などが載っています。戦争が終わり、新しい時代の息吹が芽生えています。

「来るのなら言え！」

4年といわれていましたが、復員の知らせは思いのほか早く1945(昭和20)年の11月に届きました。11月23日、小学校で島民主催の送別会が開かれました。島民の方々から守備隊に感謝の言葉がかけられ、守備隊も感謝の言葉を述べたそうです。翌24日、竹富島から石垣島に移る守備隊を、島民の多くが見送りに来てくれました。祖父は「桟橋より乗船している兵隊に、これお土産だと言って投げ入れる人、別れの挨拶を涙ながらに交わす人などゴッタがえした」と書いています。迎えに来た大発（上陸用舟艇）の艇長が「ほかの島は兵隊だけなのに」と驚いていたと書き、こう続けています。「大発が桟橋を離れると島民は、手拭いの端を持ちこれを上下に振りながらダンジュカリユシの大合唱が起こり、振る手拭いで涙を拭く光景も見えた。私も見ていると涙が出そうになったので桟橋の島民の方を向かず進行方向の石垣島の方を見やって堪えた事を思い出す」。ダンジュカリユシというのは祝いや旅立ちのときに歌われる沖縄の船出歌です。島の皆さんの温かい気持ちに包まれ、高知の兵士たちは感無量だったに違いありません。戦友会に参加したとき、島の人たちのことを本当に愛おしく話す元守備隊員を私は数多く見てきました。こうした心の交流が戦時中にあったことは、本当に奇跡のような話だとつくづく感じます。

部下を日本に帰したあとも祖父は石垣島に残りました。戦後処理のためです。その祖父のところに竹富島から婦人会長や郵便局長がやって来て「隊長さん、将校の復員まで竹富島にいてください。島を代表してお願いに来ました」と言いました。旅団長の許可を得て、祖父は竹富島に戻ります。上勢頭亭さんの家に居候し、島の歴史や芸能の話を聞いていたそうです。１９４５年の末、祖父は竹富島を出て日本に戻ってきます。

祖父は戦後、何度も竹富島を訪れて島の人と交歓しています。私も竹富島の人たちにはお世話になりました。最初に行ったのは小学生のときです。以来、数え切れないくらい行きました。最後に祖父と行ったのは高校生のときでした。大学生になってからは友人と行きました。大学1年のとき、島の人には言わずに行って怒られました。ドミトリーで泊まっていたら、気付いた島の人に「来るのなら言え！」

と。島の人がやって来て、たらふく酒を飲ませてくれたものです。今でも竹富島にはほぼ毎年行って島の皆さんと交流させていただいています。

上官暴行を応援?

祖父は自由な精神を持った人でした。自由ということは反骨にも通じると思います。上におもねらないから自由であり、反骨なのです。祖父らしい、反骨心あふれるエピソードを一つ紹介します。

１９４５（昭和20）年7月ごろ、竹富島へ刑務所を造り、祖父が刑務所長を兼ねろという旅団からの命令がきたそうです。間もなく3人の囚人が送られてくることになりました。話を聞くと、首魁の曹長が無期、ほか2人は15年くらいの刑だそうです。これは大変なことになったと祖父は思います。凶悪犯罪人だったら監視と島民保護にそうとうの人手を取られるに違いない、と。

囚人が来る前日、罪が分かります。徒党を組んでの上官暴行罪でした。陸軍刑法では首魁が死刑または無期。重罪です。しかし祖父は民間人への破廉恥罪でなかったことに安堵します。むしろ共感を覚えたのか、教戒のための所長訓示がどんどん脱線していきました。

軍隊組織で上官に暴行するのはよほどのことだ、ということはよほど上官が悪くなければ起こらない、と祖父は考えます。祖父はこう書いています。「訓示しているうちに『お前達は上級下士官であるから上官暴行がどんな重罪に処せられるかは知っている筈である。それを敢えてしたのは止むに止まれぬ事情と、間違っていない信念があって犯した事と思うが、今馬鹿な事をしたと後悔しているのであれば、お前達の信念は生きて来ない、重刑とお前達の信念とは全く別の存在である事をシッカリ心に刻むべきだ』と話しているうちに、私の平常の考えが出て来てこの囚人の犯罪をたたえる様な言葉が出て来た」

立ち合いの軍曹が祖父の腰をたたいて注意するものの、もう止まりません。日ごろ考える通りの話をして、「お前たちを小屋にとじ込めておく考えはない」と明言して3人を自由行動に任します。3人は規律をよく守ったそうです。

上勢頭亨さんの約束

僧侶でもある上勢頭亨さんは、1970（昭和45）年に私費で「大石隊戦没者慰霊の塔」を建立してくれました。

この塔に祀られている英霊は9柱です。直接の戦闘はありませんでしたが、マラリアや機雷解体中の爆発などで戦病死、戦死した人たちです。戦時中、祖父はその遺骨を3分割し、一つは家族の元へ帰すために旅団司令部へ送り、残る二つは中隊に安置しました。八重山から本土へ、遺骨が届かない可能性が高かったためです。当時、制海権は米軍に奪われていました。遺骨をどうやって帰還させるか。悩み考えた祖父は、あとの二つを島に残したのです。米軍が上陸したら一つは島に埋める。もう一つは、万が一誰かが生還できたときに持ち帰る。終戦後、一つの遺骨は戦友が胸に抱いて遺族の元へ戻りました。もう一つは島の「クスクの森」に埋葬し、木の墓標を立てて供養しました。

いよいよ残務整理も終わって迎えの船が来るという1945（昭和20）年末、上勢頭亨さんは祖父とある約束をします。

後年、祖父は手記にこう書いています。

「12月28日石垣島出港の海軍の水防艇に乗船して復員せよ。その為に27日迎えの船を竹富に向かわせるとの連絡が入って来た。この連絡が来た時私が外出して居た為大騒ぎで皆が探してくれた。当日早い目の夕食を用意して下さって10人位の方が送別の食事を共にして戴いた。そして桟橋に行く前にクスクの森の大石隊戦没者の墓柱に詣でた。墓柱を見上げて私は何時の日にかこの墓柱に詣でることがあるだろうか恐らく敗戦後の厳しい環境又この方面の領土帰属が定まらない公算が多いので詣でる事はあるまいと思いながら長らく佇んでいた私を、ついて来てくれた上勢頭亨さんが私の胸中を察して『隊長殿安心してお帰り下さい。この墓柱は私達が必ず守ります』と言って下さった。私は上勢頭さんの手を握りお願いしますと言った事が四十余年経た今日もマザマザと思い起こす事が出来る」

上勢頭亨さんはこの約束を守ってくれました。その上で、このお墓を自らのお寺「喜宝院」の境内に移して「慰霊の塔」を建立してくれました。１９７０年といえば、沖縄が日本に返還される2年前です。本土復帰前の限られた情報の中で、塔の建立を伝え聞いた祖父や戦友は涙を流しました。このときの感謝の気持ちを祖父はこう書き残しています。

> 戦友諸兄
> 51年前の敗戦の頃を思い出して下さい。
> 他の地区では、8月15日より軍に対する民間の態度は一変し、非協力になり中には井戸水や野菜、藷などの供出を断ったりする地区民が続出した。
> この時の竹富島の皆さんの態度を思い出して下さい。
> 大半の島民の一貫しての考えは「敗戦で目的をなくした兵隊さんは可愛想だ、今までよりもっと大切に接してあげなくてはならない」とのお考えであった。
> 島の伝統精神の「うつぐみ」の発想である。
> こんな情の深い島がほかにあるだろうか。
> 戦争の人的・物的損害が他の地区（島）と比べて極めて尠ないのは、私たち兵隊の力ではなく運がよかっただけである。塔を建立して下さった亨さんの弟の昇さんは「『大石隊戦没者慰霊之塔』がある限り竹富島と兵隊さんの関係は永

遠である、島民は兵隊さんを島民と同じように親友として考えている」と、この精神が私たち兵隊が戦後島を訪れる度に島民の挨拶の第一声「お帰りなさい」である。

上勢頭亨さんがお亡くなりになったあと、喜宝院は娘の上勢頭同子《ともこ》さんが継がれました。同子さんたちのおかげで今も毎年6月23日には「大石隊戦没者慰霊之塔」の慰霊祭が行われています。6月23日は沖縄戦が終わった日です。喜宝院には亨さんが集めた民俗資料を展示する蒐集館がありますが、ここに祖父の軍服と双眼鏡が展示されています。亨さんが祖父に寄贈を依頼し、祖父が日本から送ったものです。沖縄の施設で旧日本軍人の軍服が展示されるのは珍しいと思います。亨さんと祖父の絆の強さを感じます。

縁の糸が続く

2015（平成27）年6月、私は戦後70年の慰霊祭に参列するため竹富島の喜宝院を訪れていました。

上勢頭同子さんの夫、上勢頭芳徳さんが声をかけてくれました。「戦中、戦後と続いてきた竹富と高知の絆、交流は互いにとっても、社会にとっても大切です。こうした関係を必ず後世に引き継いでいかねばなりません。関係者が少なくなってきたからこそ、今が頑張りどきです。私も努力します、一緒に頑張りましょう」と。芳徳さんの呼びかけで、石垣島高知県人会の会長である宮地竹史さんも慰霊祭に参列してくれていました。宮地さんは香美市土佐山田町の出身です。国立天文台石垣島天文台の所長として星の世界ではもちろん、幅広くご活躍されていました。この日からは竹富島と高知との交流の応援団にもなってくれました。

上勢頭芳徳さんはこの年に体調不良で倒れ、2年後にお亡くなりになりました。芳徳さんとの約束を果たすためにも、竹富と高知の交流を続けなければならない、と心に決めています。

その後、不思議な縁が続きました。

高知県東端の東洋町に泊まったとき、ホテル近くの居酒屋で友人と飲んでいました。と、隣席の若いお客さんに声をかけられたのです。「あんた大石宗やろ？

知っちゅうで。うちのおじいがあんたのおじいとよく会いよったし、話もようしよった。あんたの話も聞いちゅう」と。そのお客さん、森本幸大さんのおじいさんは祖父の部隊にいた人で、竹富島のことをいつも家族と話していたそうです。驚き、楽しく杯を交わしたのは言うまでもありません。話は続きます。そのまた隣のテーブルで飲んでいたそのお店の社長さんがこう明かしてくれたのです。「そういえば、うちのおじいさんも確か竹富島の話しよったで……。大石隊長のことやない?」

調べてみると、隣のお客さんも、社長も、私も、竹富島守備隊の孫だったのです。偶然入った居酒屋で、偶然同じ時間に、竹富島で生死をともにした祖父たちの孫として出会ったのです。なんという偶然でしょうか。

以来、お店の社長である山下龍造さんは毎年のように慰霊祭に参列してくれるようになりました。山下さんは東洋町の若手経営者のリーダー格です。奥さまの美紀さんと二人三脚、仲間の社員さんたちとともに建設業から飲食店経営、ポンカン栽培、加工品作りまで手掛けています。竹富島の皆さんとの交流にも力を注いでくれています。

ひとつ、山下さん夫妻にまつわる楽しいエピソードがあります。

山下さん夫妻とは毎年のように一緒に竹富島の慰霊祭へ行っているのですが、慰霊祭が終わったある晩のことでした。民宿の縁側で島の人と一緒に泡盛で「ゆんたく」(おしゃべりという意味)をしているとき、高知から持ってきたお供えを皆で分けました。山下さんが売り出したぽんかんピールと私が持ってきた芋けんぴを一緒に食べたのですが……。ぽんかんピールと芋けんぴの調和した味が絶妙に甘酸っぱくて、なんともいえずお酒が進んだのです。

「これはぜひ商品化しよう」と高知に戻って作ったのが、「ぽんかんケンピ」。現在、ご夫妻の経営するフクチャンFARMで絶賛販売中です。ぜひ一度、お試しいただきたいオススメの味です!

2016(平成28)年夏。6月の慰霊祭に行けなかった私は、上勢頭芳徳さんのお見舞いも兼ねて石垣島を訪れました。せっかくなので1泊だけは竹富島でと島に渡ったのですが、それがちょうど上勢頭亨さんの33回忌法要の真っ最中でした。突然現れた私に上勢頭家の方々は驚いておられましたが、私も驚きました。急きょ法要に参列させていただき、上勢頭家に連なる方々に竹富と高知の交流や上勢頭亨さんへの感謝の気持ちを伝えさせてもらったものです。そうやって懇親を深めさせていただいたことも含め、不思議な縁を感じずにはいられません。

現在、喜宝院の蒐集館は同子さんのご子息で亨さんのお孫さんにあたる立人さんが守っています。上勢頭亨さんの弟、昇さんは「『慰霊之塔』がある限り竹富と高知の縁は永遠である」という言葉を残してくれた方で、ご子息の保さんは起業家・実業家として活躍しています。高度成長の時代、島の土地が県外資本2社に買い占められたことがありました。乱開発を防ぐため、その土地を買い戻したのが保さんです。つてを頼って個人で9億円を借り、その足で本土へ飛んで買い戻したそうです。保さんの弟の篤さんは前竹富公民館長、その息子さんで昇さんのお孫さんにあたる巧さんは竹富町議会議員を務めています。

亡くなられましたが、阿佐伊孫良《あさいそんりょう》さんという郷土史家の方と祖父は深い親交を結んでいました。ご子息である拓さんにも私はかわいがってもらっています。個人的に大変お世話になったのが、2018（平成30）年に他界された内盛スミさんです。戦時中、内盛さんは女子青年団で活動していました。ご子息の正聖さんは現在公民館長で、島のリーダーとして活躍しています。正聖さんの甥でスミさんの孫にあたる正基さんは、民宿の若き経営者としてさまざまなチャレンジを続けています。

ありがたいことに、私はそれら多くの人の協力をいただきながら亨さんと祖父から始まった縁をつないでいます。

タナドゥイを高知へ

2018（平成30）年の慰霊祭後、竹富島にある伝統芸能団体の役員、亀井保信さんから「タナドゥイの踊りを県外で披露することもある」という話を聞きました。タナドゥイは「種子取祭」と書きます。文字どおり、農業に関係するお祭りです。竹富島の重要な、象徴的なお祭りで、この大切な行事に敗戦後の1945（昭和20）年10月には高知の守備隊員たちが招待してもらったという記録もあります。国の重要無形民俗文化財でもあり、これまでは国立劇場などごくわずかの場所で披露しただけだと聞いていました。

亀井さんは「姉妹都市である北海道斜里町、青森県弘前市などでも公演を行い、大成功した。またどこかの地域と一緒に文化交流をしたい」と話してくれました。

「それを高知でやりたいですねえ」。私は思わず口にしました。

なんとか実行に移そうと宮地さんや山下さんらに声をかけ、有志で実行委員会を作りました。ここでも縁がつながります。高知市の横山隆一記念まんが館で館長を務めた大家賢三さんに相談に行くと、隣で聞いていた奥さんの真理さんが「私のおじいちゃんは富山丸で戦死しました。何かの縁だからお手伝いします」。先に書いたように、富山丸の沈没で兵員が欠けたために私の祖父が沖縄に行くことになったのです。驚き、縁を感じました。真理さんのお姉さんでまちづくり活動を続ける畠中智子さんも力を貸してくれることとなり、企画がスタートします。私の同級生で人気ラーメン店「とさの家」を営む高橋良平君と筏羊羹で有名な四万十市の老舗和菓子店「右城松風堂」の田村太一君も趣旨に賛同し、営業部隊で参加してくれました。

『うつぐみは時を超えて』を上梓した鍋島寿美枝さんの教え子だった町田直明さんや、同じく教え子で後述する「土佐の塔」を施工した竹本家石材商店の竹本範雄さんら、経済界からも多くの応援をいただきました。

実現したのは2019(令和元)年11月でした。「かしくさや うつぐみ どぅ まさる（一致協力することが何よりも大切である）」という島の皆さんの基本理念を借りて、「うつぐみ文化芸能交流高知公演」と銘打ちました。開催場所は香南市赤岡町の「弁天座」です。弘前市や斜里町のほか、「土佐の塔」の縁で香南市と姉妹都市となった沖縄の八重瀬町からも出演していただきました。舞台演出は高知の演劇界を引っ張ってこられた劇団ゆまにての吉本千賀子さんと美容師の公文慶さんが引き受けてくれました。斜里での津軽藩士殉難事件（江戸時代後期、蝦夷地警備の津軽藩士72人が極寒のため死亡）をきっかけに友好都市となっている弘前と斜里は合同でねぷた囃子《ばやし》、八重瀬は琉球舞踊を披露してくれました。地元の香南市は赤岡の絵金歌舞伎です。タナドゥイを始めとするすばらしい演目が次々と披露され、大成功でした。戦争という悪縁から始まったつながりですが、竹富島と高知の絆を次の世代にも引き継ぎたいものだと思っています。

「土佐の塔」の物語

八重瀬町の話が出たので、「土佐の塔」をめぐる物語に少し触れさせていただきたいと思います。「土佐の塔」が立つのは沖縄南端、旧具志頭村。合併して今は八重瀬町になっています。戦争末期、この地では高知県出身の方がたくさん戦死されました。沖縄での戦いに触れた戦後の高知新聞記事にはこうあります。「本県出身の戦死者は故金山均陸軍少将をはじめ九百八十四名に及び軍属が五十八名を占め、元東安二十八師団、海上挺身基地二十八大隊に属するもの多く」（1952年）、「県出身者が入隊していた球部隊最後の激戦地具志頭」（1955年）。金山少将は満州・東安に移駐していた陸軍歩兵第八十九連隊の連隊長でした。満州から沖縄・那覇に移駐し、上陸した米軍と戦って自決します。球部隊というのは牛島中将が指揮する第三十二軍司令部や、傘下の旅団などを指します。

高知県関係の戦死者は、遺骨が帰っていないばかりではなく、戦死当時の状況も分かっていない人がほとんどだったようです。1955（昭和30）年10月、県遺族会は商用で沖縄に渡る高知市の会社社長、津村久茂さんに調査を依頼します。久茂さんは2000年代に高知市議会議長を務めた津村一年さんのお父さんです。1955年当時、沖縄は米軍占領下でした。2カ月後、帰国した津村久茂さんは最後の激戦地具志頭村から1升の土を持ち帰って遺族に一握りずつ渡します。具志頭の丘で津村さんは高知県出身戦没者の墓標が雨にさらされ朽ち果てている姿を見たそうです。心を痛めた津村さんは行動を起こします。高知県や県議会、財界人に働きかけて6万円を集め、県財界の重鎮・野村茂久馬の筆で「高知県戦没者慰霊塔」と刻んだ慰霊碑を作ったのです。慰霊碑は1956（昭和31）年5月に具志頭村へ到着。琉球新報社が主催し、琉球政府や具志頭村が後援して具志頭の丘へ建立されました。

「土佐の塔」は、1966（昭和41）年に「高知県戦没者慰霊塔」の隣接地へ建立されました。「慰霊塔」が有志の運動だったため、県民全体で新しい慰霊塔を建てようという機運が高まったのです。遺族の方々からの要望もあり、沖縄周辺だけではなく南方諸地域も含めた郷土出身戦没者を顕彰することとしました。設立趣意書には「日本国土の南端の地で郷土部隊にゆかりの深い具志頭の丘に全県民の平和への願いをこめて『土佐の塔』を建立」とあります。

激戦の地、具志頭の丘に高知県出身兵士の墓標があり、朽ち果てた姿を見た津村久茂さんらが「慰霊塔」を建て、それに刺激を受けて県民全体が動いたのです。いや、動いたのは高知県だけではありません。「土佐の塔」ができた当時も沖縄は米軍占領下でした。その中で、琉球政府や沖縄遺族連合会、地元具志頭村が慰霊祭や維持管理にまで全面的に携わってくれました。多くの方がこれほどの力を割いたことに心から敬意を表したいと思います。

香南市との縁は、合併前の野市町にさかのぼります。高知県遺族会の役員を務めていた依光隆夫県議会議員が「民間有志の結びつきは将来に不安がある。縁を長く続けるためには行政同士の連携が必要」と発想。野市町長だった木下光明さんに話を持ち込み、1993（平成5）年5月に具志頭村との姉妹都市縁組が成立しました。おかげで今も八重瀬町と香南市はさまざまな交流を続けています。

「シュウ君に託してみよう」

初選挙に臨んだ私の話に戻ります。

2007（平成19）年4月の県議選は何の根拠もなく勝てると信じていました。いま考えると、とんだ大馬鹿者です。学生時代から若い人がいろんな選挙に次々と出て、次々と勝っていたのを間近で見たことも影響したと思います。一生懸命やったら通じないはずがない、と。落ちるとは考えていなかったものの、落ちるとは考えないことと実際に勝つことは違います。しかも、風の吹く都会と高知県は全く違います。カネはない、地盤はない。最初は卒業名簿が頼りでした。若草幼稚園の卒業名簿から人を当たっていきました。名簿を当たり、人を紹介してもらい……。土佐経済同友会や、稲盛和夫さんの経営を学ぶ盛和塾、地元の消防分団に入ったのもこのころです。土佐経済同友会の推薦人になってくれたのは当時代表幹事だった千頭邦夫さん。町田律子さんと、おびさんロード商店街のリーダーとしてまちづくりに取り組んでいた大西みちるさんの紹介でした。大西さんは自身がＤＪを務めるラジオ番組に何の肩書きもない私を出演させてくれました。盛和塾には２００３(平成15)年の高知市長選挙に出馬した岡内啓明さんに入れてもらいました。

忘れられないのが、「高知県の将来は厳しい。自分の子供たちにはもう高知に帰ってこなくていいと話している。本当は寂しいし、将来に不安もあるが、それ以上に子供たちの将来が大事だから仕方ない。なんともいえないその気持ちをシュウ君に託してみようか」と同級生のお父さんお母さんたちに応援してもらったことです。同じような話は至るところで聞きました。親心が胸に迫るとともに、高知に希望を灯したいと痛切に感じました。一度都会に出て外から故郷を見た身として、まだまだ眠っている可能性が高知にはあるはずだと強く思いました。その思いの中で考えたスローガンが、今も継続して使っている「活かそう土佐の潜在力」でした。

派手なイベントや街頭演説もしますが、実際の選挙は地をはうような努力に支えられています。協力してくれる人たちと一緒に、支持してくださる人を増やす努力を重ねました。五島先生や長尾さんをはじめとする民主党の皆さん、民主党を支援する団体の皆さんにもお世話になりました。さすがそういった団体を率いる皆さんは猛者ぞろいでした。森田益子元県議や伊野部武男元県議から紹介してもらった森山泰広さん、武政澄夫さんは特に思い出深いリーダーです。

森山泰広さんは四国電力労働組合のリーダーでした。学芸高剣道部で私を指導してくれた田村秀司先生と高知工業高剣道部でチームメイトだった名剣士です。祖父が東邦電力社員であり、エネルギー問題の大切さを考えていた私に親身になって協力してくれました。武政澄夫さんはサニーマート労働組合のリーダー。店長を務めていたとき、会社に労働組合を立ち上げた猛者です。会社への愛情も厚く、地域貢献にも熱い思いを抱いていました。高知市の中心部でサニーマートの店舗が撤退すると決まったとき、地元のお年寄りから「スーパーがなくなったら困る」「買い物ができない」という声が噴き出しました。その声に応え、労働組合でスーパーの経営を引き受けるという例のない挑戦をしたこともあります。高知ファイティングドッグスの支援にも乗り出してくれました。2017（平成29）年、私が「希望の党」から衆議院議員選挙に挑戦したときは後援会長を引き受けてくれました。

2007年、最初の県議選でも後援会長づくりには悩みました。私には何の実績もなく、年も若く、高知に戻って来たばかりで人間関係も多くはありません。後援会長不在がしばらく続いたあと、火中の栗を拾ってくれたのは学芸高校の大先輩で木材業界で活躍していた山村一正さんでした。五島先生の紹介、というより五島先生の鶴の一声でした。あるとき私は五島先生にジンギスカン料理の店へ呼ばれました。同席していたのが山村さんです。五島先生が、ジンギスカンをほお張りながらその場で山村さんに頼んだのです。山村さんは苦笑しながら受けてくれました。ありがたかった。その後、毎日のように事務所に来てくれるようになり、大変なご苦労をおかけしました。

山村さんに紹介してもらった三宮良久さんが越前町商店街にある自宅一階を貸し

てくれました。そこを選挙事務所にして準備態勢を整えました。

GReeeeNに力をもらう

政治関係の皆さんから応援をいただきつつ、事務所の母体は同世代のボランティア軍団でした。仲間が作ってくれた後援会の名前は「大石宗の尻を引っぱたく会」通称「尻ぱたき隊」です。高知の尻を叩き、大石宗の尻を叩き、何より高知のために互いの尻を叩こう、という趣旨でした。オリジナルロゴ入りの揃いのTシャツも作りました。いま考えると赤面ものですが、決起大会では全員が尻を叩き合う謎のパフォーマンスもしました。

事務局長は、高校時代の仲間川上彰英君。外回りに付いてきてくれる随行役は西野巨志君。唯一の事務員は、弟英の同級生の山中典子さん。その他多くの同級生、先輩、後輩。青春時代をともに過ごした仲間が一人、また一人と手弁当で集まってくれました。当時、高知大学医学部在学中ながら起業して地域情報誌「VeloCity」を発行していた物部真一郎君は、なんと雑誌の見開きモデルに無理やり押し込んで写真と名前を入れてくれました。駆け出しの美容師だった学芸の同級生炭田佳宏君は閉店後に散髪を、パンフレットのデザインや写真は和田裕之さんや長野自敬さんら、今もお世話になっている先輩たちが助けてくれました（この本の表紙のデザインも和田さんです）。ホームページは学芸中高剣道部の後輩、須江勇介君が作ってくれました。須江君は韓国に留学したあとに帰高、南国市の後免駅前に小さな事務所を借りてＩＴ企業を立ち上げたばかりでした。

多くの皆さんに助けてもらいながら準備を進めました。といっても人の応援をするのと、自分が表に出て選挙戦を戦うのは全く様相が違います。先の見えない毎日でした。

告示日直前、力不足を日々痛感し、当初の根拠なき自信もボロボロになった私は、ただただあいさつ回りを続けていました。仲間割れが起きたり、一番助けてくれていた西野君に心ない言葉を投げつけてしまったこともありました。西野君はそのまま事務所から消えて行方不明になるし、あいさつに行ったお宅の庭先で犬に噛まれるし、散々でした。

そんな時、友人が「GReeeeN」というグループ名でデビューしました。「道」というシングルの曲が売り出され、なけなしのお金で応援だと思って20枚買いました。買ったばかりのその曲をあいさつ回りの車でかけたときのことです。当選後にスタッフをしてくれることになる後輩の山藤高久君が、運転しながら「何すかこれ。めっちゃよくないですか」と興奮していたのを覚えています。その横で、「じゃあ少しは売れるかも。こんなに買わんでもよかったかも」と他人事のように思っていました。そのとき、歌の歌詞がどーんと心に分け入ってきました。

「誰しも僕ら人生は一度　正しい道か誰もわからないけど　きっと人生はそんなところ大事な気持ち見失わずいこう」。最終盤の、心が折れそうなときでした。GReeeeNの「道」に大きな力をもらいました。

この曲は、今でも私の勝負ソングです。

奇跡の２位当選

投開票日は４月８日。奇跡的な選挙だったと思います。結果はなんと２位当選でした。

トップはテレビやラジオで有名になった無所属新人の土居正治（ふぁーまー土居）さんで９４５４票、民主党公認で立候補した私は８６８６票でした。

自宅で待機していた私に真っ先に当選祝いの電話をくれたのは、高知学芸中高でお世話になった川添永子先生でした。上海列車事故で亡くなった伝説の剣士、川添哲夫先生の奥さまです。実は永子先生も伝説の剣士です。国士舘大時代から全日本女子剣道選手権で3連覇。哲夫先生が亡くなったあとは永子先生が学芸の教員になりました。

事務所は若い仲間たちで沸いていました。ライブの調子でダイブをしたのがテレビに映り、若いと喜んでくれる方も、はしたないと叱ってくれる方もいました。とにかくうれしかった。翌朝にはＮＨＫ「おはよう日本」で紹介されました。全国放送です。民主党新人の代表として、北海道議会議員に初当選した自民党新人代表の堀井学さん（リレハンメル五輪メダリスト、現在は衆議院議員）と一緒に取り上げられました。神戸製鋼の人たちをはじめ、多くの方から連絡をもらい、ハッと気が引き締まりました。

この選挙で当選した民主党の県議会議員は私だけでした。県議はどこかの会派に属さないと十分な活動ができません。橋本大二郎知事の与党であった県政会や、新人だけで立ち上げた「南風」にも誘っていただきましたが、県民クラブに所属しました。社会民主党の江渕征香さんや無所属の坂本茂雄さん、田村輝雄さんらと一緒でした。坂本茂雄さんは高知学芸高の先輩です。

当選同期は8人で、最年少が私、最年長は土佐清水市議会議長から転身したベテランの横山浩一さん。ほか、衆議院議員中谷元さんの義弟であり、政治経験も豊富な自民党のプリンス桑名龍吾さん、現参議院議員の梶原大介さん、のちに宿毛市長となる沖本年男さんがいました。共産党公認で初当選した中根佐知さんは、叔母さんが鍛造連の社員だった関係で社員旅行に家族でご一緒したりして親交がありました。残り2人は、のちのち深く付き合うことになる南風の清藤真司さんとふぁーまー土居さんです。

学芸高剣道部先輩の武石利彦さんは自民党県連の中ですでに存在感を示していました。土森正典議長は奥さまの親友が私の叔母という関係でしたし、植田壮一郎さん（現室戸市長）は叔父が後援会役員をしていたので小さな頃から知っていました。それら個人的なつながりのある先輩方も温かく迎え入れてくれました。

知事の橋本大二郎さんは、のちに首相となる橋本龍太郎さんの弟です。もともとはＮＨＫの記者をしていました。地縁血縁のない高知県に、まるで落下傘で降り立つように知事選に出馬します。１９９１（平成３）年でした。盤石な選挙基盤を作り上げていた大蔵省出身の前副知事に挑戦し、31万票を得てトリプルスコアの圧勝。就任後、橋本さんは改革派知事として数多くの成果を上げます。橋本県政の特徴は、自民党が野党だったことです。私が属した県民クラブも野党的立場でした。

島崎利幸さんに会う

当選後、私は越前町商店街に借りていた選挙事務所から新しい事務所に移りました。高知市山ノ端町、現在の事務所です。国政挑戦を決めた２０１２（平成24）年までこの事務所を使いました。同年、小学校の塾の同級生である深田一将君にお世話になって本町の深田ビルへ移り（高知市議会議員だった今西清さんの事務所があった部屋でした）、民主党県連事務所に間借りしたあと、２０１７（平成29）年の衆院選挑戦で再び山ノ端町のこの事務所に戻ってきました。２０１２年から５年間は空きっ放しだったようです。

この事務所はもともと自民党の市議会議員、島崎利幸さんが使っていました。島崎さんの娘、幸子さんとは小高坂小学校の同級生で、息子の利夫さんは私より1学年上でした。利夫さんはバンドのボーカルをやっていて、スターだったんです。ライブハウスで会うようになって、私をかわいがってくれました。仲良しでした。

大学生のとき、利夫さんが「一度俺のおやじに会うてみんか」と言ってくれました。島崎利幸さんに会いに行ったのは大学4年生のときです。高知市議会の島崎利幸さんの会派控室に行ったのですが、島崎さんは市役所の職員と話し込んでしまって取り合ってくれません。職員との話が終わったあともこちらを向いてくれません。私は放置されていました。ここで帰ったらいかん、と私は思いました。何時間たったでしょうか、夕方までじっと待ちました。やおら島崎さんは私のほうを向いて言いました。「お前、帰らんかったき、見どころがある。飲みに行こう」。しょんべん横町の「四万十」へ行って、そのあと何軒行ったか分からないくらいはしご酒をしました。行く店行く店で「これは俺の女や」と言うようなとぼけた人です。

「息子とは飲んだことがない」と寂しそうに言うので私が利夫さんを呼び出しまし

た。最後に行ったスナックで3人で歌い、飲みました。はやりの曲を歌いこなす利夫さんに「男は演歌を歌え」と怒りながら、島崎さんはうれしそうでした。いい夜でした。

以来、島崎利幸さんにはかわいがってもらいました。島崎さんは須崎市の浦の内にも家を持っていて、「泊まりに来い」と言われて何度か行きました。シロクマの毛皮の敷物があったのを覚えています。家のすぐ前の海に小さな船を置いていて、時間があれば海に浮かべて釣り糸を垂らしていました。魚も自分でさばいていました。「昔とった杵柄《きねづか》だ」と言っていましたが、料理を作らせたらどんな料理も抜群でした。刺身、鍋、チャーハン、炒め物、どれもおいしかった。こだわりがあるのでリクエストは受け付けてくれませんでした。島崎さんには「政治を志すなら（NHKの）日曜討論ぐらい見ろよ」と言われたのを覚えています。なかなか守れませんが。

若いときは車の営業をしていたそうで、どう車を売って成績を上げたかとか、居酒屋を開業したときに飲み放題制で当たった話をしてくれました。人の何倍も働かなきゃいけないという話も聞きました。幼少期の事故が原因で足にハンデのあった島崎さんは、無頼に見せつつ人の痛みが分かると同時に、負けん気、反骨心がある人でした。政治の話では「高知市政は自民も共産もソフトボールをしたら一緒や」と言っていました。島崎さんなりの「誰とでも対話しろ、話せば分かる」という意味だったと思います。そういえば亡くなる前、最後までお見舞いに来ていたのは共産党の議員さんでした。

度胸があるのか、問題発言で世の中を騒がすことも少なくない人でした。2007(平成19)年には女性蔑視発言で全国的に話題になります。急きょワイドショーが取材に来ることになりました。取材予定時間が迫るさなか、島崎さんが消えました。島崎さんに近い人たちは、島崎さんが雲隠れしたと思ったそうです。さすがに今回は参っているのだろう、と。予定時刻の少し前に島崎さんは悠然と現れました。散髪屋に行って散髪し、さっぱりして。全国放送に出るのだからと、逆に張り切っていたわけです。本気なのかウソなのか、なんともいえないユーモアがある人でした。

山ノ端町の事務所には島崎さんが撤収したあとに入りました。

島崎さんは「俺は何があってもあそこの事務所では負けちゃあせん。縁起のいい事務所や。大家にはくれぐれも安うしちゃってくれと俺の顔で言うちゅうき心配するな」と言います。大船に乗ったつもりで大家さんにあいさつに行きました。小高坂小のときから行きつけの本屋さんの店主、山本達也さんです。ところが山本さんは、「全然聞いちゃあせん」。思い切りズッコケましたが、昭和の人間くささがあった島崎さんのあとというのも何となく温かい感じがしています。

幻になった「反問権」

橋本大二郎さんという舌鋒鋭い知事に鍛えられたからでしょう、県議会に出た私は自民党議員の質問レベルの高さに驚きました。特に武石利彦さん、のちに参議院議員となった中西哲さん、森田英二さん、三石文隆さんら3期目の議員です。これら自民党の若手県議は、全国でも当時ほとんど例のない議員提案条例を何本も成立させていました。条例を提案した議員は、その条例について説明をしなければなりません。議員からの質問を受け、答弁しないといけないのです。2005（平成17）年10月に可決、交付された「高知県食の安心安全推進条例」は共産党系会派にいた谷本敏明議員から追及されたそうです。谷本さんは農家ですから確認したいところがあったのだと思います。答弁を重ねた武石さんは、「谷本さんから追及されたことが自分の能力向上につながった」と振り返っていました。

議員提案で実現された条例は、ほかにも「あったか高知観光条例」「高知県うみがめ保護条例」「高知県緊急間伐推進条例」「高知県暴走族等の根絶に関する条例」「高知県放置自転車の発生の防止及び処理の推進に関する条例」「高知県がん対策推進条例」などたくさんありました。とにかく武石さんをはじめとする自民党3期生の議員としての能力には驚かされました。

私と同期で当選した県議会議員に、香南市に合併する前の夜須町長を務めていた無所属の清藤真司さんがいます。清藤さんは高知学芸高校の先輩で、トップ当選したふぁーまー土居さんと一緒に「南風」と名付けた会派を組んでいました。清藤さんは山本有二さん、中谷元さん、福井照さんという、なんと高知選挙区から出ていた自民党衆議院議員全員の秘書を経験してから首長となった人です。「地域の発展のためには、自民党から共産党まで施策の違いはそれほどないはずだ。首長はすべての市民のため、党派を超えて仕事をしなければいけない」とも言っていました。

首長を経験しているだけに、清藤さんはものの見方が深かったように思います。私は南風の控室に入り浸り、清藤さんにさまざまなことを「どう思う?」と聞いたものです。あまりにも南風の部屋にいる時間が長いので、私宛の電話はそのうち南風にかかるようになりました。私も南風から電話をかけるようになり、清藤さんから危うく電話代の請求書を渡されそうになりました。清藤さんのキャラでしょうか、南風の小さな狭い控室は、自民党の長老県議から県の幹部までがまるで高校の部室のように立ち寄って何をするわけでもなく時間をつぶすような不思議な空間となっていました。清藤さんは県議を2期務めたあと、香南市の市長に転じました。3期目途中の2021(令和3)年12月、同市をめぐる汚職事件をきっかけに辞職しています。

2009(平成21)年に議員提案の議会基本条例を作ったとき、武石さんと清藤さん、私は「反問権」を入れようとしました。これがこの条例のポイントでした。反問権というのは執行部に与えるのです。議会というのは議員が執行部に質問をするものなのですが、執行部にも質問議員への反問権を認めよう、と。ともすれば議員は言いっ放しになります。主張に責任を持つなら、執行部にも質問してもらったらいい。それによって議員の質問の質は格段に向上すると考えました。3人でそうとう議論し、練り上げました。根回しもしましたが、自民党は消極的、共産党は反対しました。共産党の反対理由は「執行部とは持っている情報の量に差がありすぎる」だったと思います。議会基本条例は成立したものの、最も肝心の部分は残念ながら抜けてしまいました。

地方は地方の風が吹く

橋本県政では私も野党だったこともあり、自民党県議とは連帯感がありました。ライバルであり、連帯感もあるという感じです。中央政界では政権交代の波が迫っていましたが、高知県はちょっと違った風が吹いていました。会派の長老であった社民党の江渕征香県議は自民党長老の土森正典県議と親しく、シャモ（軍鶏）を手に入れては飲んでいました。私もご相伴しながら、互いに胸襟を開いて県政を語り合う姿を学ばせてもらったものです。

土佐民主塾という政治スクールも、武石県議が立ち上げた自民党政治塾と同時にスタート。両方の塾に入る塾生もいるなど、こうした面でも切磋琢磨していました。講師には県内外のさまざまな人を呼びました。記念すべき開塾式の講師は北海道のニセコ町長から衆議院議員になったばかりの逢坂誠二さんでした。全国屈指のやり手町長として町を元気にしていた逢坂さんの講義は一新塾で受けたことがありました。まちづくりや自治という点で大いに学ぶことがあり、ぜひ高知の仲間にも聞いてもらいたいとお願いをしました。現在、逢坂さんは立憲民主党の代表代行を務めています。

当選後すぐの6月議会で会派を代表した代表質問に立つことになったとき、私は武石さんに呼び出され、気合いを入れられました。「初めての質問は、その後の政治家としての器が問われると思え。細かいことは分からんで当たり前だ。小さくまとまるな。正々堂々と、思うところをすべてぶつけてみろ!」と。それから毎晩夜は事務所にこもり、学生時代に読んだ本を読み返し、あいさつ回りの中で出会った方々の思いを振り返りながら自問自答し、質問原稿を書きました。

いざ本番、私は『鄙の論理』から話を始め、「高知県はカビに覆われている」と断じました。「慣れきってしまった国に対する依存体質、外の世界との隔絶による競争力のなさ、手段と目的を混同し、本質を見失い、蔓延してしまっているビジョンなき形式主義のために県民の力を引き出せずにいる議会や県庁など、いろいろなカビに覆われております」と。独立の気概と郷土愛を訴えようとしたのです。改革という言葉の本義は中国の古典からくる「革《かわ》を改める」であり、長年使い続けた革についたカビをそぎ落とし、元のきれいな状態に戻すことだ。決してゼロから作り直すということではない。高知の元々のよさを活かしながら、新たな変化も起こさないといけない、と訴えました。その上で、備中高松藩を立て直した山田方谷や、ホンダの創業者、本田宗一郎の言葉も引きながら県政改革に取り組む橋本大二郎さんの思いを聞きました。

質問が終わり、控え室に戻ると机の上の電話が鳴りました。武石さんでした。「よかったぞ」と言ってもらい、初めて肩の力が抜けました。

次の日の新聞記事に、私の質問が多く取り上げられました。うれしく思うと同時に、あらためて県議会の仕事の重みを痛感しました。

「山猫」スピーチに感動

五島先生が国会議員を辞めていたので、高知県には民主党の国会議員はいません。直後の7月には参議院議員選挙がありました。6月2日、民主党から出馬する武内則男さんの後援会事務所開きがありました。私が司会をして、応援演説は民主党副代表の岡田克也さん。参議院選挙の投開票日は7月29日でした。この選挙は、小泉純一郎内閣の構造改革によって疲弊した地方、イザナギ景気といわれた都市部の好景気から取り残された地方の怒りが爆発した選挙でした。その国民の思いをよく理解していたのが、前年民主党の代表に就いた小沢一郎さんでした。余談ですが、小沢さんが当選した党代表選挙には私も参加していました。堀江メール事件（民主党の永田寿康衆議院議員がライブドア・堀江貴文氏のメールを偽造して国会で質問）の責任を取って前原誠司代表が辞任し、党は危機的な状況にありました。選挙戦は菅直人さんと小沢さんの一騎打ちでした。下馬評は菅さん有利でしたが、結果は小沢さんの勝利。選挙の日、私は政治家の演説、言論で局面が動く瞬間を目撃しました。小沢さんの演説は落ち着いたものでした。最後に力強く語ったのは、学生時代に見たというイタリア映画『山猫』の一節。少し長くなりますが、私が直接聞いた政治家の演説の中でも特に印象に残っているスピーチです。紹介させていただきます。

「最後に、私はいま、青年時代に見た映画『山猫』のクライマックスのせりふを思い出しております。イタリア統一革命に身を投じた甥を支援している名門の公爵に、ある人が『あなたのような方がなぜ革命軍を支援するのですか』と尋ねました。バート・ランカスターの演じる老貴族は静かに答えます。『変わらずに生き残るためには、自ら変わらなければならない（We must change to remain the same.）』。確かに、人類の歴史上、長期にわたって生き残った国は、例外なく自己改革の努力を続けました。そうなのだと思います。よりよい明日のために、かけがえのない子供たちのために、私自身を、そして民主党を改革しなければならないのです」

演説が終わった瞬間、会場は万雷の拍手、涙を流している国会議員もいて、なんともいえない興奮した雰囲気に包まれました。私は大きな感動を覚えました。政治

「山猫」スピーチに感動

家の演説の力に驚きました。

小沢一郎さんの凄み

参議院選挙の終盤、その小沢代表が高知入りをすると連絡がありました。せっかくの代表来高です。できるだけ人の多い場所で、と高知市での演説を提案しようとしたら、「既に場所は決めている」。驚いて場所を聞くと、民主党の党員など皆無の大豊町というのです。正直、理解できずに戸惑いました。

当日、驚きました。大豊町での街頭演説は大成功だったのです。これまで見たことのないくらい多くの聴衆が集まりました。なんと最前列は、どこで聞きつけて来たのか、目をクリクリさせたかわいらしい小学生軍団でした。小沢代表はビールケースの上に立ってマイクを握りました。ビールケースの上で訴える小沢代表に、大きな、力強い拍手が送られました。選挙戦の雰囲気が一気に変わるのを肌で感じました。

極め付きは選挙戦最終日、土曜日朝刊の新聞広告です。「拝啓 国民の皆様 小沢一郎です」で始まる手紙が載っていました。その中で小沢代表は切々と、そして淡々と自らの思いを記していました。多くの反響がありました。選挙は川上から、そして人の心をつかまないといけない。選挙の神様といわれた田中角栄の愛弟子であった小沢さんの凄みを感じる選挙戦でした。

結果は民主党の勝利でした。激戦の末、武内則男さんは3期目を目指した自民党の田村公平さんに競り勝ちました。田村公平さんは3代続く国会議員です。父親は衆議院議員を7期務めた自民党田中派の重鎮、田村良平さん。祖父は私の曽祖父と同時代を生きた立憲政友会の衆議院議員、田村實。田村家は香美郡、長岡郡の農村部に「田村党」と形容される強力な支持者グループを組織していました。

尾崎さんに会いたい

参院選後の2007（平成19）年9月2日、民主党県連の総会が開かれました。体制が一新され、県連代表を務めていた元参議院議員の平野貞夫さんに代わって新代表に高知市議会議員の近藤強さんが就きました。近藤代表を支える幹事長に就いたのは私でした。ずっしりと責任を感じました。年末には知事選が迫っていました。橋本大二郎さんが8月に今期限りでの引退を表明したため、知事候補を誰にするかが民主党のみならず高知県政の最大かつ緊急の課題となりました。

十河清副知事、松尾徹人元高知市長、当時無所属だった広田一参議院議員、そして身内からは五島正規さんや平野貞夫さんの名前が挙がるなか、浮上したのが高知市出身の財務官僚、尾﨑正直さんです。最初に話をしてくれたのは、土佐経済同友会で一緒だった若手経営者の宮本正司さんです。宮本さんにイカ料理が有名な高知市の「寅八商店」へ呼び出され、のちに草莽崛起《そうもうくっき》の会という尾﨑さんの強力な支援団体の会長となる味本隆さんから強烈に問い詰められました。「俺らあは高知の将来を心配しゆう。あんたら政党は政党でいろんな理屈もあるかもしれんけど、高知のことを第一に考えるべきや。俺たちは尾﨑という若い素晴らしい人間を見つけた。ぜひ一緒に知事にして高知のためにやろうやないか。あんたの高知に対する覚悟も聞きたい」。その後、ベテラン自民党県議の西森潮三さんからも呼び出されました。閻魔帳のような手帳を手にした西森さんは、その手帳に書きつけた霞が関（中央省庁）で働く高知県関係者の情報を一人一人説明したあと、「尾﨑さんしかいない」と言うのです。

尾﨑さんに会いたい。そう思った私はひそかに長尾さんを誘い、すぐに上京しました。尾﨑さんに会ったのは赤坂のホテルです。財務省の仕事で忙しかったはずですが、尾﨑さんは親しくいろいろな話をしてくれました。颯爽とした姿はもちろん、身振り手振りで熱く故郷高知県のことを語る尾﨑さんを見ながら、私は「この人しかいない」と強く思いました。橋本県政の末期、知事と議会の対立は極めて激しくなっていました。議会が活性化する一面はありましたが、対立のための対立という局面もあったように思います。高知県のためには皆が一枚岩になれるリーダーが必要だ、という危機感を私は持っていました。それには尾﨑さんが最適だ、この人しかいない、と思ったのです。

「花を持たせてほしい」

党内のことは長尾さんに相談しながら、他会派の思いも探る私に清藤さんはこう言いました。「霞が関の官僚が立候補するときには落選したあとのポストまで構えておくのが当たり前だ。それを考えずに出るのは、普通はあり得ない」と。しかし尾﨑さんは本気でした。あとから本命候補が立候補を表明するかもしれない、そうなっても後戻りできないというリスクを背負いながら尾﨑さんは立候補を決断します。中央では政権交代のうねりが日に日に大きくなっていました。日本の政治を中枢で引っ張ってきた政権与党自民党に対し、結党わずか10年で野党第一党となった民主党が正面から立ち向かう格好でした。ところが高知県は風向きが違いました。ともに県政野党だったこともあり、自民党と民主党は歩調をそろえることが少なくなかったのです。一緒になって橋本大二郎という強い知事と戦っているという、まるで戦友のような雰囲気すらありました。この中央と高知県の微妙なスタンスの違いが知事選で顕在化します。

尾﨑正直さんの決意を知り、私はこの人に知事になってもらわないといけないと強く思いました。情報交換を続けていた武石さん、清藤さんも同じ考えでした。ところが民主党の方針は「民主党独自の候補を立てろ」でした。困りました。相談した先は五島先生です。衆議院議員を辞職したあと、五島先生は理事長を務める高知市薊野北町のいずみの病院にいました。理事長室に私はよく五島先生を訪ね、いろんな意見をうかがっていたのです。知事選の相談は、高知市議会議員になっていた元秘書の長尾さんを交えて行いました。五島先生は即座に言いました。「民主党が先に推薦を出したらすむことや」。さすが、と思いました。意を決し、長尾さん以外の誰にも相談せず、独りで自民党県連幹事長だった県議会議員の元木益樹さんに会いに行きました。高知市九反田の元木事務所に行って、頭を下げたのです。「今回はうちに花を持たせてほしい。先に推薦を出させてください」と。元木さんも器の大きな人で、その場で県連会長だった山本有二衆議院議員の了解を取り付けてくれました。2007（平成19）年11月、尾﨑さんは民主、自民両党をはじめ公明、社民にも推されて知事となります。全国最年少の知事でした。

知事就任後、尾﨑さんは持ち前の熱意で県政運営に当たります。県庁組織に不足しているといわれたPDCA（業務改善方法の一種）などの新たな仕組みも導入しました。場当たり的ではない、戦略的で持続的な県政を作り上げました。尾﨑さんがよく使っていたのが「一粒百行」「凡事徹底」という言葉です。偉丈夫で俳優のようなカッコよさとは裏腹に、泥臭い実務を何より重視する尾﨑さんの姿勢がよく表れていると思います。公に尽くす、そして何より高知を愛する、24時間高知県のことばかり考え、行動する。そんな姿勢を間近で見たことが、2021（令和3）年の衆議院議員選挙で私が尾﨑さんを応援する動機になりました。尾﨑さんは知事を3期で終え、現在は高知二区選出の自民党衆議院議員を務めています。

全国唯一、完全敗北

政権交代のうねりはますます大きくなり、いよいよ2009（平成21）年夏の政権交代選挙を迎えます。このときも高知県は中央の動きとは少し違っていました。自民党の非を突くのではなく、民主党の政策を県民に問おうとしたのです。力点を後者に置いたのです。自民党県連の幹事長は武石さんでした。民主党県連の幹事長が私ですから、学芸中高剣道部の先輩後輩で両党の県連幹事長を務めていたのです。武石さんなら意思疎通は容易です。武石さんと話し合い、自民党と民主党の野外合同討論会を実現しました。自民、民主両党主催の立会演説会です。通常は相手がいないところで、自分たちの支援者だけを集めて演説を行います。しかしそれではある意味言いっ放しです。主張の違いも有権者にはなかなか分かりません。国の将来を左右する重要な選挙だからこそ、正々堂々と政策論争すべきだと思ったのです。

皮肉なことに、選挙結果も中央とはがらり違っていました。民主党が圧倒的な議席を得て政権交代を実現したのに、高知県は全敗。全国で唯一、比例復活すらゼロという完敗でした。高知一区から橋本大二郎さんが無所属で出馬（落選）した影響も大きかったのですが、それにしても完敗でした。

頭が真っ白になりました。選挙の責任者である幹事長として、人生のすべてを賭けて必死で頑張ってくれた候補者の皆さんに申し訳ない。合同討論会も逆効果だったのだろうか。いろんな考えが浮かびました。政権交代に沸く全国の様子が遠い国のようでした。

負けたことは別にして、この選挙で私は参議院選挙のときとは違ったむなしさも感じていました。自らの政策を愚直に訴えた参院選とはがらりと変わり、「ガソリン値下げ隊」によるＰＲとか、取り組みが短絡的に思えたのです。「これが一国の将来を左右する選挙なのかなあ」という疑問が募った、と言い換えてもいいと思います。

もちろん熱気は感じました。民主党をけん引していた小沢一郎さんが来たときは高知市の中央公園を埋め尽くすほどの人が集まりました。到着が遅れた小沢さんを待つ数十分間を司会の私がつなぎました。マイクを握って話をし続けたのです。遅れていることなど意に介さないかのように、小沢さんは公園の最も北、最後列からゆっくりと入ってきました。一人一人としっかり握手しながら。ステージでマイクを渡すと、小沢さんはこう言いました。「私は民主党のために来たんじゃない。自民党を離党したときから、私は日本の未来のため、民主主義のためには健全な二大政党制が必要だという思いでやってきた。いよいよ最後の決戦です」。それを聞いて感動した覚えがあります。若くして自民党の幹事長を経験し、「いつでも首相になれる」とまでいわれた小沢さんは、日本の政治史に関わり続けた人です。超のつく剛腕で知られていますが、私の印象は「泰然自若」です。あれほど泰然自若とした人には会ったことがありません。ずーっと同じ。高揚しない。高知市中心部の「磯の茶屋」という店のカウンターで小沢さんと一緒に飲んだことがあります。私にいろいろなことを話してくれたのですが、驚いたのは20歳代の駆け出し県議だった私にも敬語で丁寧に話してくれるのです。有権者と握手する姿も忘れられません。応援に来訪した若い政策通の人は、大体がせっかち気味に次々握手をしていきます。小沢さんは違いました。一人一人、相手の目を見て握手をしていました。

「ココダの約束」

投開票日は8月30日でした。選挙に一抹のむなしさを感じながらも目の前の膨大な選挙実務と格闘していた私は、選挙中のある日、新聞の片隅の小さな記事に目を奪われました。フィリピンから遺骨十何柱が帰ってきた、というベタ記事でした。いまだに戦没者の遺骨が帰っているのか。そもそもまだ残されているのか、という衝撃を受けました。調べてみると、海外戦没者約240万柱のうち遺骨が帰還したのはわずか半数程度でした。いまだ多くが南洋の地、海に山に眠っているというのは私にとって驚きの事実でした。

新聞記事には遺骨収容をしたのが民間のNPO団体「空援隊」だと書かれていたので、そのホームページを見ました。継続的に現地へ行っている、と書かれていたのですぐに参加を申し込みました。フィリピンへ飛んだのは選挙の2カ月後、

2009（平成21）年11月です。この体験がその後の私に大きな影響を与えます。空援隊の中心は、理事長の小西理さん（現滋賀県近江八幡市長）と事務局長の倉田宇山さん。「できることから始める」を合言葉に、南方戦域に足を運び、高齢化で関係者がどんどん減るなか、戦時体験の記録などにも取り組んでいました。

最初の行き先はレイテ島とセブ島の間にあるポロ島でした。この島の日本兵は玉砕し、生き残りはわずか4人。そのうちの1人、柳井乃武夫さんの著書『万死に一生』には「4名が生き残れたのは山岳地帯での活動に慣れていた高知県土佐町出身の和田さんという兵隊のおかげだ」と書かれていました。初めて目にする飯盒《はんごう》、メガネ、医薬品、鉄兜《てつかぶと》などの遺品や遺骨に大きな衝撃を受けました。その後、北部に移動し、焼骨式もやりました。

掘っ立て小屋に泊まりながら全国から集まった仲間と作業をしていたある晩、北海道から参加していた千葉英也さん（現自民党北海道議会議員）が「すごい本がある。読んでみたらいい」と一冊の本を渡してくれました。千葉さんは室蘭青年会議所の理事長としてタイ北部の村で学校作りに取り組んでいました。アジアで活動する中で空援隊の新聞記事に出合い、活動に参加していたのです。渡された本の題名は『ココダの約束』。驚きました。書かれているのは高知県出身のある兵士のことでした。執筆の中心はチャールズ・ハペルさんというオーストラリアのジャーナリストで、彼が取材したのが高知県出身の西村幸吉さん。私がその後、長く付き合うことになる方です。

西村幸吉さんは高知市朝倉にあった陸軍歩兵第百四十四連隊の一員としてニューギニアに派遣されました。祖父の喬が補充隊に配属された連隊です。すでに書いたように、祖父は内地残留組となって命を拾いました。西村さんたちはグアム、ラバウルを攻略後、士気高くニューギニア島に上陸、南東部の港湾都市ポートモレスビー（ニューギニアが独立国となった後に首都）を目指します。1942（昭和17）年8月のことでした。ニューギニア島の中央部には富士山よりも高い最高峰4000メートルのオーエンスタンレー山脈が横たわっています。しかも赤道直下のジャングルです。兵站《へいたん》（後方からの物資補給など）もほとんどないなか、マラリアやヒルに苦しみながら山脈越えに挑みました。

この作戦自体、そもそも無謀でした。地図すらない峻険な山脈を越えるという作戦は、「リ号研究」として大本営も研究レベルの扱いをしていました。現地の幹部からも到底無理だという報告が上がるなか、一人の参謀が現れます。激しい性格で毀誉褒貶が多い辻政信です。雄弁で知られる辻は、「リ号研究は、もはや研究にあらず。陛下のご意志である。実行あるのみ」と大演説をうちます。陛下の意志、という言葉の前に現地の司令官は渋々作戦を開始します。のちにこの演説は陛下のご意志どころか、完全なる独断専行だったことが分かります。戦時中、辻は中国戦線やノモンハン事件などさまざまな場面で独断専行を指摘されています。しかしなぜか陸軍中枢に残り続けたのです。敗戦後はアジアに潜伏、その経験談を出版しベストセラー作家から国会議員に転身。在職中、突然ラオスに旅立ち、そこで消息を絶つという数奇な人生を送ります。

「必ず迎えに来る」

ポートモレスビーへの道がココダ街道です。あり得ない作戦を押し付けられながら、高知百四十四連隊を基幹とする南海支隊は進軍を続けます。オーストラリア軍との激戦を乗り切り、ポートモレスビーの飛行場の明かりが見える最後の峠、イオリバイワまで到達したのです。歓喜にむせび、最後の突撃を今か今かと待つ部隊に残酷な命令が届きます。のちに「餓島」と形容されたほど悪化したガダルカナル島の戦局転換で、増援部隊が来なくなったのです。上陸1カ月後の9月、上層部は撤退命令を下します。命令に怒り、血の涙を流しながら突撃しようとした土佐の兵士の腰のベルトを引っ張り、お尻を叩いて押しとどめたというエピソードが残っています。はしごを外された南海支隊は、飢餓とマラリアの中で凄惨な撤退戦を続けます。

西村幸吉さんたち高知の百四十四連隊が最後に立てこもったのは、最初に上陸したゴナの近くでした。北部海岸に近いギルワ地区西南陣地です。消耗戦が続くなか、指揮官の塚本初雄中佐は撤退を決断します。軍法会議にかけられることも覚悟した上で陣地を放棄すると決めたのです。1943（昭和18）年1月12日、上陸から5カ月目のことでした。西村さんの回想によると、「動けるものは撤退せよ」という指示に、自力では動けない傷病兵たちが「武器を置いていけ。気にせずに早くいけ」と声をかけます。涙ながらに撤退するとき、残していく傷病兵たちに西村さんは「必ず迎えに来る」と誓ったそうです。これが西村さんの人生における重い

「約束」となりました。百四十四連隊と戦ったオーストラリア軍の大隊日誌には陣地を制圧したのは22日、つまり西村さんらが撤退した10日後であることが記されていました。この10日間、オーストラリア軍は敵から反撃を受け続けていたこと、相手が銃で抵抗を続けるため「我々は彼らを撃たねばならなかった」とも書かれていました。残された傷病兵たちが、本隊が逃げ切る時間を稼いでくれたのです。傷病兵には食料もありませんでした。歩くことすらできず、食べる物もない傷病兵が銃を撃ち続けてくれたのです。

戦後、西村幸吉さんは東京で会社を経営していました。1979（昭和54）年、ニューギニア島に慰霊訪問したときに戦没者の遺骨収容が遅々として進んでいないことを知ります。「必ず迎えに来る」と誓った戦友との約束を果たすため、西村さんは60歳のとき、たった一人でパプアニューギニア（戦後、オーストラリアから独立）に移住しました。以来26年間にわたってジャングルにテントを張り、山を谷を歩き回り、まさに身命を賭して遺骨収容に取り組んでいました。

西村さんの生きざまを知り、衝撃を受けました。西村さんの住所は埼玉県でしたが、ニューギニア戦線に投入された南海支隊の主力は高知の百四十四連隊であり、西村さん自体が生粋の土佐人です。これは高知県の人間こそ知らなければならない、政治に関わる一人としては国に責任を果たさせなければならない、と思いました。

フィリピンから帰ったあと、『ココダの約束』を何十冊も買いました。まず持ち込んだのは報道関係者でした。反応してくれた記者が2人いました。高知新聞の福田仁記者とＲＫＣ高知放送の田中正史記者です。その後、2人とも現地に足を運び、福田記者は自らココダ街道を歩き通して「祖父たちの戦争」という連載記事に、田中記者は先述の傷病兵たちに光を当てた『ボーンマンの約束』というドキュメンタリー番組にしてくれました。ボーンマンとは骨の男、つまり遺骨収容人という意味です。オーストラリアの人々は西村さんをボーンマンと呼んで敬意を払っていました。

高知新聞に連日掲載された「祖父たちの戦争」は一種の社会現象にもなるほど県民の反響を呼び、戦友や遺族からもニューギニア戦に関する数多くの情報提供がありました。

その中には、戦後米兵が記念品として戦場から持ち帰ったものの、遺族に返還した兵士の日記もありました。これも福田仁記者の尽力で『父が残した戦場日記』として出版されました。幡多郡大方町（現黒潮町）出身の兵士、倉橋一美さんの日記です。西村幸吉さんらがいたギルワ西南陣地近くの野戦病院で、死の3日前まで倉橋さんは日記を書きつづりました。衰弱していくなか、最後に震える字で書いていたのは「子どもの顔みたし」。家族への思いが詰まった日記は涙なしには読めない内容です。この本は第59回高知県出版文化賞を受賞しました。

ＲＫＣの『ボーンマンの約束』がきっかけとなり、西村幸吉さんは24時間テレビでアイドルグループ「嵐」の相葉雅紀さんから取材を受けました。「日本の国は日本人が守るしかない」と語った西村さんの姿は、全国に大きな反響を呼びました。

「収集」は使わないで

西村さんにまず接触したのはＲＫＣの田中記者で、そのあと私も会うことができました。最初に会ったとき、西村さんは「自分の小隊が全滅したとき、また傷病兵を残し撤退するとき、多くの場面で自分はいつか迎えに来ると誓った。その約束、使命を果たしただけだから、何も特別取り上げられるようなことではない」と話していました。ただ一つ、一般的に使われている「遺骨収集」という呼び方はやめてほしいと頼まれました。ゴミではなく、大切な仲間の遺体を収容している、「遺骨収容」と呼んでほしい、と。その通りでした。それまで何も考えずに収集という言葉を使っていた不明を恥じたものです。以来、この問題に関しては「遺骨収容」という言葉を使っています。

西村さんは船舶免許を取り、70トンの中古船を購入してニューギニア島まで命懸けの航海をしたこともあります。海岸近くまで山が迫るニューギニアでは、村から村へ移動するには船が便利なのです。遺骨収容には船が欠かせませんでした。ちなみにこの船は高知県西端の沖ノ島、鵜来島住民の足となっていた「おきのしま丸」です。引退していた沿岸航路の老朽船に乗って太平洋を越えたのです。無謀ともいえる航海を、半ば精神力で成し遂げたと表現してもいいと思います。本当にすごい人でした。

驚いたのは、高知錬心館の弘田福館長と西村さんが、ニューギニアからビルマまでの激しい戦争を生き抜いた戦友であったことです。戦場の話をするとき、西村さんが「つらいことばかりでもなかった」と愉快な話や得た経験を小学生のような笑顔で語ってくれたことも忘れられません。半面、西村さんはドクロを持った観音像に祈りを捧げることを欠かしませんでした。金属を削って自分で作り上げたものです。西村さんの心のありようが映し出されているように感じました。

そういえば西村さんは神戸製鋼とも縁がありました。NHKの番組で西村さんが取り上げられた際、感動したのが大阪で鋼材メーカー共英製鋼を経営する高島浩一さんでした。高島さんは現地の西村さんに重機をプレゼントしようとします。高島さんからの依頼で神戸製鋼の重機を調達、現地へ運ぶ段取りをつけたのが元神戸製鋼副社長で神鋼商事社長だった宮地良樹さんでした。この重機は現地で大活躍し、西村さんが現地の信頼を得る大きなきっかけになります。現地の許可が難航していた遺骨収容が大きく進むことにつながりました。お礼を言うため、高島さんは西村幸吉さんと一緒に宮地さんを訪問します。律儀な西村さんは、その後もニューギニアから帰国するたびに宮地さんを訪ねて現地の報告をしていたそうです。

宮地さんの存在を知ったあと、私は神戸製鋼ラグビー部の竹之下登部長に頼んで宮地さんとつないでもらいました。1933（昭和8）年山口県に生まれた宮地さんは、広島に落ちた原爆の光を友だちと遊ぶ山の上から見たそうです。京都大学を卒業後、神戸製鋼に入社。原料担当から加古川製鉄所を経て人事課長になります。このとき、ラグビー部を強化しようと有力ラグビー選手を採用し始めたそうです。つまり、日本一に輝く神戸製鋼ラグビー部の第一歩を作った人でした。

宮地さんは「神戸製鋼時代に高知とは縁があった」と明かしてくれました。

三原村の恩返し

1995（平成7）年の阪神大震災のときです。神戸製鋼副社長だった宮地さんは、災害対策本部の副本部長として復旧復興の最前線で働いていました。突然、高知県のある村から「昔水害でお世話になったお礼です」と支援物資のコメが届いたそうです。とてもうれしかったそうですが、震災復旧で多忙だったために、詳しく内容を聞けなかったと残念がっていました。

宮地さんの話を聞き、私はすぐに調べてみました。市町村長さん方に問い合わせていると、三原村の田野正利村長が「そりゃあ、うちの村の話や！」。田野村長はすぐに当時の関係者に連絡をとり、いろいろと調べてくれました。それによると、1920（大正9）年に三原村が豪雨災害に見舞われた際、神戸製鋼の前身に当たる鈴木商店が大番頭金子直吉の指示でコメ3トンを差し入れてくれたそうです。75年後、三原村はそのお礼で送っていたのです。三原村は高知県の西端付近にあります。三原産のコメ4トンを2台のトラックに積み、当時の東正之村長と村議会議長、農協の組合長も乗って被災地・神戸まで走りました。ハンドルを握った一人は、のちに副村長となる藤本節雄さん。まさに村を挙げての活動でした。

ことの経過を藤本さんに聞くと、阪神大震災直後に三原村の皆尾集落に住む古老が言った一言が発端でした。古老はこう言ったそうです。「幼いとき大変な災害に遭い、鈴木商店に世話になった、恩返しせないかん」。ところが鈴木商店ははるか昔に破綻しています。鈴木商店の歴史を調べ、ようやくたどり着いたのが神戸製鋼でした。

「大変な災害」について、幡多郡誌はこう書いています。

> 1920（大正9）年8月14日午後4時頃より小雨が降り始め、翌15日正午

頃には豪雨となり、午後5時頃には洪水となり、濁流が各地を襲った。被害は北幡を除く幡多郡下30ヶ町村、人畜の死傷200を越え、家屋の倒壊・流出450戸、総損害高2000万円、三原村は耕地荒廃、家屋の流出甚しかった

ふるさと高知を襲った災害に、仁淀川町出身の金子直吉が迅速にコメを送っていたわけです。コメという言葉に私はハッとしました。2年前の1918（大正7）年8月、鈴木商店はコメを買い占めているとして群衆に焼き討ちされていたのです。買い占めは全くの事実無根でした。

発端は同年7月、富山県で起きた米騒動でした。米価高騰に怒った富山県の主婦らが米問屋に押しかけたのです。その動きは燎原の火のように全国に広がりました。不穏な空気のなか、鈴木商店が不当な価格釣り上げをしていると新聞に書かれます。それを信じた群衆が鈴木商店をはじめ、神戸各地を焼き討ちしたのです。

取り合う必要もないデマだったからでしょう、直吉は一切の弁明をしませんでした。そのため鈴木商店に対する悪評は長らく残ったのですが、やがて汚名はそそが

れます。最も影響があったのは城山三郎さんの『鼠─鈴木商店焼討ち事件』でした。城山さんは、事実を丹念に取材してこの小説を書き上げました。私が神戸製鋼の採用面接で話題にしたのもこの本です。焼き討ちされても一切の弁明をせず、悪評にまみれながら被災地に淡々とコメを送る。三原村の話を聞き、金子直吉の生きざまになんともいえない感動を覚えました。

宮地さんが神戸製鋼のエンジニアリング事業部プロジェクト本部長だったとき、直属の部下にラグビー部の平尾誠二さんがいたそうです。本部長室の目の前に座るはずの平尾さんを呼ぶと、いつも少し時間がかかります。宮地さんはそれを不思議に思っていました。宮地さんがその理由を聞くと、平尾さんの答えは「ロッカーに背広の上着を取りに行っていました」。スーパースターなのに謙虚で律儀な人だった、と回想されていました。宮地さんは『「冒険ダン吉」になった男』を書いた将口泰浩さんも私に紹介してくれました。高知出身の森小弁を描いた物語です。高知の政治家として高知の先人のことに取り組まないといけない、と宮地さんは言いたかったのかもしれません。のちに高知ミクロネシア友好交流協会を立ち上げるにあたり、設立総会の記念講演を将口さんにお願いしました。宮地さんにいい報告ができました。

「両国和解の象徴」

話を西村幸吉さんに戻します。

ニューギニアを愛した西村さんは、ニューギニアの若者を高知県に留学させたいという夢、そして高知の支援でニューギニアに学校を建設したいという夢を持っていました。西村さんが亡くなる前、呼び出された私はその思いを切々とうかがい、あとを託されました。まだどちらも実現していませんが、一生の宿題として取り組みたいと思っています。

西村さんがたった一人で始めた活動は少しずつ感動の輪を広げました。『ココダの約束』はオーストラリアで空前のベストセラーになり、高校の授業でも取り上げられるようになりました。授業の内容を見せてもらおうと、2012（平成24）年にRKCの田中正史記者と一緒にシドニーの高校に行きました。西村さんのエピソードを使った授業だけではなく、当時の国際情勢や、両国の戦没者の人生まで生徒自身が調べて発表していました。高校生たちが自身の考えや意見をしっかり話すことに驚きました。

亡くなる直前の２０１５（平成27）年、西村さんは敵国だったオーストラリア政府が戦没者慰霊を行うアンザック・デーに公式招待されます。そのとき、駐日オーストラリア大使館は「日豪両国の和解の象徴となった」という公式声明を出しました。西村さんのスピーチは、戦場でオーストラリアの若い兵士と戦い、その命を奪ったことについて心からの哀悼を捧げるものでした。会場は涙に包まれました。

この日は西村さんにとっても大切な一日となったようで、思い出しては感慨深く語っていました。

ニューギニア戦、南海支隊をめぐる慰霊や遺骨収容、歴史の保存に取り組む団体に南海支隊戦友遺族会があります。戦後、ニューギニアでの慰霊巡拝や遺骨収容は各地の戦友会や遺族会がそれぞれ行っていました。しかし年々、関係者は少なくなっていくばかり。活動を持続するために作ったのがこの組織です。南海支隊と縁のある高知、広島、関西の関係者で結成しました。西村幸吉さんも参加しました。中心になっているのは和歌山県高野町高野山に住む辻本喜彦さんです。辻本さんのお父さんが南海支隊に追加配属された独立工兵第十五連隊の生き残りで、お父さんは戦友会の事務局長をしていました。

辻本喜彦さんは、高野山の大彦組という約300年続く宮大工、建築集団の10代目棟梁です。棟梁名は辻本彦兵衛。全国の寺社仏閣で重要な仕事をしています。辻本さんが高知に来た際には、香美市の萩野貴昭さんや南国の溝渕加寿彦さん、香南市の小松寛史さん、立仙智士さん、土佐市の石元治さんといった若手の大工さんたちに講義をしてもらったり、実際に建築現場を見てもらったりしたこともあります。貴重な技術や心構えの数々を惜しげもなく教えてくれました。辻本さんは高野山にある蓮華定院の筆頭総代でもあります。蓮華定院は徳川家康に逆らった真田昌幸、幸村（信繁）親子が高野山北方の九度山に蟄居を命じられた際、その住居を用意したことで知られています。大坂冬の陣に出陣するまで、幸村は蓮華定院と九度山を行き来していたといわれています。辻本さんを訪ねたとき、私はよく蓮華定院に泊めてもらいました。翌朝は真言宗高野派の宗務総長や高野山大学長を務める添田隆昭住職の法話を聞くのですが、初めて行った日は差し入れの般若湯一升瓶を飲み干し、なんと朝寝坊してしまいました。大いに反省し、その後は欠かさず話をうかがっています。空海、弘法大師についての著作もある添田住職のお話は貴重な学びの場でした。添田さんの息子さん夫妻はともに霞が関の官僚で、奥さまは高知県に財政課長として赴任していたことがあります。

戦没者を歴史に刻む

辻本さんがたびたび強調していたのはスタンレー支隊のことでした。

1942（昭和17）年9月、南海支隊がココダ街道を撤退するとき、撤退の時間を稼ぐために百四十四連隊で組織したのが通称スタンレー支隊です。オーストラリア軍の追撃を前線で約1カ月間食い止めました。塹壕《ざんごう》に潜み、追撃してくる敵に立ち向かったのです。スタンレー支隊の凄絶な戦いがオーストラリア軍の足を止め、撤退は無事に完了しました。

スタンレー支隊は多くの犠牲者を出しました。戦後、生き残った多くの南海支隊の将兵がスタンレー支隊のことを口にしています。スタンレー支隊が自分たちの撤退を支えてくれなければ、命はなかったと。

辻本さんは、スタンレー支隊の遺骨収容こそ南海支隊戦友遺族会最大の仕事だと話しています。

スタンレー支隊はイオラ・クリークと呼ばれる場所で戦いました。イオラ・クリークの戦没者は百四十四連隊が106人、独立工兵十五連隊（工兵隊はしんがりを務めるのが役目）が18人、計124人です。厚生労働省の調査で、これまでに286の塹壕跡が確認されました。スタンレー支隊の将兵たちが潜んだ塹壕です。2017（平成29）年12月から2019（令和元）年8月までに69の塹壕跡試掘を終え、6人の遺骨を収容しています。辻本さんは「スタンレー支隊の戦いを後世に伝えなければならない」と詳細な戦没者名簿を作成し、自身の著書『鎮魂の賦』に掲載しました。高知県の歴史の一部でもあるこの名簿、辻本さんの強い思いもあり、以下に転記します。亡くなった人を人数で表現すると実感が薄れます。亡くなったのは数ではなく、社会生活を営んでいた一人一人の人間なのです。

高知歩兵第百四十四連隊・イオラクリーク戦没者

（階級・所属・戦死年月日、住所・連絡先。※年月日の17は昭和17年のこと）

《地点名　ギャップ》

①安岡収	兵長1中・機	17－10／23	室戸市羽根町乙2173	父：兼太郎
②小松秀見	兵長	17－10／28	安芸市東浜948	兄：照利
③根木武明	兵長	17－10／15	安芸市井ノ口乙244	妻：大野
④樋口巌	伍長	17－10／28	安芸市川北村甲1315	妻：等
⑤国田丈吉	兵長2中	17－10／27	安芸市東洋町丙2015	兄弟：漁一
⑥小野川秀太郎	中尉	17－10／23	安芸郡芸西村甲2698－1	妻：田鶴子
⑦中島八百松	上等	17－10／20	安芸郡安田町東島622	妻：茂井
⑧岡嶋栄	上等3機	17－10／8	安芸郡北川村野友甲743	父：萬次郎
⑨公文友定	伍長	17－10／8	香美郡物部村久保高井110－4	妻：花子
⑩赤石正男	兵長	17－10／24	香美郡在所村根須345	母：喜佐治
⑪松岡茂富	准尉	17－10／23	香美郡天秤村北川7（土佐山田町）	妻：栄尾

⑫浜田頼定	兵長	17－10／26	香美郡片地村宮ノ口793（土佐山田町）	父：頼寿
⑬小松保	上等	17－10／23	香美郡山田町佐竹23	妻：輝喜
⑭岡野正人	兵長	17－10／8	香美郡佐古村母代寺21	母：国於
⑮東村包猛	兵長	17－10／22	香美郡香宗村土居957（野市町）	妻：富美
⑯宮本亀朗	兵長	17－10／8	香美郡吉川村吉原2886－5	妻：沢井
⑰川田重信	上等3中	17－10／22	大篠村（南国市）大埇乙1682	妻：浅野
⑱井上貢	上等	17－10／24	大篠村（南国市）大埇乙206	妻：栄喜
⑲西田義時	伍長	17－10／22	岡豊村（南国市）蒲原448	妻：豊子
⑳合田馨	上等	17－10／22	大杉村（大豊町）立川上名1623	姉：小林愛
㉑吉川義正	兵7中	17－10／8	大杉村（大豊町）津家194	母：春芳
㉒門田正泉	兵長2大	17－10／28	東豊永村（大豊町）大滝122	妻：布美子
㉓高橋正行	兵長	17－10／28	土佐郡大川村朝谷52	父：正一
㉔島井文雄	曹長　聯本	17－10／21	高知市帯屋町98	妻：未喜
㉕永野春松	伍長3機	17－10／4	高知市南奉公人町161	兄：久寿彦

㉖	安並勉	上等6中	17－10／7	高知市片町32	妻：恒美
㉗	合田崇平	兵長　通信	17－10／28	高知市本丁筋90	父：近造
㉘	坂本正	兵長7中	17－10／28	高知市仁井田3119	父：常住
㉙	横瀬豊喜	上等	17－10／23	高知市長浜461－1	妻：佐代子
㉚	小島登	上等	17－10／28	高知市長浜377	父：弥栄次
㉛	岡崎辻馬	上等7中	17－10／28	吾川郡秋山村（春野町）甲殿762	妻：上
㉜	前田要吉	兵長　砲	17－10／25	吾川郡弘岡下ノ村（春野町）2350	妻：信子
㉝	井上福男	上等	17－10／24	高岡郡黒岩村（佐川町）二ツ野5	母：峯
㉞	黒岩政弘	兵長	17－10／26	高岡郡明治村（越知町）片岡845	妻：八重子
㉟	中越健孝	兵6中	17－10／28	高岡郡別府村（仁淀村）川渡222	父：和十吉
㊱	笹岡千代亀	上等	17－10／23	高岡郡梼原町四万十川甲164	兄：恵
㊲	久岡幸喜	兵長	17－10／28	高岡郡東津野村船戸1552	母：清野
㊳	大野稲樹	兵長2機	17－10／24	高岡郡上半山村（葉山村）杉ノ川甲137	
					父：政治
㊴	竹村季継	上等7中	17－10／28	高岡郡上半山村（葉山村）杉ノ川乙235	

㊵森部昌狙　上等8中　17－10／28　高岡郡上半山村（葉山村）赤木1421　父：源太郎　妻：春野
㊶政岡勝義　伍長2砲　17－9／30　高岡郡上ノ加江町（中土佐町）上加江2729　妻：夏江
㊷中城進　兵長3機　17－10／28　高岡郡久礼町（中土佐町）久礼6591　妻：すぎ
㊸川上重芳　伍長7中　17－10／28　高岡郡東又村（窪川町）飯ノ川192　母：隣
㊹吉岡鉄吉　上等　17－10／8　須崎市下分甲563　妻：秋子
㊺田部貞巳　上等7中　17－10／8　上分村（須崎市）甲122　父：時馬
㊻堅田正巳　伍長 聯本　17－9／14　吾桑村（須崎市）吾井郷　父：米太郎
㊼岡村久治　上等2中　17－10／23　大川筋村（中村市）田出ノ川28　母：千代
㊽稲谷寿之　上等　17－10／28　富山村（中村市）大用278－1　父：熊次
㊾浜岡秀美　兵長　17－10／28　幡多郡佐賀町佐賀3098　妻：住子
㊿川村富重　伍長　17－10／28　幡多郡大方町上田ノ口583－1　母：千代野

㊿三浦義幸　伍長2機　17—10/24　幡多郡奥内村(大月町)芳ノ沢１５２８
母:しかの
52今城正一　兵長　通信　17—10/28　幡多郡大正町芳川３８４　妻:百恵
53佐々木優　曹長3中　17—10/22　幡多郡江川崎村(西土佐村)用井７５７
妻:たね
54谷川宏　伍長　17—10/25　土佐郡鏡村小９　姉:浅田敏子
55小松真一　伍長　17—9/30　高知市浦戸町１４１　妻:すえ
56山本登　兵長　17—10/27　高知市神田１２８６　妻:峯尾
57西森徳義　兵長　17—10/28　高岡郡越知町野老山１８５９　妻:晴子
58松岡市造　上等1歩砲　17—10/16　幡多郡大方町奥湊川１４７６　妻:久美

《地点名　イオラ》

①光本勝美　兵長　17—10/6　室戸町(室戸市)元甲１９９３　妻:初子
②松本健治　兵長1中　17—10/18　室戸町(室戸市)浮津７３２　母:夏恵
③中村次郎　兵長　17—10/19　吉良川町(室戸市)丙１３２　妻:千代美

④百々豊太郎　兵長6中　17—10／10　安芸郡東洋町丙2303　父：貞乃助
⑤立仙美喜男　兵長　17—10／20　安芸郡芸西村甲105　母：美
⑥西山多喜治　兵長　17—10／17　安芸郡奈半利町乙2660　父：繁吉
⑦服部久重　兵長2機　17—10／18　安芸郡安田町与床102—1　父：貞信
⑧有光雄亀　兵長5中　17—10／19　香美郡美良布村韮生野132　妻：喜美恵
⑨石川光明　伍長6中　17—10／17　香美郡片地村間1649　父：兼馬
⑩小笠原保　兵長1機　17—10／20　長岡郡大杉村（大豊町）中村大王1871　父：貞重
⑪宮村宜照　曹長2中　17—10／15　長岡郡本山町木能津1836　父：栄秋
⑫和田義照　兵長1機　17—10／20　土佐郡地蔵村有間285　父：義一
⑬田村直美　伍長6中　17—10／21　吾川郡仁西村（春野町）3587—29　妻：文恵
⑭土居忠美　兵長1中　17—10／20　吾川郡秋山村（春野町）甲殿81　父：喜久馬
⑮松本武美　伍長2中　17—10／21　土佐市波介　出間1264　妻：竹子
⑯山中春義　上等　17—10／20　高岡郡明治村（越知町）桑藪1443　妻：五月
⑰松山定利　兵長6中　17—10／17　高岡郡梼原町初瀬1038　姉：中平青代

⑱	磯貝定	上等通信	17—10／17	高岡郡上ノ加江町上加江2484—1	妻：美恵子
⑲	古谷栄三	伍長1中	17—10／20	高岡郡久礼町(中土佐町)久礼6448	母：七
⑳	竹内虎一	軍曹4中	17—10／17	高岡郡窪川町宮内791	父：弥造
㉑	田村嘉澄	軍曹	17—10／21	高岡郡興津村(窪川町)1288	父：伊勢治
㉒	樫本光明	曹長6中	17—10／10	高岡郡仁井田村(窪川町)奥呉治298	母：楠衛
㉓	高橋鹿次	上等聯本	17—10／21	高岡郡松葉川村(窪川町)七里甲1311	兄：運好
㉔	中平清和	兵長6中	17—10／21	浦ノ内村(須崎市)下中山46	父：梅雪
㉕	佐田正一	上等8中	17—10／16	後川村(中村市)佐田71	妻：豊誓
㉖	中上清助	兵長8中	17—10／20	宿毛町(宿毛市)宿毛3148	妻：豊美
㉗	馬詰進	上等	17—10／17	小筑紫町(宿毛市)小筑紫151	妻：万寿恵
㉘	橘孫市	上等	17—10／19	伊豆田村(土佐清水市)布1651	母：春代

㉙沖本峻　兵長6中　17－10／17　幡多郡大方町出口198　妻：幸
㉚谷明　軍曹8中　17－10／20　幡多郡大方町加持3257　父：忠頼
㉛宮淵好雄　伍長1中　17－10／20　幡多郡三原村亀ノ川556　母：広
㉜秋田義勝　兵長　17－10／20　幡多郡大正町打井川1274　父：村次
㉝市原貢　兵長2中　17－10／13　高岡郡日下村（日高村）沖名5381－1　母：兼
㉞西内新一　中尉山砲55－1大　17－10／20　須崎市須崎1867　妻：幸子

《地点名　レフント山》

①久保年信　兵長2中　17－10／12　室戸市吉良川町丙3143－1　妻：君代
②平岡仲一　兵長　17－10／12　安芸市田野町田野1989　母：ふく
③原寛十朗　中尉　17－10／14　香美郡佐古村東佐古1672　継母：清美
④依岡末喜　曹長　17－10／13　香美郡夜須町手結山1352　母：益
⑤沢田益吉　上等4中　17－10／12　土佐郡森村（土佐町）高須160　母：丑衛

⑥田上正利　軍曹4中　17－10／12　吾川郡宇治村（伊野町）枝川51　妻：やえ

⑦黒川清　上2機　17－10／14　吾川郡池川町百川内723　妻：梅井

⑧西川義政　上等　17－10／5　高岡郡能津村（日高村）大花699　妻：福美

⑨毛利丑松　上等2中　17－10／12　高岡郡上ノ加江町上加江2451－2　妹：美津恵

⑩加持繁秋　兵長4中　17－10／12　後川村（中村市）奥鴨川1663　父：丑太郎

⑪松下繁　上等　17－10／12　宿毛町（宿毛市）和田12　父：正木梅次

⑫秋月寅男　兵長　17－10／12　幡多郡白田川村伊田729　妻：安

⑬川本巌　兵長　17－10／12　高知市水通町22　母：春

⑭川村保　伍長　17－10／12　高知市尾立346　妻：米美

以上　106名

1943（昭和18）年1月12日、百四十四連隊がギルワ地区西南陣地を放棄して撤退したときのことも辻本さんは調べています。傷病兵が10日間にわたって撤退の時間稼ぎをしてくれたときのことです。百四十四連隊が幸運だったのは、オーストラリア軍に反撃した部隊がもう一つあったことでした。辻本さんによると、このときギルワ西南陣地の近くには広島・福山の陸軍第四十一連隊竹中隊（中隊と思われる）が布陣していました。竹中隊は19日までその場で戦い、百四十四連隊の撤退を知ってあとを追います。四十一連隊も南海支隊を構成していました。ニューギニア戦後、百四十四連隊は激戦地のビルマへ送られますが、四十一連隊も激戦地のフィリピンに送られます。最後はレイテ島で玉砕する悲運の連隊です。四十一連隊の壮絶な歩みについては、南海支隊戦友遺族会の福山支部長であり、福山市議会議員も務める大田祐介さんが『永遠の四一』として上梓しています。

西村幸吉さんをしのぶ

2015年に西村幸吉さんが亡くなられたとき、辻本さんが呼びかけて高知でお別れの会を開きました。場所は高知市本町の高野寺でした。

高野寺の島田定信名誉住職は独立工兵十五連隊戦友会の依頼でニューギニアでの慰霊に同行したことがあります。遠縁の徳平広馬さんは百四十四連隊の第三大隊主計中尉で、ココダの戦いで戦没されています。西村さんの一番の応援団であり、西村さんを支え続けた娘さんの幸子さんも埼玉から来てくれました。私は司会進行を務めました。南海支隊戦友遺族会高知支部長という肩書きです。一緒に活動してきた中西哲参議院議員のほか、福田仁記者、田中正史記者、何十年も県関係者のニューギニア慰霊行を段取りしてくれている土佐パシフィック旅行の浜渦卓二さんなど、西村さんを取り巻く多くの人々が集い、不世出の信念の人、西村さんの人生をしのびました。

戦没者の問題に関わるようになって痛感したのは、やるべきことの多さでした。南海支隊戦友遺族会として資料の保存も手がけました。力を貸してくれたのが、『ココダの約束』の監修をしたジャーナリストの丸谷元人さんです。丸谷さんはオーストラリア国立大学を卒業後、パプアニューギニアで会社経営に携わった経験もあります。南太平洋エリアの実情をよく把握していました。オーストラリアの若者と一緒にココダの戦いのドキュメンタリー『Beyond Kokoda』を制作、オーストラリアで数々の賞を受賞したこともあります。ココダの戦いに関しては日本随一の知見を持つ専門家と言っていいと思います。『Beyond Kokoda』にはココダの戦いを生き抜き、名曹長といわれた今西貞茂さんなど高知県関係者の貴重な証言も収録されています。今西さんは戦後、高知県本山町長を務めました。『Beyond Kokoda』は見ておくべき作品だと思います。字幕を付け、なんとか高知県で上映したいものだと思っています。

2012(平成24)年春、丸谷さんにお願いしてオーストラリアの国立戦争記念館に所蔵されている高知関係資料を調査してもらいました。分かったのは、1300枚を超える南海支隊関連文書があることでした。併せて捕虜の尋問調書も発見されました。高知の兵士のものもありました。これらの資料の多くは玉砕後の陣地で接収されていて、高知の兵士たちの生きた証です。山本重省連隊長の最期の地であるブナから約8キロ離れたギルワの海岸地帯、サナナンダには現地の民間人が運営する「博物館」があります。そこにも遺品が数多く展示されています。本来、それらは高知県の歴史民俗資料館や高知城博物館に収め、保存や研究を進めるべきものだと思います。しかし近現代史ができる学芸員がいないという理由や、受け入れ体制の問題で実現していません。

以前、ギルワの「博物館」には観光客への「見世物」として頭蓋骨が展示されていました。西村幸吉さんは、この頭蓋骨こそ山本重省連隊長のものだと主張しました。「遺骨の収容場所が山本連隊長が戦死したブナの司令部跡であること、総入れ歯で銀歯があることが証拠だ」と。西村さんは早期の収容、帰国を熱心に陳情していました。私たちも陳情に加わりました。熱い声が政府を動かし、民主党政権下の２０１０（平成22）年、当時の長妻昭厚生労働大臣の指示で頭蓋骨は帰国できることになります。残念だったのはＤＮＡ鑑定ができなかったことです。頭蓋骨は身元不明者扱いとなり、無名兵士を祀る千鳥ヶ淵戦没者墓苑に収められました。

甲藤由雄さんの帰郷

奇跡的にご遺族の元まで帰すことができた遺骨もあります。南国市出身の兵士、甲藤由雄さんです。パプアニューギニアの戦地跡で遺骨が見つかったのは２０１０（平成22）年でした。発見したオーストラリアの旅行会社から連絡を受けたＵＷＣ（オーストラリア戦時行方不明者捜索部）が収容しました。米国にはＪＰＡＣ（Joint POW／MIA Accounting Command＝米国戦争捕虜及び戦争行方不明者遺骨収集司令部）という国防総省直轄の組織があり、行方不明戦没者の捜索に力を入れていますが、オーストラリアで担当しているのがUWCです。いずれも軍の組織で、厚生労働省が所管する日本とは予算規模も大きく違います。

その遺骨はオーストラリア兵の靴を履いていたため、当初はオーストラリア兵だと思われていました。ところが遺骨の近くに「甲藤」という印鑑が埋まっているのが見つかって日本兵である可能性が出ました。激戦のうえに補給がなかったため、日本兵が敵兵の装備を手に入れて身に着けることもあったようです。スペインの専門機関で調査したDNA鑑定の結果は、アジア人の骨でした。UWCから日本大使館と南海支隊戦友遺族会に詳細な情報提供があり、遺族会の辻本代表が戦死者名簿を調べます。名簿は辻本さんが整理していました。分かったのは、25歳の上等兵だった甲藤由雄さんがバリイベ村付近で戦死していたことでした。2012（平成24）年11月、日本側が遺骨を受け取り、厚生労働省が再びDNA鑑定を行います。2013（平成25）年11月、甲藤さんの親族のDNA鑑定を経て高知県に住む親族の元に遺骨が引き渡されました。

国がDNA鑑定を行い始めた2003年以降、埋葬地と氏名が特定されていたシベリア以外では初の身元特定、帰還となりました。

71年ぶりの里帰りです。温かく迎えたいという思いで関係各所にお願いしました。帰還式の会場は南国市の笠ノ川公民館です。経済同友会でお世話になっていた寺村葬儀社の寺村勉さんに相談したところ、無償で会場の設営を行ってくれました。尾﨑正直知事にも献花をしてもらいました。当日、遺族の皆さんたちと今か今かと待つなか、厚生労働省から遺骨を運んできた高知県地域福祉部の山地和さんと磯野早多さんが神妙な面持ちで会場に入ってきました。瞬間、手に持つ骨箱に目を奪われました。涙があふれました。誰からともなく、「お帰りなさい。長い間、お疲れさまでした」という声が小さく上がったことを覚えています。

遺骨を受け取ったのは由雄さんの甥の妻、甲藤百合子さんでした。この日の様子を伝える報道記事には「(由雄さんは) 背の高い人で、入隊した当初は、時々笠ノ川に戻って、よく河原で笛を吹いていたと聞いています」という百合子さんの話が載りました。百合子さんの娘さん、藤田美和さんのコメントも載っています。美和さんはこう言っています。「故郷に帰りたいという強い思いがあったから帰還できたのかもしれない。安らかに眠ってほしい」と。福田仁記者は署名入りコラムにオーストラリア軍将校のコメントを載せてくれました。「国家の命令で戦場に赴き命を失った人々の遺骨は、国籍を問わず丁重に扱われるべきだ」として、将校は「その戦争がのちに『間違いだった』と言われようが、そうした政治的な論議は戦死した兵士には関係ない」と断じています。

「兵籍簿」の大切さ

年を経るにつれ、遺骨収容も慰霊もどんどん難しくなっています。たとえばニューギニアに立つ慰霊の碑にはどこも維持費を出していないものがあります。百四十四連隊の山本重省連隊長が戦死した激戦地、ブナには「日本国総理、吉田茂」の碑がひっそりと立っています。慰霊に行った際、辻本さんが現地の人に碑の管理料を渡しているのを見て驚きました。なぜか日本政府の財産目録に記載されておらず、結局どこからも管理料が出ていないのだそうです。もともと西村幸吉さんが私費で支払っていたのを、辻本さんが引き継いでいると話していました。今後の管理が心配される慰霊碑はニューギニアだけではありません。高知県の兵士が赴いたフィリピンにも、ビルマにもあるはずです。さらには海外に限らず、国内、高知県内でも忠霊塔の今後が懸念されます。高知県民として、これらの維持、管理は決して忘れてはならないと考えています。

戦争の惨禍を胸に刻むためにも、歴史を風化させないことが大切です。それには戦没者のことも知らなければなりません。

県議会質問で私が取り上げたのは兵籍簿でした。兵籍簿は、将兵一人一人の詳細な行動記録を示す行政文書です。この記録は、陸軍は都道府県、海軍は厚生労働省に保管されています。都道府県が保存する兵籍簿は三親等（ひ孫や甥、姪）までの人が閲覧可能でした。しかし、年月がたつにつれて三親等は減る一方です。私は要件緩和について質問し、高知県は閲覧が六親等まで拡大されました。

兵籍簿は歴史の証人です。今後、兵籍簿を活用した歴史研究も進んでほしいと願っています。

歴史の風化を防ぐためには、まずは「知る」ことが大切です。あの時代に生き、将兵として戦争に関わったそれぞれの皆さんの生きた証が兵籍簿です。兵籍簿のある方が六親等内にいる可能性のある方々は、ぜひ閲覧を試みてほしいと思います。兵籍簿の取得に関する参考資料を巻末に載せています。

トイレットペーパーで投票

オーストラリアの教科書にはココダの戦いやカウラ事件という高知県の将兵が関わった事件のことが出てきます。

オーストラリアは新しい国なので、歴史の授業は近現代が中心です。古代から中世へと手厚く進み、最後に近現代にサラッと触れる日本とは大違いです。第二次世界大戦当時、オーストラリア人にとって日本人は侵略者でした。南海支隊が進撃を開始する１９４２（昭和17）年３月に先立ち、日本軍は2月にオーストラリア本土北端のダーウィンへ大規模な空襲を行っています。その後、翌１９４３（昭和18）年11月までにオーストラリアへ少なくとも97回の攻撃を重ねています。

日本側がポートモレスビー作戦と呼ぶココダの戦いは、オーストラリアにとっては国を守る聖戦でした。聖戦を戦い抜いて強い日本を撃退したというのがオーストラリアの歴史です。日本以上にココダの戦いを学び、意識しています。

実はココダの戦い以上にオーストラリアで知られているのがカウラ事件です。戦争末期に起きた日本兵捕虜の集団脱走事件で、日本兵200人以上が死亡しています。カウラはシドニーの西約300キロ、オーストラリア大陸のただ中にある場所です。カウラの収容所は、極めていい待遇で捕虜を扱っていました。なのに、殺されることを覚悟して1000人近い日本兵が脱走する。広い大陸ですから、逃げ込む先もないのです。オーストラリアの人々から見ると、まるで集団自殺のように映ったと思います。同じ収容所にいたイタリアの捕虜たちは、戦地から離脱した平和な生活を満喫していたそうです。なぜ日本兵は集団自殺のような無謀な試みに突き進んだのか。日本人の精神性を理解しようと、オーストラリアでは数多くの研究が行われてきました。

カウラの収容所にはニューギニア戦で捕虜となった百四十四連隊の将兵も多数収容されていました。カウラからの復員兵はカウラ会を作っていますが、その会長を務めていたのも百四十四連隊の軍曹だった高知県伊野町（現いの町）出身の森木勝さんです。森木さんはバリイベの戦いで負傷し、捕虜になっていました。脱走したときのことを『カウラ出撃』などの著作に残してくれています。

2012（平成24）年にオーストラリアを訪問した際、私はカウラにどうしても行きたいと思いました。RKCの田中正史さんたちと離れ、通訳と2人でカウラを訪問しました。通訳は『Beyond Kokoda』の再現シーンに高知の兵隊役で出演していたオーストラリア在住の大村健二さん。丸谷元人さんの紹介でした。収容所跡地に行ったあと、訪問したのが日本人戦争墓地です。ここには、カウラ事件で死亡した238人を含む軍人・軍属330人と在留邦人192人、計522人の日本人が眠っています。

「生きて虜囚の辱めを受けず。死して罪禍の汚名を残すこと勿《なか》れ」。あまりにも有名なこの言葉は、1941（昭和16）年に東條英機陸軍大臣が軍規として示達した「戦陣訓」の一節です。この言葉にとらわれた日本兵にとって、捕虜になることは考えられないほどの辱めでした。このことが、のちに沖縄戦などでの民間人を巻き込んだ集団自決の遠因にもなるといわれています。ニューギニアで捕虜となった高知百四十四連隊の多くの兵士の中にも、戦陣訓の影響で実名を隠し続けた人がたくさんいました。そのために亡くなった中には実名が今もよく分かっていない方もいます。森木勝さんも当時は陸軍二等兵木下勝則と名乗っていたようです。

カウラの墓地を訪れたとき、一人のお墓に目が行きました。死亡日は1944

（昭和19）年8月5日、墓碑銘はKEISHIN TSUNOとありました。どこかで見た名前だな、と思ってハッとしました。森木さんの本に出てくる兵士の名前だったのです。

この集団脱走については、日本の捕虜全員が賛成していたわけではありませんでした。戦陣訓の影響を受けて血気にはやる人がいた半面、生きていたいと思う人たちもたくさんいて、論争になります。決を採るため、トイレットペーパーの切れ端を配って投票を行いました。決起に賛成か、反対か。戦後の回想録を読むと、多くの人が「否決されるだろうと思っていた」と書いています。

開票結果は大差の「賛成」でした。その原因について、研究が行われています。「実際は参加したくないが、日本軍人としてそれでいいのだろうか、そもそもおそらく否決されるはずだから、自分一人は賛成票を投じよう」。戦陣訓の影響で、多くの捕虜がそうした判断を行ったのではないかともいわれています。

集団脱走の結果、多くの命が失われてしまいました。日本兵はもちろんオーストラリア側にも犠牲者が出ました。カウラの墓地に眠るKEISHIN TSUNOさんは、森木さんの本に出てくる津野慶進さんではないかと思います。捕虜になった際は堂々と本名を名乗り、決起には慎重でした。決起の方針が決まったあと、一人粛然と自決した勇気ある人物です。津野さんばかりではなく、決起に慎重だった兵士は次々と自決しました。オーストラリアの兵士を殺すのも殺されるのも嫌だ、という心情だったといわれています。結果として決起に強硬だった兵士の多くが生き残り、慎重だったメンバーがたくさん死んだのです。生き残った兵士はそのことに忸怩たる思いを抱いたようです。森木さんも、決起に賛成した自分が生き残って慎重だった津野さんが亡くなったと悔やんでいます。復員する際、森木さんはカウラにいた全員の名簿を密かに作りました。それを背嚢《はいのう》の底に縫い付けて持ち帰ったそうです。戦後、高知県ニューギニア会で森木さんと活動した四万十町の大川内憲作さんがこの名簿の写しを大切に保管しています。原本は残念ながら行方不明です。

私は津野慶進さんのことが気になっていました。帰国後に調べると、津野さんは高知県大月町古満目の出身ということが分かりました。ご遺族がいれば現地の写真を届けたいと思って調べましたが分かりません。お隣、宿毛市出身の中西哲参議院議員や地元県議の今城誠司さん、加藤漠さんにも調べてもらいましたが、分からないままでした。案内してくれたカウラ市役所職員によると、年々この墓地を訪れる日本人は減っているそうです。カウラ市による慰霊祭は毎年行われていると話していました。

カウラを訪れたとき、私は地元のカウラ高校にもお邪魔しました。驚いたことに、3年生の歴史の授業ではカウラ事件のドキュメンタリーを制作していました。クラスを班分けし、各班がドキュメンタリーを作っているのです。生徒たちはカウラ事件や対日戦争についてよく勉強していました。「高知県ではカウラ事件はほとんど知られていない」と話すと、驚かれたものです。カウラ市にはカウラ事件の展示スペースもありますが、中心を占めるのは森木勝さんと収容所にいた元オーストラリア兵が肩を抱き合う写真でした。事件から50年後、森木さんが現地を訪れたときに撮影されたそうです。

平尾誠二さんと高知

オーストラリアは南太平洋における日本のパートナーです。互いに理解し合うことがなにより大切だと思い、交流を考えたことがあります。

２００９（平成21）年7月、10年後の２０１９（令和元）年にラグビーのワールドカップが日本で開かれることに決まりました。ラグビーといえば、世界屈指の強豪の一つがオーストラリア。チーム名、ワラビーズです。私はワラビーズのベースキャンプを高知でしてほしいと考えました。戦争で勇敢に戦った高知県人と、相手方のオーストラリア。もし実現したら素晴らしい交流ができると考えました。

高知県ラグビー協会の武田崇伸さんが全面的に協力してくれました。ありがたかったのは私を協会の広報委員に任命してくれたことです。それによって思う存分動けるようになりました。頼ったのは古巣の神戸製鋼です。当時、神戸製鋼は国内トップリーグのエース格です。ワラビーズを呼ぶ前に、神戸製鋼の合宿をまず高知に誘致しようと考えたのです。そのとき、平尾誠二さんに協力してもらいました。言わずと知れた日本ラグビー界の至宝です。神戸製鋼時代の上司が平尾さんを紹介してくれました。

平尾さんのおかげで神戸製鋼は高知で合宿をしてくれました。試合もしてくれました。

２０１１（平成23）年のワールドカップはニュージーランドで開かれました。私が発起人となり、中谷元さんに段取りをしてもらって県議会の有志と視察に行きました。ニュージーランドでは、小さな街にも必ず地元のラグビーチームがあります。街ぐるみで応援する文化に触れ、高知ファイティングドッグスのサポートを考える上でも勉強になりました。2012（平成24）年、ワラビーズに営業活動をかけたのですが、驚いたことに面会してくれたマネジャーのボブ・エジャートンさんがニューギニア生まれでした。マネジャーになる前、ボブさんはワールドカップで活躍した名選手でした。「ボーンマン」として有名になった西村幸吉さんのことも知っており、高知とニューギニアの縁で話は盛り上がりました。残念ながらワラビーズの誘致は実現しませんでしたが、平尾さんら多くの人にお世話になりました。

平尾さんにこう言われて驚いたことがあります。「大石君、実は俺のおかんも嫁さんも高知やねん。嫁さんは沖ノ島やねん」と。奥さんの旧姓は沢近というそうですが、宿毛市沖の沖ノ島には確かに沢近姓が多いようです。高知の観光特使にも喜んで就任してくれました。なんでもやるで、話しに行くで、と言っていました。就任後しばらくして連絡があり、「はよ仕事作ってくれや、肩書きだけは嫌やねん」みたいなことを言われたこともあります。誠実できっちりとした仕事をする人でした。

平尾さんは知識人で、よく本を読んでいました。日本文化研究の第一人者で著述家の松岡正剛さんと親しく、よく話をすると言っていました。松岡正剛さんのお父さんは中野正剛の支援者で、正剛の由来もそこからきているそうです。中野の葬儀には2万人の民衆が参列しましたが、松岡さんのお父さんもその中の一人だったとか。平尾さんと食事をご一緒させていただくときは、ゆっくりと時間をとっていろいろな話を聞かせていただきました。高知市では追手筋のバー「POURER」で話し込みました。マスターの都築裕司さんが作ってくれる良い空間のおかげで落ち着いて話をすることができました。印象深いのは「最近の若い子は行間読めへんねん。大石君、行間読まなあかんで」と言っていたことです。そうしないと一面的にしか物事をとらえられない、ラグビーの戦略上も多面的にものを見ることが大切だ、ということも話してくれました。人と人とのコミュニケーションも含め、広くて深い意味で話してくれたように思います。素晴らしい人でした。私が出会った中で最高にカッコいい男性でした。

2016(平成28)年に平尾さんが亡くなられたときはショックでした。私は落選中だったので、亡くなる前の数年間は会っていなくて……。神戸製鋼ラグビー部のコーチだった中山光行さんやラグビー部長だった竹之下登さんに呼ばれてお葬式にだけはうかがいました。中山さんは平尾さんの右腕として分析を担当し、名参謀といわれました。今は日本ラグビー協会チーフラグビーオフィサーを務めています。そういえば中山さんの奥さまも高知の出身です。

『ココダの約束』を知ったことを契機に、慰霊と遺骨収容、南太平洋の島々との交流は私のライフワークになりました。フィリピンに2回、ニューギニアに3回行ったほか、米自治領・北マリアナ諸島のサイパンに1回、ミクロネシア連邦に1回行っています。

3924の席を磨く

ラグビーに触れたので、野球の話も。

独立プロ野球リーグ、四国アイランドリーグplusに所属する高知ファイティングドッグスの話です。私は2005（平成17）年4月のスタート時から一貫してファイティングドッグスを応援しています。最初のきっかけは少年野球の監督としても有名だった上村嘉男さんからファイティングドッグスの藤城和明監督を紹介されたことでした。おらがまちのプロスポーツチームができた！と喜んだのもつかの間、球団は発足2年で経営危機に陥ります。リーグ直営だった四国四県の各チームを地元資本の経営に移行しようとしたとき、高知県だけ出資者が見つからなかったのです。

リーグの運営元、株式会社ＩＢＬＪの鍵山誠社長が高知のチームを存続させたいと考えたこともあり、しばらくはリーグが直営します。しかし年間７０００万円の赤字を負担し続けることは不可能でした。２００７（平成19）年9月、鍵山社長は経営者の公募に踏み切ります。これがうまくいかなければ球団が消滅するという崖っぷちだったのです。選手たちは悲壮感を漂わせながら、試合会場で募金箱を持ってファンに呼び掛けました。そうしたある日、私は小学校の先輩、藤川順一さんに呼び出されました。藤川順一さんは阪神タイガースや米大リーグで活躍した藤川球児さんの実兄で、高知商時代は球児さんとバッテリーを組んで甲子園にも出場しています。私は順一さんの指示通り高知市内の老舗イタリアンレストラン「アミーゴ」に出向きました。

順一さんと一緒に待っていたのは堂々とした体格の男の人でした。それがのちにファイティングドッグスの社長となる武政重和さんとの出会いです。藤川さんの話はこうでした。実は水面下でファイティングドッグスの経営に参画しないかという話があり、オーナーになってもいいという企業家もいる。大石君はファイティングドッグスのことに詳しいと聞いたので、情報交換をしよう。もし自分が経営に参画するようになれば協力してほしい——。同席している武政さんは、オーナー候補の企業家、北古味鈴太郎さんと土佐高時代の同級生ということでした。間もなく北古味さんはファイティングドッグスの経営に乗り出します。藤川さんをＧＭに、武政さんを社長に、そして実弟で今も球団経営の中心となっている北古味潤さんを部長にして経営をスタートさせました。心配されたメインスポンサーも、参議院議員だった広田一さんの仲介で大阪市の大手整水器メーカー「日本トリム」が引き受けてくれました。同社の創業者で現会長の森澤紳勝さんは広田さんと同じ土佐清水市の出身です。その縁で広田さんの頼みを引き受けてくれたのです。

新生ファイティングドッグスには不安の目も向けられました。経営陣の若さや、応援を続けてきたファンとのコミュニケーションです。正直、私も心配していました。不安が吹っ飛んだのは開幕戦の日です。準備中のスタジアムに行って目を疑いました。北古味兄弟、武政社長、球団の幹部たちが3924席ある高知市営球場の観客席を一つ一つ、丁寧に、一生懸命磨いていたのです。その飾らない姿勢と必死さに、この人たちは遊びではなく本気で球団を立て直そうとしているのだ、と胸を打たれました。声をかけると、北古味鈴太郎さんはこう言いました。「松山の球場で、高知の選手達が愛媛県民に頭を下げて募金のお願いをしよったのを見て悲しかった。これを見過ごしたら高知県の名折れやと思ったんです。僕たちも一生懸命やりますから」。どんなお手伝いだって私もする、とこのとき決意しました。

北古味兄弟と武政さんは、試合中には自らカゴを首にかけて帽子パンをお客さんに売り歩きました。球団の経営を改善するための率先垂範だったと思いますが、お客さんとのコミュニケーションもこれで大きく深まりました。球場内でのビール飲み放題やバーベキューなど、スタジアムを楽しい場所にする工夫も重ねました。球場外では牛を飼い、農業に参入し、商品開発を行いました。選手たちのアルバイト先を地場企業にお願いすることもしました。前例にとらわれない企画によって、経営状態も知名度も右肩上がりに上がっていきました。彼らが最も大事にしていたのが地域貢献です。これでもかというぐらい学校訪問や野球教室を繰り返し、「おらがまちのチーム」ということを徹底させていきました。おかげで佐川町は宿舎を、越知町はグラウンドを提供してくれ、ホームタウン協定も締結できました。目に見えて変わる球団の姿に目を見張るばかりでした。

ナイター設備がない！

構造的な問題として積み残っていたのがナイター設備の問題でした。全国で唯一、高知県内にはナイター設備のある球場がなかったのです。熱暑の夏でもデーゲームしかできないということが、さまざまな影響を及ぼしていました。選手の疲労も著しかったし、観客動員の足を引っ張ることにもつながりました。夏場は暑いし、なにより平日の昼間にお金を払って野球を観戦できる人は多くはなかったのです。高知でプロ野球を成り立たせるにはナイター設備が必須でした。こうなると政治の出番です。県議会のスポーツ振興議員連盟で勉強を重ね、他県の類似施設を視察しました。議員連盟の会長は西森潮三さん、事務局長は清藤さん、事務局次長が私。この議員連盟には自民党から共産党までほぼすべての議員が加入していました。ナイター設備に関しては移動式と固定式があり、どちらも一長一短あることを知りました。環境さえ整えば高知県の球場にも設置できることも分かりました。ただし高知の場合は二つの問題がありました。一つはどこがどう予算を捻出するか。もう一つは設置場所の問題でした。県が設置するとなると県立春野総合運動公園内の球場ですが、ここは農業の盛んな地域です。照明をつけることによる農業への影響が懸念されました。残るのは高知市営球場です。こちらは街中で、すぐ横を大きな道路が通っています。地元町内会の皆さんに聞くと、ナイター設備設置への反対意見はほとんどありませんでした。最大の問題は高知市の施設だということです。県がどうこうすることはできません。

難題への解答はなく、行き詰まり感も出始めました。そんなとき、県議会スポーツ議員連盟が動きます。設置を要望する意志を取りまとめることになったのです。背景にあるのは県民の声でした。全国で唯一ナイター設備がないというのは野球界やスポーツ界全体を考えても問題だ、という声が大きくなっていました。要望書には自民党から共産党まで全会派の議員が名を連ねました。要望書を受け取った尾﨑正直知事は、「重く受け止める」と応えます。その後、高知市営球場のナイター設備は尾﨑知事と岡﨑誠也高知市長の政治判断で実現します。県の予算で高知市の施設にナイター設備を設置したのです。トップが腹を決めないと実現しないウルトラCでした。

ナイター設備によって高知市営球場の使い勝手は格段に上がりました。ファイティングドッグスはもとより、県民がいろんな形で活用しています。この問題は、党派の垣根を超えて議員同士が協力する必要性を私に教えてくれました。

スポーツで地域振興

スポーツのことをもう少し書きます。

２００９（平成21）年の7月県議会で、スポーツを生かした地域活性化の取り組みとしてスポーツコミッションを設立してはどうか、と質問をしたことがあります。スポーツコミッションというのはスポーツで地域活性化を図る官民一体型組織と言っていいと思います。

きっかけは、高知ファイティングドッグスの経営を考えたことです。大スポンサーがいない高知のような地方で、安定した球団経営を果たすためにはどうしたらいいのか。全国各地の事例を調べました。分かったのは、地域スポーツ全般の取りまとめのような形で経営を行う団体の存在です。新潟アルビレックスや、湘南ベルマーレなど、サッカーだけではなく他のスポーツのチーム運営や施設運営を行っていました。ちょうどこのころ、スポーツを地域活性化の起爆剤としようとする考え方が国の方針となりつつありました。呼応するように、実働部隊となるスポーツコミッションが必要だ、という提言を関西経済同友会などが出していました。私はこれこそ高知県の得意分野だと思いました。高知県は歴史的にプロ野球のキャンプ地として観光とスポーツを連携させてきた土地柄です。高知ファイティングドッグスの登場によってその可能性がさらに広がるのでは、とも考えました。

スポーツコミッション構想が実現したのは10年以上たった２０２１（令和３）年9月のことです。高知側のキーマンは高知ファイティングドッグスの北古味潤さんと武政重和さん、外からサポートしてくれたのは元コンサドーレ札幌のＪリーガー、曽田雄志さんでした。曽田さんは学校へのアスリート派遣事業などを行うA-bank北海道の代表です。

曽田さんと私の出会いは作家、小松成美さんからの一本の電話でした。2020(令和2)年夏のことです。中田英寿選手やイチロー選手、横綱白鵬ら多くのトップアスリートを取材してきた小松さんが「私が最も尊敬するアスリートの一人が高知に行くから、会ってみて」と紹介してくれたのが曽田雄志さんでした。曽田さんは北海道一の進学校、札幌南高から一般入試で筑波大学に進んだ人です。下から積み上げて大学日本代表にまで上り詰め、Jリーガーとなってトップリーグで活躍しました。現役時代から人望厚く、ミスターコンサドーレとも呼ばれていました。引退後、海外の大学院に進学してMBA(経営学修士)を取ろうとしていた矢先に東日本大震災が起こります。いても立ってもいられず、アスリート仲間に声をかけて被災地支援に乗り出しました。合格していた海外の大学院への進学をやめ、被災地支援に専念したのです。その後、立ち上げたのがA-bank北海道でした。アスリートの学校への派遣事業を始め、地域活性化とアスリートを掛け合わせた活動を地道に続けています。

熱意と誠意、そして生徒たちへの影響を見た札幌市は曽田さんの事業を予算化し、A-bank は安定した経営を行っています。曽田さんの話を聞き、私は北海道へ視察に行きました。2023（令和5）年から部活動への外部指導者制度導入が予定されていました。スポーツや部活動を取り巻く環境が変化するなか、曽田さんのような活動を高知県でもと考えたのです。私よりもずっと早く、そして深く思いを抱いていたのがスポーツを通じた地域活性化に汗をかいてきた北古味さんと武政さんでした。曽田さんとも連携して取り組みを進め、2021（令和3）年3月には陸上の朝原宣治選手、9月には大迫傑選手を招くことができました。

朝原選手は高知県のいろんな取り組みに興味を示してくれました。四万十町の沈下橋を見たあと、高知市春野町では農業を視察しました。野菜ソムリエサミットで日本一の賞を取ったキュウリ農家、春野町の長崎雅代さんのハウスです。とれたてキュウリを何もつけずにボリボリ食べて「おいしい！」と連発してくれました。大迫選手は東京オリンピックのマラソンで6位入賞した直後の高知入りでした。場所は黒潮町の西南大規模公園。トップアスリートと触れ合う子供たちの目の輝きに圧倒されました。

大迫さんの来高に合わせて一般社団法人高知県スポーツコミッションが設立されました。設立総会の記念イベントには大迫さん、曽田さん、車いすラグビーの池透暢さんが登壇しました。法人理事長は武政さんで、理事には北古味さんのほか龍馬学園の佐竹新市理事長、ミタニ建設工業の三谷剛平社長らが名を連ねました。佐竹さんは龍馬看護ふくし専門学校にスポーツ健康学科を立ち上げ、スポーツを通じて地域活性化に取り組む人材の育成を始めています。三谷さんは、県内初の女子硬式野球クラブチーム「10Carat Express」を立ち上げて支援しています。スポーツコミッションの運営にはＪＩＣＡからアルゼンチンに派遣されて野球指導を行ったほか、読売巨人軍の野球スクールにも携わった浅利章太さんや高知工科大学でスポーツマネジメントの研究と教育を行う前田和範先生らが入ってくれています。

鳩山さんの失敗

２００９（平成21）年８月の政権交代選挙によって、首相には民主党の鳩山由紀夫さんが就きました。記録的な高支持率をバックに、鳩山政権は幾つかの重要な改革に取り組もうとします。予算の組み替え、政治主導の確立、地域主権改革、新しい公共の導入などです。外交も、日米同盟の基軸は維持しつつ東アジア共同体構想を唱え、米軍基地移設問題にも手をつけます。党幹事長となっていた小沢さんが取り組んだ改革には政策調査会の廃止と陳情・要望の一元化などがありました。改革は徐々に進み始めていました。

ところが沖縄本島、普天間の米軍基地移設問題でつまずきます。自民党政権は普天間基地の米海兵隊を同じ沖縄本島の辺野古に移設する方針を進めていました。辺野古の海岸に新基地を造るのです。県内から県内への移設に、一部では反発も起きていました。

政権交代が現実になりつつあるなか、民主党幹部は「できない恐れがあるものは言わない」というスタンスで普天間問題をマニフェストに書き込みませんでした。ところが選挙直前の沖縄で、気持ちが盛り上がったのでしょうか、鳩山さんが唐突に「最低でも県外」と明言してしまったのです。事実上の公約となってしまったこの問題を前へ進めるべく、鳩山首相は「腹案」の存在をにおわせながら取り組みます。しかし腹案もあいまいなままでした。結局、「学べば学ぶほど（海兵隊の各部隊が）連携し、抑止力を維持していることが分かった」と述べて鳩山さんは過去の発言を撤回します。鳩山内閣には辺野古移設絶対反対の社会民主党が加わっていました。鳩山首相の方針転換で社民党は連立を離脱。翌２０１０（平成22）年６月、求心力を失った鳩山さんは首相を辞任しました。

私は県連幹事長でした。県民の皆さんから厳しい意見を突きつけられながら、「総理は腹案があると言っています。もう少し見ていてください」と踏ん張っていました。それだけに最後の発言には驚きました。その後、首相の「腹案」が徳之島であったこと、まともな交渉はできていなかったことを徳之島出身の元衆議院議員、徳田虎雄さんの回想で知りました。私が外交安全保障で責任感ある現実主義を唱えるのはこのときの経験からです。

政権交代後、初の大型国政選挙である参議院選挙が１カ月後に迫っていました。後任の首相には菅直人さんが就きました。当初は高支持率でスタートしたものの、菅さんは突然消費増税を口にします。説明も迷走したことで逆風に遭い、翌７月の参院選で敗北しました。このとき、高知県選挙区は無所属から民主党に入党した広田一さんが当選しています。

2011（平成23）年3月11日には東日本大震災が起きました。

「東北で地震発生」

2011（平成23）年3月11日は、1カ月後に迫る統一地方選挙の総決起大会を予定していました。発災時刻の午後2時46分は県議会の常任委員会中で、私は土木部の予算を審議していました。「東北で地震発生」の一報が入った直後、向かいの席に座る武石利彦議員が休憩を求めました。私は急いで「南風」の部屋に行きました。清藤議員とテレビを付け、画面に見入りました。少しずつ波が港に押し寄せる映像が映りました。大津波警報も出ています。「これは大変なことになった」と直感し、すぐに事務所に電話をしました。決起大会中止を指示したのです。ところが事務所は最後の追い込みで動員のお願いをしているさなかです。高知はほとんど揺れていないのですから、中止と言っても理解してもらえません。再度状況を説明し、お詫びの電話に切り替える指示をしました。

総決起大会のゲストは北神圭朗衆議院議員でした。北神さんは高知行きの飛行機に乗る直前でした。総決起大会の予定時刻が近づいたころ、私は予定会場の高知市文化プラザ「かるぽーと」前に立ちました。中止を知らずに来てくれた皆さんにお詫びと説明を言い続けながら、「かるぽーと」前の川の水位が異様に変化するのを見ました。大会の終了予定時刻まで前に立ったあと、県庁に戻って災害対策本部の様子を確認しました。県庁の皆さんの落ち着いた対応には安心しましたが、県下各地の水門閉鎖に予想以上の時間がかかっていることが分かりました。

3月17日、県連で震災対応に追われていた私に党本部から連絡が入ります。内容は、節電や募金を訴えるチラシ、のぼり、ポスター、リストバンドを送ってくるとのことでした。人々が先の見えない大災害と必死で格闘しているさなかです。政治と世の中との温度差を感じ、「優先順位が違うのではないか」と抗議しました。そのことをツイッターでつぶやいたのですが……。そのツイートが驚くほどリツイートされてしまい、驚きました。民主党本部には迷惑をかけたと思いますが、そのような動きをしたのは民主党だけではありません。いろいろな政党がそれぞれ独自の判断で募金などを行っていました。

東日本大震災は国家的な危機です。各政党や党派がバラバラに対応するのではなく、まとまれるところはまとまらないといけないのではないか。そう思った私は、いつもの武石さんと清藤さんに相談しました。知恵を絞ったアイデアが、特別委員会の設置でした。全会派が部局を横断して震災対策に取り組めるように、という意図です。自民党県連幹事長を務める武石さんから議長に提案してもらい、全国で最も早く県議会に特別委員会が組織されました。議員が個別に部局へ要望するスタイルは消え、委員会を通して、議会として情報提供や要望を行うスタイルに整理されました。

2020（令和2）年の新型コロナウイルス発生時も県議会は全国で最も早く特別委員会を組織しました。議会は執行部と違って予算編成権も執行権も持っていません。だからこそ、こうした有事の際にどう動くかを考える必要があります。執行部と議会は県政の両輪です。東日本大震災は執行部との役割分担を考えるきっかけとなりました。

東日本大震災では高知市の小川宏さんをリーダーとするボランティア団体「高知県元気届け隊」に参加しました。清藤真司県議、ふぁーまー土居県議と一緒に被災地支援に行きました。被災地に残る爪痕に衝撃を受けました。

「東北で地震発生」

遠い話だと思っていた南海地震対策が我がことになりました。

野田さんの「素志貫徹」

東日本大震災と、それに伴う福島第一原発の事故は民主党への試練になりました。菅直人首相は自由民主党総裁の谷垣禎一さんに入閣を求めます。挙国一致内閣を目指したわけですが、うまくいきません。参議院は野党が多数を占めているため、当たり前のように通過させてきた特例公債法案（赤字国債の発行を一年に限り認める法律。我が国は赤字国債なしに予算組みができない体制を続けているため、特例と言いながら毎年当たり前のように成立させている）すら通らなくなりました。立ち往生した菅さんは辞任。次の首相には野田佳彦さんが就任しました。

野田さんは松下政経塾の一期生です。政治家の二世でもなんでもなく、千葉県議会議員から衆議院議員となり、当選を重ねてきました。松下政経塾は一代で松下電器産業（現パナソニック）グループを築いた「経営の神様」、松下幸之助が開きました。野田さんは幸之助翁から直接薫陶を受け、翁に最も愛された卒塾生だともいわれています。野田さんの座右の銘は、翁の言葉である「素志貫徹（常に志を抱きつつ懸命に為すべきを為すならば、いかなる困難に出あうとも道は必ず開けてくる。成功の要諦は、成功するまで続けるところにある）」。この言葉通り、野田首相は国家的課題であった「社会保障と税の一体改革」や原発再稼働、防衛白書の見直し、武器輸出三原則の緩和などに落ち着きをもって取り組みます。このころの野田首相の発言で私の印象に残っているのが、「幻想なき理想主義」というロバート・ケネディ（J・F・ケネディの実弟。兄と同じく暗殺された）の言葉です。現実をしっかり見ながら、理想を求めていかなければならない。政権を担うという重い役割を与えられた民主党のことを振り返るとき、この言葉が思い出されます。野田さんはそのような真摯な志を持つ首相だったと私は思っています。

残念ながら政権は安定せず、内閣改造を重ねたあと野田首相は衆議院を解散します。２０１２（平成24）年11月でした。民主党政権の成果を問う衆議院選挙が12月に行われることになりました。

「受けるしかない」

ここで私は選択を迫られます。

高知県では民主党の候補は誰も決まっていませんでした。候補となるべき支部長が、一区、二区、三区とも不在だったのです。民主党内で「次はどうする?」という話が出たとき、自然と私に流れが向きました。ただ一人の県議会議員であり、県連幹事長でしたから。衆院選出馬の打診を受け、私は「受けるしかない」と思いました。理由は「失敗も含めて評価を受けなければならない」と考えたからです。政権を取って以降、民主党への批判は高まりました。それは国民の期待を裏切ったということです。政権政党として民主党が審判を受けなければならないし、高知県では私が真っ先にその俎上に上がらないといけません。要するに、逃げるわけにはいかないと思いました。

2割くらいは別の理由もありました。与野党の足の引っ張り合いを終わりにできないかと思ったのです。政権を取る前、特に参議院で多数派となって以降の民主党は、与党自民党の福田康夫、麻生太郎両政権に厳しい対応をしました。2009(平成21)年に政権交代したあと、今度は与党民主党が参院選で敗北します。そうすると野党の自民党が民主党政権に厳しい対応をしました。個人攻撃のような質問、特例公債法案など本来は議論の余地なく通過させるべき予算への反対、まさに怨念の政治です。与野党で足を引っ張り合う怨念の政治を断ち切る必要がある、そのためには私が国会に、という思いです。高知県の民主党と自民党は全国とは全く違う関係を築いていました。ともに県政野党だったこともあり、協力できるところは協力しながら研鑽を積みました。その経験を生かしたいと考えたのです。

高知市を中心とする高知一区から衆議院議員選挙に立候補することにしました。前年春に再選を果たしたばかりでしたが、県議会議員は辞職することになりました。辞職するときは県議会議長に辞表を提出します。議長は武石さんでした。そのあと本会議で辞職を認めるかどうかの採決があります。緊張して議長室に入った私に、武石さんは「採決は反対に回ろうかと思うちゅう」。もちろん冗談です。一気に場が和みました。その後の本会議では辞職のあいさつをする機会もいただきました。「春風接人」。この言葉通り、高知県議会は温かい春の風のように私を育ててくれたと思います。それを言葉にして述べさせていただきました。自然環境が厳しいからこそ、高知県には名よりも実を取る気風があるように感じます。そのことが、党派を超えて地域のために仕事をするという議会の良識につながっていたのではないでしょうか。２００７（平成19）年から5年半余り在籍させていただいた高知県議会は、全国的にも胸を張れる素晴らしい議会だったと思います。

内にも外にも難題山積

衆議院選挙の公示日は２０１２年12月4日でした。

直前の11月、佐川町の友人尾﨑俊一郎君の結婚式がありました。年齢は彼が一つ上ですが、高校時代からのバンド仲間です。前年、「結婚披露宴したいき高知のホテル紹介してや」と言われ、酔っ払っていたこともあってこう答えました。「高知のホテルでもえいけんど、俊ちゃんぐらい地元佐川が大好きな人やったら地元でやったらえいがやないかえ?」。尾﨑君は佐川の若い仲間と本当に実現させたのです。佐川の名刹、青源寺での結婚披露宴に招待されました。

食べ物も、飲み物も、カメラマンも、もちろん引き出物も、とにかく地元尽くしの楽しい披露宴でした。そこで私は田所君と再会します。高校時代からのバンド仲間で、須崎の松田さんの会社を紹介した田所裕介君です。

田所君は11月末で仕事を辞め、次の仕事はこれから探すと言いました。すぐに「事務所を手伝ってほしい」と頼み込みました。以来、田所君には2017(平成29)年の衆議院選挙まで付き合ってもらうこととなります。

この選挙戦は、内にも外にも難しい課題が山積していました。

国政に出馬するとなると、県議会議員選挙のときは争点にならず、聞かれることもなかった政治スタンスを問われるようになります。特に憲法、安全保障、エネルギーは重要です。私は学生時代から憲法は改正すべきだと考えていましたし、外交安全保障やエネルギーについても現実的対応が必要だと考えていました。ところが民主党を支持してくださる団体の皆さんの中には真逆の考え方の方々がたくさんおられました。新聞など各種アンケートにどう答えるか。私は自身の考え方をはっきり打ち出しつつ、理解を求めたいと思いました。が、「分かっていない若造が何を言うか!」「言う通りやれ!」と主張する方もいました。

今考えれば、私は政治経験も少ない若造なのです。周りから見ると、その若造が自己主張を押し通そうとしているとしか見えなかったと思います。おそらくそれによって余計なハレーションを起こしていたのですが、当時はそれも分かりませんでした。ただただ必死でした。周りを見る余裕もありませんでした。

身内への説明に苦慮し、時間が過ぎていくなか、外にも問題が起こります。

公示1週間前に日本維新の会が候補を立てたのです。当時、維新が一種のブームを起こしていました。しかも政権交代が失敗だった、裏切られた、という国民の怒りが沸騰する中での選挙です。渡したビラをその場でくしゃくしゃにされ、目の前で投げ捨てられたこともありました。厳しい選挙でした。

投開票日は12月16日。結果は自民党の福井照さんが4万4千票、私が2万5千票、共産党の春名直章さんが1万8千票、維新が1万6千票でした。比例の政党票はさらに厳しく、維新に大きく水をあけられました。

長い長い浪人生活が始まりました。

吉川浩史さんとフィリピン

2012(平成24)年の衆議院議員選挙が終わってすぐに長男が生まれました。名前ぐらいは景気よくしようと、興《こう》と名付けました。「力を合わせて盛り上げる」という意味です。

震災復興への思いもありました。自分自身の境遇も重ねたのかもしれません。ここで不思議なことがありました。名前を決めたあと、母が名付け本を持ってきました。祖父喬が私の名前を決めるときに使った本だ、と渡されました。もう決めたので必要ない、と受け取らずに返そうとしましたが、パラパラめくると祖父が書いたであろうメモが挟まっていました。メモには「宗」という漢字が書かれ、◯がついていました。物持ちのいい母に感心しながら裏返してみると、なんとそこに書かれていた漢字は「興」。確かに、すでに他界した祖父の筆跡でした。

浪人生活の最初の半年は忙しく過ぎました。県議会議員を務めていたときにお約束した行事への参加などが残っていたからです。

選挙翌月の2013(平成25)年1月にはフィリピンを訪問しました。坂本功会長を中心とする高知県フィリピン遺族会の慰霊巡拝への参加です。尾﨑正直知事も参加したこの慰霊団に、高知県議会からは武石利彦議長、中西哲県議、西内健県議、ふぁーまー土居県議が参加していました。友人の西野巨志君も、祖父の兄忠治さんの慰霊で遺族として参加しました。

6泊7日、高知の将兵が戦った多くの戦跡で慰霊祭を行い、遺族の皆さんの胸に詰まる弔辞を聞きました。夜になると、孫世代の若い面々で話し合いをしました。戦争の歴史をどう自分たちの世代が引き継いでいくべきか、と。メンバーはのちに遺族会青年部結成の中心となる中岡美佳さん、四万十町職員の坂本仁さん、室戸市出身の野町雅子さん、随行した近畿日本ツーリストの北村直子さんです。その後、中岡さんらが立ち上げた高知県遺族会青年部は忠霊塔や忠魂墓地のボランティア清掃を始めました。啓発活動や会員同士の交流活動も活発に行っています。

フィリピンと高知の関わりで忘れてならないのは2001（平成13）年に亡くなった山本正道さんのことです。山本さんは高知で編成された独立歩兵百八十四大隊の一員としてフィリピンに出征、復員後は長く戦友会の事務局長や戦没者慰霊祭実行事務局長を務めました。著書『フィリピン戦の回想』は並々ならぬ悲惨な戦場を生きた高知の将兵の息遣いが伝わる労作です。戦後、遺族とともに慰霊碑建立に奔走する姿も伝わってきます。

本の冒頭、山本さんはフィリピンに出発する直前の短い除隊期間の思い出を書いています。百四十四連隊をいったん除隊し、百八十四大隊に入るまでのことです。二つの出来事があったそうです。

その一つが、私の曽祖父大石大との交遊です。南国市陣山にあった大の家を高知市越前町に移築する工事を請け負ったのです。もう一つは曽祖父と同時代を生きた衆議院議員で弁護士、水野吉太郎との交遊です。水野が経営する旅館大松閣の庭園工事と、水野が中心となって取り組んだ高知市九反田の「憲政之祖国碑」建立、さらに九反田への板垣退助邸移築後の庭園工事も山本さんが請け負ったそうです。山本さんの本のおかげで、越前町の実家が奇跡的に高知大空襲の難を逃れたこと、戦時中の家屋の建築に大きな制限があったことを知ることができました。水野の関わった憲政之祖国碑についてはあとで詳しく書きたいと思います。

フィリピンに関しては、もう一つエピソードがあります。

時系列は少しさかのぼります。1期目の県議会議員だった2010（平成22）年

11月のことです。高知県と姉妹都市提携を結んでいるフィリピン・ベンゲット州との提携35周年記念式典に、派遣団の副団長として参加しました。県議会議員の派遣は私一人だったため、高知県議会を代表してフォンワン知事をはじめ多くの方々と意見交換をさせていただきました。

その中で高知県とベンゲット州の長く深い関係や、高知で研修をした経験のある州の職員さんの多くが州政府の要職に就いていること、その人たちは「高知組」と言われていることを知りました。交流のきっかけが青年海外協力隊員としてベンゲット州でシイタケ栽培普及に取り組んでいた吉川浩史さんの存在だったことも知りました。１９７４（昭和49）年、吉川さんの熱心な働きかけで高知県の「青年の船」がフィリピンに立ち寄り、ベンゲットを訪問します。それが交流の発端でした。35周年の派遣団長は、その吉川さんでした。

副団長だった私は吉川さんといろんな話をしました。吉川さんはマルコス独裁政権下のフィリピンで農業振興をはじめ多くの活動に取り組みました。当時は戦争の記憶がまだ色濃く残り、対日感情は非常に厳しかったそうです。フィリピンの日本軍戦没者は50万人以上といわれていますが、一般市民の死亡者はその倍、

１１０万人といわれています。首都マニラの市街戦は都市が壊滅するほど激しかったし、撤退戦を続ける日本兵がゲリラと誤認して民間人の命を奪うこともありました。こうした記憶を現地で直接聞くうち、吉川さんはフィリピンと日本の友好平和のために尽くそうと決意したそうです。

吉川さんが注目したのが「青年の船」でした。

また少し脇道にそれますが、このプロジェクトに触れさせていただきます。

富士山の赤い雪

１９７１（昭和46）年7月4日、高知県の須崎港を1隻の巨船が出港しました。最高の研修設備を持つ研修船「さくら丸」（1万３０００トン）です。乗っているのは18歳から30歳の、総勢３００人を超える青年男女。いずれも市町村からの推薦、選考と県内研修を経て参加した高知県の青年たちです。台湾（中華民国）と米軍占領下の沖縄を訪れる旅ですが、実際は9日間の航海自体が目的でした。青年同士が船の中で交流し、沖縄や台湾について学ぶのです。

プロジェクト名は「高知県青年の船」事業。発想したのは溝渕増巳知事でした。現在のいの町出身で、高等小学校を卒業後、働きながら高等文官試験に合格した苦学力行の人です。1955（昭和30）年から20年にわたって高知県知事を務めました。「青年の船」を企画した当時、高知県の一般会計決算額は861億円。「青年の船」への補助金は3488万円でした。すべてが県の独自財源ですから、その負担は小さくありませんでした。財政負担は大きくても、青年たちに外の世界を見せようとしたのです。

乗船した若者はこんな感想を残しています。「数千万円の巨費を要する青年の船は県にとって相当の負担かもしれない。しかし、これらの巨費は数年後には必ず何倍にもなって高知県に花を咲かせるものと確信する」。第2回からはチャーター船を「にっぽん丸」（1万1000トン）に替え、県は5年続けて「青年の船」を実施しました。寄港先は台湾に代わってフィリピンと香港が入りました。参加者も増えていったため、最後となった第5回には一般会計決算額1831億円のうち9231万円を計上しています。財政負担がネックとなり、溝渕知事の退任とともに「青年の船」はなくなりました。

私は本会議の質問で「青年の船」にかけた溝渕知事の思いを取り上げたことがあります。「青年の育成に対する強い思いは、今も重要な考え方ではないか」と。地域を回っていると、元気に活躍する皆さんの多くが「若いとき、青年の船に乗ったよ」と言うのです。馬路村農協の組合長を長く務めた東谷望史さんもその一人でした。「青年の船が人生を変えた」と話す東谷さんは、存続を求める投書を何度か新聞に送ったそうです。青年時代の経験が、人生を変えることはよくあると思います。「青年の船」は未来を見据えた高知県の誇るべき政策だったと思います。

「青年の船」の一行が最初にベンゲットを訪問したのは第4回のときでした。翌年、第5回の「青年の船」で訪れたとき、高知県とベンゲット州は姉妹都市提携を調印します。以来、多くの交流が生まれています。

調印式には溝渕知事も出席しましたが、そのときに知事公室広報係として乗船、同行したのが起塚昌明さんです。私の実家のご近所さんで、私とは地元神社若一王子宮の行事ごとで一緒に活動しています。あるとき、起塚さんから協定締結時のベンゲット州総務部長ガブリエル・P・キースさんの文章を見せてもらいました。

「富士山の赤い雪」と題した小説仕立ての物語でした。友好協定締結の返礼に知事の代理として高知に行かなければならなくなった男の話です。

男は高知訪問が憂鬱だったと前置きし、なぜ憂鬱だったかがつづられます。幼いころ戦火の中で大好きな姉を亡くしたこと、従兄弟を日本兵に殺されたこと、同胞の処刑を目撃した少年の怒り……。冷酷な国、日本に行きたくないと思いながら男は高知へ来ます。憎しみに満ちて高知に来た男は、そこで人々の温かさに触れました。憎しみよりも、愛し、許すことが大切ではないか、と徐々に心境が変化します。クライマックスは、心を許すようになった高知県の職員（おそらく起塚さんのことと思われる）と新幹線に乗って話をしているときの情景です。赤い血で染まっていたように見えた富士山の姿が、白い雪に変わったというものでした。キースさんご自身の体験や思いを元に書かれたこの物語は、戦争を体験したフィリピンの皆さんが現実として抱いた感情であり、歴史の一部だと思います。

半面、若い人たちの間では違う感情も育ちつつあったように思います。1974（昭和49）年の第4回「青年の船」でベンゲットを訪問した東谷望史さんは、同世代のフィリピンの皆さんと交流したことを今も懐かしく記憶しています。東谷さんは戦争が終わって7年後に生まれました。「青年の船」でフィリピンに行ったのは

300人以上の同世代です。船を降り、バスに乗り換えてベンゲットに着いた東谷さんたちは、100人を超えるベンゲットの同世代と一堂に会して交流したそうです。大宴会をし、打ち解けて、帰国後に手紙を送ったエピソードもうかがいました。戦争を経験した世代と、戦後世代に意識の違いがあるのは不思議なことではないのかもしれません。

高知県の戦没者のうち、沖縄戦と南方諸地域で亡くなったのは1万8545人。うち約3割ずつを占めるのがニューギニア、ビルマ、フィリピンです。フィリピンでは4974人が亡くなっています。これは越知町や津野町の全人口に近い数です。高知県の歴史にとって、フィリピンは忘れてはならない国なのです。日本全体で見ても、都道府県レベルでフィリピンと姉妹都市協定を結んでいるのは高知県だけです。ベンゲットとの絆、永遠なれ。

「国軸の会」に参加する

議員バッジは外しましたが、2013（平成25）年からの私はそれまで以上に政治に深く向き合うようになったと思います。特に大きかったのは、「国軸の会」に参加できたことでした。

北神さんが衆議院議員に初当選した２００５（平成17）年、私は北神さんの国会事務所に遊びに行きました。そのときちょうど事務所にいて親しくなったのが同じく05年初当選組の鷲尾英一郎衆議院議員です。

その5年ほどあと、２０１０（平成22）年ごろのことです。私は北神さんに長島昭久衆議院議員を紹介してもらい、吉良州司衆議院議員を加えて東京で飲みました。以来、私は北神さんに加えて長島さん、吉良さん、鷲尾さんに何かとかわいがってもらうようになったのです。長島さんは国際関係の研究者から議員になった人で、選挙区は東京。元商社マンの吉良さんは大分が選挙区、公認会計士から議員になった鷲尾さんの選挙区は新潟でした。

4人は２０１４（平成26）年2月、同じ志を持つ仲間に呼び掛けて民主党内に「国軸の会」を結成します。長島さんが代表になりました。国の軸を定める、という趣旨の会で、同年12月の衆議院選挙後は長島グループとも呼ばれました。防衛力強化や原子力発電容認を掲げていましたから、党内では右派グループと言っていいと思います。野党共闘の動きが進むにつれ、国軸の会は民主党の主流からは距離を取るようになります。民主党がなくなったあと、4人は独自の道を歩みました。現在、北神さんは無所属の衆議院議員です。吉良さんは国民民主党に所属したあと無所属の衆議院議員に、長島さんと鷲尾さんは自民党の衆議院議員になっています。

会の中核メンバーは10人くらいで、事務局長は鷲尾さんでした。2019（令和元）年に埼玉県知事となる大野元裕参議院議員も会の中核メンバーでした。外交や安全保障、経済の論客がそろい、選挙も強かった先輩たちはまぶしい限りでした。他にも参議院議員の金子洋一さん、安井美沙子さん、前衆議院議員で浪人中だった市村浩一郎さん、宮島大典さんといった一家言ある先輩方がそろっていました。のちに金子さんと安井さんは民間で活躍、市村さんは日本維新の会の衆議院議員になりました。宮島さんは長崎県議会議員となり、2023（令和5）年4月の佐世保市長選挙に出馬表明しています。

落選浪人中の私は、唯一の国会未経験メンバーとして国軸の会に参加させてもらいました。国軸の会ができたとき、私を除くメンバーは全員が国会議員またはその経験者だったのです。その後、同じ国会未経験メンバーが入ってきます。衆議院議員選挙で落選を続けていた神奈川の太栄志《ふとり》さん、栃木の藤岡隆雄さんです。2021（令和3）年の総選挙で2人とも立憲民主党公認で当選しています。太さんは現職の自民党幹事長だった甘利明衆議院議員を破ったことで一躍全国区になりました。藤岡さんは努力の人で、ともに落選を続けていた時代に一度高知に来てくれたことがあります。藤岡さんが帰ったあと事務所のホワイトボードを見ると、こんな言葉が書いてありました。「末ついに 海となるべき山水も しばし木の葉の下くぐるなり」。田中角栄が好んだ言葉だったようです。温かい激励に胸を熱くしたことを思い出します。

国軸の会が米・ワシントンや台湾を訪問したときも同行させてもらいました。ワシントンに行ったのは2014（平成26）年の7月です。戦略国際問題研究所のエドワード・ルトワックさん、ブッシュ政権で国務副長官を務めたリチャード・アーミテージさんをはじめ、議会やシンクタンク、日本大使館などを訪問しました。さまざまな立場の方々と率直な意見交換ができ、本当に充実した時間でした。日本大使館が主催する米国の若手研究者との意見交換会では、全員がそれぞれの感じる外交安全保障上の問題についてスピーチをしなければならなくなりました。先輩方はどんと来いなのですが、私は困りました。外交安全保障の問題を論じる機会なんて地方議会ではほとんどありません。悩んだ末、背伸びをしてもダメだと悟りました。自分の体験が一番だ、と自分自身が訪れて感じた南太平洋の課題を話したのです。高知県に縁があるミクロネシア連邦や、遺骨収容で関わったパプアニューギニアなどの話です。終了後、多くの研究者が声を掛けてくれました。「貴重な現場の話をありがとう」と。現場が大事だと痛感しました。地方と世界とがつながっていると確信しました。

台湾は2016（平成28）年の9月です。当時、飛ぶ鳥を落とす勢いだった蔡英文総統との懇談に同席させてもらいました。2014（平成26）年の「ひまわり学生運動」（中国とのサービス貿易協定に反対する学生が立法府を占拠、社会運動として広がった）から派生した若者の政党「時代力量」の議員さんと意見交換したほか、李登輝元総統にも長く時間を取っていただきました。長島さんをはじめとする多士済々の人脈のおかげで貴重な経験をさせてもらいました。

「国軸の会」の定例会は月一度でしたが、私はその月一度が楽しみでした。東京に足を運び、最新の情報や政策に触れることができました。

坂東さんと大石スペシャル

落選浪人中、別れもありました。印象深いのが直木賞作家の坂東眞砂子さんと、高知の街を彩った中華の名店一壺春《いっこしゅん》の湯山藍一郎さんです。坂東さんは2014（平成26）年、湯山さんは2017（平成29）年に鬼籍に入られました。ともに日本を代表する文化人だったと思います。

坂東さんと知り合ったのは、2009（平成21）年ごろだったと思います。奈半利町で船舶修繕ドックを経営する籠尾信之さんの紹介でした。坂東さんは佐川町の出身で、東京やイタリア、タヒチ（仏領ポリネシア）、バヌアツと居を替えながら次々と小説を発表していた才媛です。籠尾さんは先に書いた遠洋マグロ漁船「太和丸」の一族でもあり、高知のカツオマグロ漁業に詳しいことから坂東さんが取材に来て親しくなったそうです。私が知り合ったころ、坂東さんは高知に帰って旧鏡村（高知市鏡）の奥地、樽の滝近くに引っ越したころでした。かつてレストランだったコンクリート3階建ての建物を購入し、一人で住み始めていたのです。車一台がやっと通れる山道を登って行った先で、周りには人家はありません。日が暮れると明かりのない、それこそ自然の中に自分一人という環境でした。坂東さんは庭を使ってイタリアンレストランをオープンしていました。青空の下、はるか遠くに海が光る気持ちのいい空間でした。

親しくなったあと、大食らいの私にイタリア仕込みのパスタを特盛りで作ってくれたものです。高知県独立をテーマにした小説『独立・土佐黒潮共和国　やっちゃれ、やっちゃれ！』を執筆される際は、政治関連の資料収集をお手伝いさせていただきました。この小説は、高知新聞の連載「時の方舟」に発想を得たものではないかと思います。地方自治や地方分権をテーマにした連載で、私もよく読んでいました。献本していただいた『やっちゃれ、やっちゃれ！』を見ると、巻末に私の名前を載せてくれていました。うれしかった。以後も坂東さんとはよく酒を飲みました。坂東さんはそうとうな酒豪でした。

坂東さんが自由民権運動の時代を描く『梟首の島』に取り掛かったときに全面協力した歴史家の公文豪さんや、文化に造詣の深いひまわり乳業の吉澤文治郎さん、高知新聞の浜田茂さん、浅田美由紀さん、松井久美さん、イザナギ流（陰陽道の流れをくむ民間信仰。高知県の山あいに今も残る）の研究で知られる高知県立歴史民俗資料館の梅野光興さん、高知市立自由民権記念館の筒井秀一館長、高知県立図書館の渡邊哲哉さんら、坂東さんの周りには文化や歴史に詳しい面白い人がたくさん集まっていました。

さんざん飲み歩いたあと、私のソウルフードである追手筋「ゆめや」のナス豚丼大石スペシャル（具2倍、ご飯大盛り）を締めに紹介したら、「あんたには負けた！」。大笑いしながら、「おいしいねえ」とすごく喜んで食べていただいたことが忘れられません。代表作の『狗神』『死国』はもちろん、『梟首の島』は特に多くの方に読んでもらいたい、今も色あせない名作です。

『梟首の島』は自由民権運動の熱量、丁寧な事実関係、精緻な描写、人々の喜びと葛藤、苦しみが盛り込まれています。自由民権運動をテーマにした小説では間違いなくナンバーワンだと思います。

享年55。早すぎるお別れが残念でなりません。まだまだ書いてほしかった人です。坂東さんは高知県の歴史や民俗にも通じ、貴重な資料も数多く集めていました。

高知県立文学館には、いわゆる「土佐の文豪」コーナーがあります。古くからの高知県出身作家が並ぶなか、２０２１（令和３）年に坂東眞砂子さんの展示が加わりました。坂東さんが「歴史上の人物」になったのだなと不思議な思いを抱きました。

ラストエンペラーの龍袍

湯山藍一郎さんには、お亡くなりになる半年ほど前に呼ばれました。湯山さんがその生涯を尽くした中国との友情について伺い、また宿題ももらいました。

藍一郎さんの父上は愧平《きへい》さんといって、頭山満とも関係があった人物です。１９０９（明治42）年に生まれ、１９２７（昭和２）年に大陸に渡って大陸浪人をしていたそうです。大陸浪人とは組織に所属せず、半ば放浪しながら政治活動をしていた人たちのことです。戦後に高知へ帰り、屋台からスタートして高知市永国寺町に「一壺春」を創業します。大陸仕込みの中華料理を高知の街に広めるとともに、漢詩人としても名をはせました。

藍一郎さんは中学生のときから水泳選手として鳴らしました。高校は水泳の名門、東京の日大豊山高校に進学したそうです。私が大学生のとき、上京してきた藍一郎さんに呼び出され、息子で悪友の丈太朗君と連れて行かれたのは永田町の憲政記念館でした。政治家がよくパーティーで使う会場です。開かれていたのは頭山満の孫である頭山興助さんを囲む懇親会でした。高校時代の水泳部の仲間だと話していました。台湾の蒋経国とも親交があったそうです。中華民国を率いて日本と戦った蒋介石の息子で、第3代の中華民国総統です。藍一郎さんは不思議な人脈を持っていました。愧平さんがはぐくんだ中国との友情を引き継いでいました。

藍一郎さんが有名になったのは龍袍《ろんぱお》を中国に返還したときです。元の持ち主は高知市出身の植田照猪少将で、奉天にいたときに張作霖から贈られました。奉天は旧満州国の首都です。もともとは清朝の都でしたが、北京に都が移ってからは都ではなくなっていました。中華民国建国後の1916（大正5）年ごろから軍閥の張作霖が支配し、1928（昭和3）年に張が死んだあとは日本軍が支配していました。現在は瀋陽市になっています。植田照猪は大正時代に歩兵第四十四連隊、第六十二連隊の連隊長を務めて予備役に編入されています。奉天で張作霖と親交を深めたのはそのあとだと思われます。

龍袍は清朝の宮廷で使われた衣服です。皇帝や皇太子、皇后、皇子、臣下で色が違っていました。名前の通り、文様は龍です。皇帝の龍袍には九頭の龍がいます。植田が張作霖から贈られた龍袍は皇帝のものでした。

龍袍は植田少将のご遺族から愧平さんに贈られます。そして藍一郎さんへと引き継がれました。藍一郎さんが実現した龍袍の返還は中国で大きく報道されました。藍一郎さんが書き残した文章を見ると、中国の専門家は「清朝末期、最後の皇帝溥儀が北京の騒乱を避けて奉天に住んでいたことがある。そのときに故宮（皇宮。奉天と北京にあった）を守っていた張作霖に与えた」と見たそうです。「このようなものが国外流出するなどあり得ない」「張作霖と植田の友情が、龍袍を贈るほど厚かったとは」と驚いていたとも書いています。清朝最後の皇帝だった溥儀はラストエンペラーとも呼ばれます。日本軍によって張作霖が爆殺された4年後、中国東北部には満州国ができました。その初代皇帝となったのは溥儀でした。

龍袍の返還を中国の人たちは喜びました。藍一郎さんは瀋陽市の名誉市民となり、終生中国との友情を大切にしました。

愧平さんは唐代以降の漢詩１００編を選んで和訳した『一壺春詩片』を上梓し

ています。１９５４（昭和29）年に初版を出し、１９７４（昭和49）年に決定版を出しました。藍一郎さんはこの『一壺春詩片』を大切にし、中国の江沢民国家主席にも送っています。この漢詩集は中国屈指の大学者だった郭沫若にも渡したそうです。藍一郎さんは「この漢詩集を架け橋にして中国との友好を深めたい」という夢も語っておられました。

大陸に雄飛した土佐の快男児、湯山愧平さんの跡を継いで中国と高知の縁を大事にしてこられた藍一郎さん、名店一壺春の店主として土佐の宴席を彩ってこられた藍一郎さん、酒を愛し、土佐を愛した藍一郎さん、大陸的な大きさを持った愛すべき土佐人でした。

新たな足場は県東部

衆議院選挙には２０１２（平成24）年、２０１４（平成26）年、２０１７（平成29）年と3連続で挑戦しました。２０１４年の選挙では選挙区を選択する必要がありました。この選挙から高知県は定員が減り、一区と二区だけになったのです。新たな区割りは「高知市」と「それ以外」という分割も予想されましたが、そうはなりませんでした。高知県を西と東に割って、高知市も真っ二つに分けたのです。県議選、衆院選とも高知市を選挙基盤にしていた私は県東部を選挙区とする一区から出馬するか、県西部の二区から出馬するかを迫られました。私は一区を選びました。

選択に当たり、私は自分のルーツを振り返りました。

大石家の先祖は高知県北部、嶺北地方の本山町にいました。先に書いたように、長宗我部家の家来です。平時は農民、有事は武士という一領具足をしていたといわれています。関ヶ原の戦いで長宗我部家が負けて浪人し、山内家の時代に南国市の陣山で新田開発に従事しました。以後、戦時中まで陣山に住んでいました。母親は室戸の出身で、私の妻のルーツは室戸の隣、奈半利町加領郷と野市町です。土佐鰹船団の先駆者として知られる加領郷の大西為市は妻の曽祖父に当たります。為市は１９２８（昭和３）年、台湾とフィリピンの間のバシー海峡にカツオの新漁場を発見しました。為市が船に乗ったのは16歳のときです。以来、木船を駆って台湾、フィリピンから北海道までカツオ、マグロを追いました。戦後はカツオ一本釣りの船団づくりを図ります。土佐鰹漁協を創設し、静岡県の下田に基地をつくり、「黒潮の狩人」と形容される土佐鰹船団の基礎をつくり上げました。

本山も南国も野市も奈半利も室戸も、さらには私が育った高知市の小高坂地区も、すべて高知一区に入っていました。縁というのは切っても切れません。私は一区との縁の深さを重視しました。

熱心だった室戸勉強会

「国軸の会」で学んだことの一つに「継続は力」があります。当たり前の話かもしれませんが、毎月必ず顔を合わせるのでメンバー同士の距離も近付くし、学びもどんどん深まります。継続が力に変わってくるのです。

この経験を元に、私も勉強会を主宰するようになりました。北神さんを囲む京都の勉強会、高知の各地域で地元の皆さんと行う勉強会です。自由民権運動が盛んなころ、自ら学ぼうとする人々が集まって「夜学会」を作ったそうですが、そのような活動をコツコツ続けました。北神さんとの勉強会では、北神さんが読み込んでいた北畠親房の『神皇正統記』を輪読しました。最初は少人数でしたが、やがて北神さんの魅力にひかれた多くの人が集まってくるようになりました。京都府議会議員の岡本和徳さん、南丹市議会議員の西村好高さん、一新塾の仲間だった福井県議会議員の井ノ部航太さん、いずれも衆議院議員の経験がある藤田大助さん、中島正純さん、松岡広隆さんらです。『神皇正統記』は南北朝の時代、足利尊氏の北朝側と戦う渦中で書かれた本です。天皇家の歴史をひも解きつつ為政者の正当性について考察しています。輪読後、北神さんの解釈を聞いて議論しました。もちろん政治経済に関する最新の話題も勉強しました。高知の各地域で行った勉強会では、国軸の会や北神さんの勉強会で仕入れた国政の最新動向、地域を歩いて見つけた課題など、さまざまなことをテーマにしました。

勉強会はさまざまな地域で行いましたが、最も盛んに開いたのは事務所を置いた室戸市です。国政挑戦に当たり、私は安芸市と室戸市にも事務所を作っていました。安芸市は学芸高校の大先輩に当たる土方孝司さんの奥さま、代枝さんが座ってくれました。室戸は無人ですが、月に一度1~2泊しながら市内を回る際に私自身が開けていました。

地域の地盤沈下に対する危機感もあったのでしょう、室戸の勉強会にはたくさんの人が集まってくれました。室戸市ばかりではなく、お隣の東洋町からも若手の漁師伊吹亮太君らが来てくれました。まさに広い地域の老若男女、民間の皆さんに加えて現職市議会議員で議長経験もあった町田又一さんも参加してくれました。一緒に学んだメンバーの中から政治の世界に進む方も出てきました。室戸市議会議員となった竹中多津美さん、河本竜二さんです。竹中さんは近海マグロ漁業の経営者で、漁業問題に詳しい方です。河本さんは生コンクリート会社の工場長を務めていて、土木建設業界の将来に危機感を持っていました。室戸市羽根町の国道55号沿いに「十兵衛」といううどん屋さんがありますが、経営者は河本さんの妻、みゆきさんです。十兵衛というのは土佐藩の役人だった岡村十兵衛のことです。十兵衛は現在の高知市布師田出身の役人でした。羽根に派遣されていたとき、不作や不漁が重なってバタバタと領民が倒れます。困窮する領民を救おうと、十兵衛は藩の蔵を開けて米を分け与えようとします。何度も何度も藩と交渉を続けますが、許可は出ませんでした。十兵衛は意を決します。独断で蔵を開け、領民を救ったのです。その責任を取るべく十兵衛は自刃しました。

十兵衛のことを、今も羽根の人たちは「義人」と慕っています。河本さんは羽根で毎年行われる岡村十兵衛追善相撲大会の責任者も務めていました。

県議会議員を引退した植田壮一郎さんも勉強会に加わってくれました。植田さんは１９８３（昭和58）年、27歳で室戸市議会議員に当選し、県議会に進んだ自民党の若手ホープでした。１９９１（平成３）年に橋本大二郎さんが高知県知事となったあと、植田さんは橋本知事と行動をともにします。そのために自民党を離党せざるを得なくなり、２０１１（平成23）年の県議会議員選挙で落選。以後、政治から距離を置いて製炭業に従事していました。室戸市は土佐備長炭の一大産地で、植田さんのお父さんは土佐備長炭の炭焼き名人でした。父のあとを継ぎ、植田さんは自ら窯に籠って土佐備長炭を焼いていました。植田さんは２０１８（平成30）年、室戸市長となって政治に復帰します。

シシトウ収穫でバイト

２０１４年衆院選の投票日は12月14日でした。この選挙は、田所君に加えて同い年でプロのテニスプレーヤーだった宮崎雅俊君にも事務所を手伝ってもらいました。宮崎君は土佐塾高から早稲田大に進みました。高校、大学と日本一になった英才で、中学高校時代から高知県内では有名でした。プロになったあとも数々の国内オープンで優勝しています。

選挙の結果は3万8000票でした。やるだけのことはやりましたが、中谷元さんは倍以上の7万8000票でした。遠く及びませんでした。中谷さんの強さと自分自身の弱さを実感しました。

2012年の選挙以降、私は浪人生活を続けていました。毎朝街頭演説をしていたのですが、2015（平成27）年からは演説前の早朝にシシトウ収穫のアルバイトをしました。ビニールハウスの中でシシトウをちぎるのです。シシトウは高知県が全国の4割を生産しています。圧倒的生産量1位です。ナス、ピーマンと並んで高知県を代表する野菜です。

ハウスの持ち主は県議会議員だったふぁーまー土居さんです。土居さんは私と同じく2007（平成19）年県議選の初当選組でしたが、3期目を目指した2015年の県議選で落選していました。この県議選では、私が後継として推した武政重和さんも落選します。2人の仲間の落選で落ち込んでいた投開票日の深夜、次男が生まれました。人が集まってきてくれる人間に、という願いを込めて京《けい》と名付けました。

落選後、「農業に戻ろうと思う。でも人手が足らん」と漏らした土居さんに、私は「僕を雇うてほしい。農業の勉強もしたい」と答えました。で、毎朝5時に土居さんのビニールハウスに通っていました。ハウスの中でこんな会話もしました。「考えてみたら8年前はトップ当選と2番でしたねぇ」。そう、2007年の県議選（定数15）は土居さんがトップ当選、私は2位当選でした。ラジオでは安保法制をめぐる話題が流れていました。それを聞きながら黙々とシシトウをちぎっていました。

このころ、南国市の若手が挑戦していた「ごめんなさいプロジェクト」や「ごめんシャモ研究会」の活動のお手伝いもさせていただきました。「ごめん」というのは南国市の中心、後免《ごめん》地区のことです。謝っているわけではありません。藩政時代、ここに街を作った野中兼山が諸役御免（労役などを免除）にしたのが名の由来です。珍しいこの街の名を使ったアクションが次々と発生したのです。「ごめんなさいプロジェクト」は、特設ステージから大声で誰かに「謝罪」をしてもらいます。祭りの名は「ごめんな祭《さい》」。南国市議会議員だった山中良成さんや参謀役の濱口誠さん、若手の神田誠さん、久家大尚さん、浦井理恵さん、西内俊二さん、甲藤雄司さんらが中心になってつくり上げました。今では南国市を代表するイベントになっています。

「ごめんシャモ研究会」は立花智幸さん、掛水伸一さん、庄司涼一さんらが立ち上げた団体です。私のルーツ、南国市陣山の小笠原治幸さんが代表でした。坂本龍馬が１９６７（慶応３）年11月15日、つまり暗殺された夜にシャモ鍋を食べようとしていたのは有名な話です。坂本家のルーツが南国市才谷であること、南国市は昔から闘鶏が盛んだったことから、全国でも珍しい百パーセント純血のシャモを発信しようと考えました。しかも生産から販売まで一貫経営で手掛けよう、と。商品開発の中心メンバーとして加わったのが南国市内で飲食店を経営していた宗我部恭久君です。宗我部君が高校時代からの友人だった縁で私も応援することになりました。

２０１３（平成25）年11月、東京・丸の内で行われた農林水産省主催の食の祭典に出場しました。持ち込んだのはシャモのすき焼きです。メンバーと一緒に私も特設屋台でシャモのすき焼きを作り、販売しました。評判は上々で、結果は「銀賞」。夜、鳥料理を勉強しようと水炊きの名店に行きました。かつて頭山満が「日本一だ」と激賞した新宿の「水たき玄海」です。頭山満の見事な書が掛けられた部屋で、メンバーのみんなと絶品の水炊きを食べました。酒を酌み交わしながら南国市のこと、シャモのことを熱く語った夜のことは今でも忘れられません。

濱口雄幸の嘆きと警鐘

2015（平成27）年の最大の政治課題は、集団的自衛権の一部容認を含む平和安全法制等の整備、通称安保法制でした。

「国軸の会」では、米国の弱体化と中国の強国化などを考えれば日本が相応の安全保障体制を整えることは必要不可欠だと議論していましたし、私も同じ考えでした。集団的自衛権の議論は進めていくべきだという立場でした。

この問題の潮目が大きく変わる出来事がありました。6月に行われた憲法審査会で、憲法学者から「集団的自衛権容認は違憲である」との意見が出されたのです。民主党は安全保障の政策論議よりも憲法問題に主眼を置いた国会戦略に転換します。国軸の会のメンバーをはじめ、党内の保守派は前者を重視し、政策の中身についての議論をしようとしていました。旧社会党系をはじめとするリベラル派は違憲問題で追及すべし、との意見でした。最初は意見が分かれていましたが、そのうち党内は後者に収れんされていきます。安保法制問題は野党としては千載一遇の政局になる、徹底的に与党と戦うべきだ、となったのです。

その中で沸き起こってきたのが安保法制反対のデモ活動であり、野党共闘の動きです。そのうねりが全国で最も大きく出てきたのが高知県でした。これがその後の私の苦悩につながります。

国会の中でもプラカードを掲げる国会議員を見ながら、国軸の会で必死に議論を続けていた長島さんや吉良さん、大野さん、北神さん、鷲尾さんたちとの温度差を強く感じることがありました。

安保法制で答弁していたのは担当大臣となっていた中谷元さんでした。

2015（平成27）年9月20日、国論を二分した安保法制の採決が終わったあと、私はFacebookに以下の記事を投稿しました。

「議会の近状は何たる亡状であるか、何たる醜態であるか。言う迄もなく議会は言論の府である、言論以外には何物をもゆるすことは出来ない。かかるが故に、多数党は少数党をして十分に其の言論を尽くさしめ、少数党はたとえ数に於いて敗るるとも構うことはない、其の言論を議会を通して国民に徹底せしめ、其の公正なる批判に訴えて、次の総選挙に備うべきである。

院内の勝敗に関係なく、国民の判断がもし少数党の主張に左袒し、多数党の主張に反対するならば、次の総選挙に於いて多数党と少数党とは其の地位を顛倒し、其の結果に依って政権の所在は自ら動く訳である、之が即ち議会政治の要諦であり、政党政治の妙用である。

然るに、若し多数党が多数を恃んで少数党の言論を封じ、少数党が言論を放棄し、暴力を以て院内の秩序をみだり、議事の進行を妨げ、甚だしきに至っては議場内に於いて乱闘を演じ、言論の府でなければならぬ所の帝国議会をして暴力の府と化せしむるが如きことがあるならば、それこそ憲法政治の破壊であり議会政治の蹂躙であって、実に由々しき大事と云わなければならぬ。」

これは、高知県出身の浜口雄幸が銃撃され療養中の昭和6年、記した文章です。
この後、日本の政党政治は急速に力を失い、軍部が台頭します。
今はただ、この大先輩の言葉を心に刻みつつ、地道に地域を歩き、声を聞くのみです。

以上、当時の私の気持ちを投影した文章です。戦前の二大政党制の一翼を担った濱口雄幸の著書『随感録』の一節を引用しました。国軸の会で一緒だった鷲尾英一郎衆議院議員が濱口雄幸の研究をしていた関係で、たびたび高知に招いて濱口に関する講演会を開いていました。濱口に関する評伝は、民主党の高知市議会議員だった楠本正躬さんも書いています。楠本さんの作家としての名前は、出身地室戸市吉良川にちなんだ吉良川文張。濱口だけでなく、土佐一条氏、幕末の志士として知られる田野町の清岡道之助、「絵金」の絵師金蔵など、郷土の人物を描いて現代に生かそうとしていました。私は鷲尾さんや楠本さんの影響もあって濱口関連の資料を読み込むようになり、この一節に出会いました。ハッとしたのです。

戦前、二大政党制が機能したといわれるのは1925（大正14）年に成立した加藤高明内閣から1929（昭和4）年の民政党濱口雄幸内閣、1931（昭和6）年の政友会犬養毅内閣まで。この時期は大命降下（天皇からの組閣命令）がどちらかの政党の総裁に降りています。

当初は、選挙で民意を得た二大政党が交互に政権を担うことに対する期待も大きかったのですが、いつしか互いの失点を突いて政権交代を狙う党利党略が目立つようになります。外交ではともに協調外交を行っていたはずなのに、政友会内閣の結んだ不戦条約に野党民政党がかみつきました。極め付きは濱口雄幸の大仕事であったロンドン海軍軍縮条約を、野党政友会が「統帥権干犯」問題を持ち出して徹底的に攻撃したことです。これが軍部の台頭を招き、政党政治を崩壊させます。

政党同士の足の引っ張り合いに辟易した国民は、不景気も相まって政党不信を強めます。それが濱口首相の狙撃につながるのです。1930（昭和5）年11月でした。政敵政友会は追及の手を緩めませんでした。病床にある濱口に「国会登院できなければ辞職しろ」と迫ります。病身を押して国会に出席した濱口は体調を崩します。1931（昭和6）年8月、他界しました。濱口が狙撃後の療養中に書き遺したのが『随感録』です。濱口の魂の叫び、遺書といってもいいかもしれません。自由民権の土佐で育った濱口雄幸は、当時最新鋭の広報媒体であったラジオに出演、首相として初めて自らの声で国民に政策を説明しました。憲政と民主主義を大切にした政治家でした。

濱口内閣のあと、ワンポイントの若槻礼次郎内閣を経て成立したのが政友会の犬養毅内閣です。

偉大な政党政治家であった犬養が統帥権を政争の具とし、濱口を追い込むことで政権交代を実現したのです。「晩節を汚した」とまで評されながら手に入れた首相の座でしたが、わずか5カ月後に五・一五事件が起こります。犬養首相をはじめ多くの政治家が暗殺され、これ以降、政党内閣は組織されませんでした。

政友会が政争の具とした統帥権干犯問題は、軍部によって拡大解釈が続きます。内閣や行政の意思確認なく軍事行動できるという根拠に使われ、軍部の独走を進めました。

感情的にエスカレートしていくように見えた安保国会の様相を、ふぁーまー土居さんのビニールハウスで聞きながら、私は濱口雄幸の遺言をかみしめていました。

ランクルの青年医師

五島正規先生には本当にお世話になりました。私は五島先生が好きでした。時間ができると私はいずみの病院の理事長室に五島先生を訪ね、あれやこれやと話をしました。私がひざの手術で高知市の病院に入院していたとき、五島先生がお見舞いに来てくれたことがあります。差し入れは北方謙三の『水滸伝』全19巻でした。五島先生は梁山泊が好きだったんです。豪傑でした。圧倒的な知性の持ち主でもありました。「社会的共通資本」という概念を提唱し、新自由主義に厳しい目を向けた文化勲章受章の経済学者宇沢弘文の本が書棚に並んでいました。膨大な知識を持ちながら、現場を好む人でもありました。

五島先生は京都府出身で、岡山大医学部に進んでいました。高知との縁は、1970（昭和45）年に岡大医学部衛生学教室から県西端の宿毛市に派遣されてきたことです。この年の1月、県立宿毛病院が窮地に陥りました。3人いた医師全員が辞職を表明したのです。施設面の問題や待遇など、いろいろとあったようです。県は必死で引き止めましたが、頓挫。それまで医師を派遣してくれていた徳島大も後任の派遣を断ります。すがる思いで県は岡山大に医師の派遣を頼みました。やって来たのが33歳の青年医師、五島先生でした。

宿毛病院は老朽化が進んでいました。県は「建て替える」と言いながら予算難でできません。五島先生は発想の転換をします。同僚と2人で全国初の「地域医療保健センター」を作り、医師、看護師、保健師らが複数チームで巡回診療と訪問診療、集団検診、環境調査に取り組み始めたのです。大きな狙いは病気の発生自体を防ぐことにありました。病気を予防しようとしたのです。最初は「病院の建て替えがいい」と言っていた住民たちが短期間で変わります。巡回の丁寧さ、きめ細かさがすぐに分かったのです。エリア内には無医地区が16ありました。街の病院に行けない人も少なくありませんでした。ところが県立病院のチームが頻繁にやって来てくれるのです。寝たきりのお年寄りがいる家にまで来てくれるのです。

先生の自慢の口癖は、「高知で一番最初にランクルを買うたのは俺や」でした。ランクルというのはトヨタの4輪駆動車、ランドクルーザーのこと。軍用車両のジープから派生した形状なので、どんな悪路でも走破できるタフな車です。若き五島先生はランクルを駆って山を川を谷を海を、離島を駆け回りました。五島先生に共鳴し、全国から若い医師が働きに来てくれるようにもなりました。

巡回診療や集団検診をする中で五島先生が出会ったのが振動病患者でした。チェーンソーなどを使っていると末梢血管に血液が届かなくなります。やがて全身にさまざまな症状が出てくるという深刻な病気です。手足が白くなるため「白ろう病」とも呼ばれていました。若く情熱にあふれた五島医師は、ある患者にこう頼まれます。「先生、病気にせんとってや。あし（私）が病気やと知れたら親方が仕事くれんなる。家族が生きていけんなる。どうか黙っちょってつかあさい」。ここで五島先生は二律背反の問題に突き当たります。生活（経済）を守ろうとすれば健康が守れない、健康を守ろうとすれば生活が守れない、と。五島先生が出した結論が、晩年まで語っていた「止揚《しよう》」でした。ドイツ語でアウフヘーベン。矛盾するものは第3の方法で解決できる、という理念です。五島先生は止揚の方法として政治に着目します。政治の力で振動機械の使用に法的な規制をかける、労働災害保険制度などを整備して生活も支える、といったことです。理想の実現を目指し、若き五島正規医師は政治の道に進みます。止揚という理念を終生持ち続け、介護保険制度の策定をはじめ日本の社会保障制度に多くの影響を与えました。圧倒的な知識と現場感覚を持ち合わせた偉大な人でした。

五島正規先生の「遺言」

五島先生のことは心から尊敬していました。が、どうしても一緒に行動できなかったことがあります。原発の再稼働と野党共闘です。国政選挙に出るとなると、姿勢を明らかにしないといけません。私は原発の再稼働は必要だという立場、五島先生は反対でした。民主党県連の幹事会などではこの問題がたびたび議論になりました。あるとき議論がヒートアップし、私は五島先生に乱暴な言葉を吐きました。「先生たちの世代が急進的な廃止論を言うのは自分勝手ではないですか。原発は戦後ずっと国家の基本政策として先生たちの世代が進めたんじゃないですか。廃炉にするにしても何にしても、僕らはこれからもずっと原発に向き合っていかないといけない。安易に急ブレーキを踏んでしまって傷ついたとき、その痛みを負うのは先生たちの世代でなく、私たち若い世代だ」と。一緒にいた地方議員の方からは「あの言い方は失礼だ」と怒られました。五島先生は情緒的な反対論ではなく、現実を分かった上で行動していました。現実を見ながらも、政治姿勢として反対の立場でした。私はエネルギーや安全保障問題に関しては現実的立場を取るべきだという立場です。原発を政争の具にするべきではない、とも考えていました。恩ある五島先生と行動をともにできなかったことは心情的につらかった。先生ももちろんいい気持ちはしなかっただろうと思います。2015(平成27)年、野党共闘が盛り上がりを見せたときも私は一貫して否定的でした。五島先生は野党共闘を推進していましたから、私がその輪に入らなかったことでさらに距離ができてしまいました。

五島先生との仲を心配し、悲しんでくれたのは森田益子さんでした。森田さんは2003(平成15)年に県議会議員を引退したので県議会ではご一緒したことがありませんが、私のことはずっと気にかけていてくれました。部落解放運動に一生を捧げた森田さんは、地区の人たちの経済的自立を考え続けた人です。介護保険の生みの親でもあり、制度に精通していた五島先生のアドバイスもあったのでしょう、地区内の人の健康を地区内で見守るシステムも構築していました。失業対策をしてもらうのではなく、経済的に自立することが精神の自立につながる、といつも言っていました。「貧者の一灯」という言葉もよく口にしていました。貧しい者の小さな寄付の方が金持ちのたくさんの寄付よりも尊い、という意味です。

みんなで力を合わせることの大切さも、土佐弁でよく話していました。「皆のため、金のあるもんは金を出す、力のあるもんは体を使う、知恵のあるもんは知恵を出す、皆が皆のためにできることをやったらえい」と。森田さんの演説を初めて聞いたときは度肝を抜かれました。「みな、元気かよ?」から始まり、ただ一方的に話すのではなく、時には聴衆とざっくばらんにやり取りしながら、難しい政策の話を分かりやすく伝えるのです。会場が常に一緒に喜び、怒り、哀しみ、楽しむ。まさに大衆政治家、カリスマ的指導者でした。森田さんは2016(平成28)年7月に91歳で亡くなりました。五島先生と共通していたのは、どんな活動も経済的実効性を持たなくてはならない、と主張していたことです。「腹がすいたら何もできん」とも言っていました。すごい人でした。

五島先生も2016年11月に亡くなります。難病と闘いながらも、豪傑な先生らしく最後まで気丈に振る舞いました。リスクの高い難しい手術に挑戦し続けた上での最期でした。最後の入院中、私はたびたび高知医療センターの先生の病室に行きました。先生の政治経験や社会保障のこと、日本の政治の今後など、いろいろと話をしました。亡くなる直前、先生は遺言のように「介護保険を守ってほしい」と私に言いました。「介護保険は日本社会にとってなくてはならないシステムだ。当初、与党（当時は自社さ政権）の中にも反対意見が多かった。特に自民党の守旧派議員が『家族制度が壊れる』と反対した。それを自民党の衛藤晟一衆議院議員と一緒に『これは家族制度を守るために作るんですよ』と説得した。難産の上に成立させた制度だから、まずは社会に受け入れられる、支持を得る必要があった。なので甘めにとは言わないが、順次見直していくことを基本に制度設計した。現実問題としては、制度が走り出した後に抜本的に見直すことは難しかった。財政的に厳しい状況がますます顕在化していくが、このまま崩壊させてはいけない。頼む」と。大局に立って公平に考える人でした。愛のある人でした。

２０２２（令和４）年、七回忌を迎えた五島先生を「しのぶ会」が開かれました。はまだ小児科の浜田義文先生、菅アツ恵さんら五島先生の応援団だった方々が開いてくれました。きんろう病院の近藤真一院長ら、私も含めて多くの参加者がスピーチをしましたが、それを聞いていて五島先生のすごさを再認識しました。近藤院長をはじめ、五島先生と同世代の医師たちが、若き五島先生に引き寄せられるように高知に集まってきていたのです。宿毛での五島先生の試みは、それだけ理想的であり、時代を先取りしていました。

五島先生たちが青春時代に行った挑戦に心よりの敬意を表すとともに、その歴史に学びつつ、次なる挑戦の松明を引き継いでいかなければならないと感じています。

希望の党という希望

浪人中は山の奥の奥まで行きました。あいさつし、話をし、おカネがないので地元の人の家に泊めてもらうのです。それもスタッフの髙橋祐平君と一緒にです。元ミュージシャンで、メジャーデビューもしていた髙橋君との定番のやりとりは「髙橋君は印税が入るので安い給料で手伝ってくれているんです」。驚き、感心させたところで髙橋君が「はい！　一カ月に78円ほど……」。ここで一気に場が和みます。髙橋君はギター片手に歌も歌って盛り上げてくれました。いまだ演奏料は未払いです。

泊めてくれた人とはすごく親しくなります。一生の付き合いになります。この醍醐味は政治家でないと味わえないかもしれません。曽祖父、大石大のことも身近に感じるようになりました。こうやって高知の田舎を回り、支持を訴えていたんだなあと。曽祖父の演説を聞いた人にも会いました。もう90何歳の人でした。「大きい石を担いだ人の絵を描いて配りよったぞね。ここで演説を聞いた」と。地域を駆けずり回っているときは幸せでした。中央政界のさまざまな利害関係から離れ、地域と向き合うことができましたから。

三度目の国政選挙となる２０１７（平成29）年秋の衆議院選挙は混迷の中で行われました。民主党は２０１６（平成28）年に民進党に衣替えし、私も民進党に所属していました。

少し触れましたが、野党共闘の道に私は批判的でした。野党共闘が政権を取ったとしても、政治の混迷が目に見えていると考えたからです。私のような考え方は民進党高知県連の中では少数派でした。いつしか「一区の野党候補者を一本化しよう、大石を降ろし、共産党の松本顕治さんを応援できる形を作ろう」という話が交わされるようになりました。地域では私を応援してくれる人が増えていましたが、党内では孤立無援でした。高知県が待ったなし、日本が待ったなしという危機感を現場で感じながら、傍らでは政治的な取り引きの渦の中にいたのです。何か浮世離れした感じもしていました。こうした状態が続くうち、私は民進党県連に申し訳ないと思うようになっていました。自分一人が党の結束を壊しているな、と。方向性についての議論はするべきなのですが、自分がいるために党内部に不協和音が起きると共闘相手の共産党にも失礼だ。それならばすっきり無所属で出馬する方がいいのではないか、とも思うようになっていました。

ところが政治状況は急転直下します。2017年の衆議院選挙前、東京都知事の小池百合子さんが希望の党を創設します。民進党は事実上解党し、多くの議員と候補者が希望の党へ合流することになったのです。希望の党の創設メンバーの中には、先に民進党を離党していた長島昭久さんもいました。もとより小池さんは保守政治家です。希望の党に反発する議員は立憲民主党を作りました。旧社会党系の人から保守系の人までを抱え込んでいた旧民主党の矛盾が噴き出した格好です。

私を支えてくれていた組織や団体の皆さんの対応は分かれました。

個人として支えてくれていた後援会の皆さんは、「本人の判断を尊重する」と言ってくれました。高知市議会議員の近藤強さん、長尾和明さん、清水おさむさん、岡崎豊さんは「変わらず支える」と言ってくれました。

このころ、安芸市と室戸市に加えて香南市にも事務所を作る準備をしていました。地元の小泉潤さんや斎藤朋子さん、竹村暢文さん、中元則夫さん、親戚でもあった浜田義隆さんら多くの方にお世話になっていました。影響も心配しましたが、変わらず助けてくれました。おかげで無事に事務所もできました。

2017（平成29）年10月10日。公示日を迎えた第48回衆議院議員選挙に、私は希望の党から立候補しました。三度目の挑戦、5年間の浪人生活のすべてを賭けるという決意で臨んだ選挙でした。ここが天王山、との思いを込めたスローガンは「今こそ。」。世界で活躍する高知の書家、北古味可葉さんに力強く筆を振るってもらい、そのままポスターに使いました。可葉さんは高知ファイティングドッグスの北古味鈴太郎さん、潤さん兄弟のお母さんでもあります。

急な政局の動きに、驚きや戸惑い、期待が錯綜しましたが、私にとって希望の党の誕生は歓迎すべきものでした。私は1980（昭和55）年生まれで、冷戦が終わったのは9歳のときです。左右のイデオロギーなんてピンとこない世代なのです。現実的問題を解決しなければならないとき、むしろイデオロギーは邪魔になると考えています。イデオロギーを振りかざすと対立が生まれる。日本人同士で足を引っ張り合う、憎しみ合うようになる。それは地域のためにも、国のためにもならないと思っていました。県議会で他会派と協力した経験や、地域を回って知った現場の危機感も根底にありました。左右の二大政党は必要ないし、そうあるべきではないと思っていたのです。そんな私にとって、現実的な安全保障政策やエネルギー政策を掲げ、地方分権に熱心な姿勢を見せていた希望の党は希望だったのです。

旧来のイデオロギーで活動する人から見ると、私は分かりづらいと思います。しかし私はどうしても「イデオロギーで解決できるの?」と思ってしまいます。特に外交はそうだと思います。米国の弱体化、中国の軍事大国化、緊張を増す国際情勢の中で、日本人同士で足の引っ張り合いなんてやめようよ、と。

政権を奪取するためにできもしないことを言って、政権を取ったらそれをやらないという手段をとる人もいます。それはよくないと思います。仮に自分が政権を取ったあとも言い続けられることを訴えるべきです。だからエネルギーと安全保障は与野党でそれほど違わなくてもいいというのが私のスタンスです。現に政権交代が頻繁に起こる米国や英国、オーストラリアなどでは基本政策は引き継ぐということとが当たり前のように行われています。

日本でも当初はそれを目指していました。二大政党制の始まりといわれるのは1924（大正13）年の加藤高明内閣ですが、外務大臣の幣原喜重郎は内閣成立後の最初の議会でこう演説します。「一国の政府が公然外国に与えた約束は、条約に依ると否とを問わず、如何に政府または内閣の更迭がありましても此等の更迭によって変更し得べきものではありませぬ」と。

これは驚きを持って受け止められました。加藤首相は、新生中華民国に対華二十一ヶ条の要求を突きつけたときの外務大臣でした。対華二十一ヶ条は第一次世界大戦に絡んで日本が出した要求事項です。交戦国ドイツが持っていた権益の日本への継承や旅順・大連の租借期限延長など、誕生したばかりの中華民国にとって極めて厳しい内容でした。加藤内閣の前に内閣を組織していたのは加藤の政敵原敬で、原は加藤とは真逆の対中国協調外交を行っていました。加藤内閣になって対中国の外交方針がまた変わるかと思われたのに、真逆だった原の外交方針を加藤内閣は引き継いだのです。外交の安定性を保つために現実主義をとることは重要だと思います。

私が現実主義を口にする理由がもう一つあります。世代から来る感覚かもしれません。これまでと違い、政治家の発言が細部まで永遠に残るようになったからです。ネット上に残り続けます。たとえば私はYouTubeもやっていますし、フェイスブック、インスタグラム、ツイッターもやっています。ポッドキャストも準備中です。自分で発信しなくても政治家の発言がネットに残り続けるのが現代だと思います。君子豹変す、というのは現代では不可能です。言いっ放しもだめです。大切なのは、自分で自分の行動を説明できるのか。私はそれを自分の判断基準としています。

仕事もない、党もない

投票日は10月22日でした。超大型の台風21号が直撃した日でした。4万5000票をいただきました。前回よりも7000票増えましたが、中谷さんの8万票に及びませんでした。比例復活もできませんでした。対照的に、無所属で高知二区から出馬した野党共闘の広田一さんは自民党の山本有二さんを破って当選しました。

翌年春、希望の党は消滅します。以来、私はどの政党にも所属していません。3回落選した人間が政治の世界に残っていいのかと考えました。3回落選し、政党もなくなってこれからどうするかを考えました。政治的にはいったん死にました。約1年は道に迷い続けていました。後援会の事務局長をやってくれていた田所裕介君は立憲民主党に移って私の元を去りました。田所君は高校時代からの音楽仲間です。2012(平成24)年から私を支えてくれていました。前途は見えず、人は去り……。暗黒時代でした。

ある夜のひとことが一筋の光明になりました。言葉をかけてくれたのは知事の尾﨑正直さんです。武石さんと清藤さんも加え、「一杯飲もう」と集まったときでした。ハイボールを急ピッチで流し込みながら、尾﨑さんは身振り手振りで何度も言いました。「大石さんは現場にいないといけない。県議会に戻るべきだ」と。何度も何度も、熱心に尾﨑さんは説いてくれました。県議会議員に戻る、という選択肢が私の脳裏に舞い降りました。私は2012年、任期半ばで県議会議員を辞していました。票を入れていただきながら議席を放棄してしまった、申し訳ないという思いを持ち続けていました。半面、浪人中も自分なりに一生懸命活動しました。

併せて私は多くの方々にお世話になっているという思いを持つようになっていました。尾﨑さんの話を聞きながら、県民の皆さんのために私がお役に立てるかもしれないと思いました。そのように尾﨑さんは思わせてくれました。

振り返ってみると、２００７（平成19）年と２０１１（平成23）年の選挙は県議選の高知市選挙区から立候補しました。２０１２年の衆院選は旧高知一区から挑戦しました。旧高知一区は高知市とその周辺です。２０１４（平成26）年と２０１７年の選挙は新しい高知一区から出ました。高知県を真っ二つに割った東半分です。高知県の東半分を丹念に歩きました。嶺北地方から東端の東洋町まで何度も回る中で高知県のことが見えてきました。山で生きる人々の顔、農家の人たちの顔、漁村の人たちの顔がすぐ浮かぶようになったのです。あの村のあの集落は元気がある、あの集落はもうお年寄りが数人しかいない、消滅に向かっているということが分かります。話す中で問題点や課題も見えてきました。簡単には解決できない問題ばかりですが、そこを見ないと政治はできません。周辺部を丹念に回ったことが、私にいろんなことを見せてくれました。

最もお役に立てる道を

２０１２（平成24）年に国政初挑戦をしたとき、県議会議員に戻ることは全く考えていませんでした。不退転の決意で国政に挑戦しました。ところが一つ誤算が生まれていました。私の後継候補として県議会に挑戦してもらった武政重和さんが２０１５（平成27）年の県議会議員選挙で落選してしまったのです。最下位当選者とわずか１２５票差でした。武政さんは高知ファイティングドッグスの社長を辞めて県議選に挑戦していました。武政さんを落選させてしまったことで、私には大きな悔いが残りました。武政さんが4年後、２０１９（令和元）年の県議選に再挑戦すると決めれば、私は全力で支援する立場にあります。ところが武政さんは２０１６（平成28）年4月、Ｊリーグ入りを目指すサッカーチーム、高知ユナイテッドＳＣの社長に就任しました。武政さんの手腕もあったのでしょう、高知ユナイテッドＳＣは２０２０（令和2）年のシーズンからＪＦＬへの加盟を果たし、Ｊリーグ入りが見えるところまで到達します。同年6月、武政さんは高知ファイティングドッグスの社長も兼任するようになりました。

次期県議選が近づくにつれ、支援者からは「武政さんに引き続いて挑戦してほしい」という声が上がっていました。その声に、武政さんはこんなふうに応えます。「応援してくれた人の気持ちは大切にしたい。しかし今は私を必要としてくれているチームの皆を支える責任がある。今は経営に専念したい」。武政さんは「大石さんがもし県議選に再度出る可能性があるなら、ぜひ高知のために頑張ってもらいたい」というエールまで送ってくれました。

私は思いました。多くの皆さんに迷惑もかけながらも政治を続けてきたのは、高知の、そして日本の役に立ちたいという一心だった。三度落選はしたけれども、多くの経験も積み、県下のさまざまな地域のことを勉強させてもらった。今までは「自分自身がやりたい、やらなければ」という猪突猛進の気持ちでやってきたが、今後は「どこで仕事をすれば一番役に立てるか」ということを考えるべきではないか。そう考えると、県全体の政策を俯瞰する県議会議員としてできる仕事があるのかもしれない、と。県議会議員として高知県のために働くのが6年間見聞きしたことを生かす道でもあるし、浪人中に支えてくれた人たちへの恩返しにもなる、とも思いました。そう考え至ったとき、スッと腹に落ちました。そうだ、もう一度県議会議員に戻って高知県のために働こう。腹を決めたのは2018（平成30）年秋のことでした。

窮すれば転ず

2019（令和元）年春の県議選に立候補しました。この選挙は今までとは違いました。これまでは政党をバックにした選挙でした。労働組合もついていました。ところがこのときは全くの無所属、どこの推薦もいただきませんでした。そればかりではありません。2017年の衆院選まで私を支えてくれていた田所裕介君は同じ高知市選挙区で立憲民主党から立候補しました。私の選挙を仕切ってくれていたこともあり、田所君とは地盤が重なります。私には組織もなければおカネもありません。ピンチです。尊敬する衆議院議員の北神圭朗さんは、苦しかった時代にこんな言葉を口にしました。窮すれば転ず、転ずれば通ず、通ずれば久し、と。易経だったと思います。2019年の県議選ではこの言葉が浮かびました。やり直すならゼロからやろう、と心に決めました。一人からスタートしよう、と。田所君の立候補は私が一皮むけるいい機会になったと思います。

一人、また一人と人が増える選挙でした。輪が広がる選挙でした。室戸の人が「高知に知り合いがいるから」とやって来てくれました。嶺北の人も来ました。南国市からも、香美市の大栃からも来てくれました。それまで歩いていた高知一区の地域を中心に、県内全域から多くの人が駆けつけてくれました。高知商工会議所青年部で人望厚かった宅間健朗さんは生粋の保守派ですが、「お前をこれで終わらすわけにいかんき」と立場を顧みず必死に応援してくれました。おかげで宅間さんの仲間である友田由美さんや高橋卓弥さん、田村勝介さんたちも力を貸してくれることとなりました。宅間さんの兄弟分であった堀内隼人さんは驚くほど多くの名簿を集めて駆けつけてくれ、ボランティアもしてくれました。

隼人さんはこの年の夏、急な病魔に襲われ、2年の闘いのあと悲しい旅立ちとなりました。逝去の報に呆然としつつ隼人さんのフェイスブックを見返していると、選挙中毎日毎日私の投稿を欠かさずシェアしてくれていたことが分かりました。男前で優しくきらびやかな隼人さんでしたが、行動はいつも人の陰で地道に動いてくれる人でした。投稿を見ながら涙が止まりませんでした。

これらの縁から私自身も高知商工会議所青年部に入会、現在も活動させていただいています。以前からの仲間の多くも力を貸してくれました。たくさんの方々が大石宗を助けたいという気持ちだけで動いてくれました。ありがたいとしか言いようがありませんでした。

私の政治姿勢を説明しながら後援会づくりを進めました。シシトウを一緒にちぎっていたふぁーまー土居さんは高知市三里地区の後援会長を引き受けてくれました。元県議の西森潮三さん、2019年で県議会議員を引退した高橋徹さんも助けてくれました。

選挙が近づいたころ、難題として浮上したのが後援会長でした。県議選への挑戦は8年ぶりなので後援会長が空席だったのです。多くの方から「あの人に頼んでみたら」と言われたのが、私の地元、万々商店街の理事長をしていた丁野信二さんでした。万々商店街の活性化やよさこい祭りの運営で手腕を発揮し、人望も厚い方です。やっていただけたら最高なのですが、一つ問題がありました。丁野さんは高橋徹県議会議員の後援会長だったのです。高橋さんが勇退するとはいえ、いきなり私の後援会長をお願いをしてもいいものかと悩みました。結論は出ず、意を決して当の高橋さんに相談しました。高橋さんは怒るどころか、自分から説得するとまで言ってくれました。高橋さんのおかげで後援会長は丁野さんに引き受けていただきました。

事務所には同級生の田村太一君、清藤真司さんのご子息の崇行君、その後、事務長になってくれる久保周子さんが来てくれました。姉妹で最初の選挙のときから力を貸してくれている山中亜希子さんと典子さんのお父さん、山中敏弘さんも座ってくれるようになりました。民間企業で多くの経験を積んでいた敏弘さんがドッシリ座ってくれたことで事務所も落ち着きました。選挙カーのスタッフも、落選中もずっと付き合ってくれていた皆さんが変わらず集まってくれました。運転手の吉川真治さん、ウグイスの山本麻優弥さん、門田昌子さん、國澤明子さんです。私は本当に恵まれていました。

武石さんに救われた

投開票日は2019(令和元)年4月7日。私はトップ当選でした。

入れていただいた票は１４６００票。記者の人から「史上最低の投票率で史上最高の得票率と得票数だ」と教えられました。驚きました。本当に思いがけない票数でした。生き返らせてもらいました。冷静に考えると、１年半前の衆院選で私は多くの人に名前を書いてもらっています。大石を政治的に死なせてはならないという声もありました。結果、実力以上に票が入ったのだと思います。

当選はしたものの、私には仲間がいませんでした。野党共闘を志向する旧民主党系から離れ、かといって自民党に入ったわけでもありませんでしたから。一人会派でやるしかないと考えていました。県議会は会派を軸に動きます。一人会派は正式会派とは認められないので、前途の厳しさは感じました。特別委員会には入れないし、議会運営委員会にも加われない。質問時間も少ない。小さなスペースはもらえるものの事務員はつかない、などなど。

手を差し伸べてくれたのが6期目の当選を果たした自民党の武石利彦さんでした。高知学芸中高剣道部の大先輩です。武石さんは自民党県連の幹事長を務めたほか、県議会議長を二度経験した県議会自民党随一の理論家でありベテランです。その武石さんが、一緒に会派を組もうと声をかけてくれました。県議会ではやるべきことをやりつくしている人ですから、若い人間を育ててやろうという親心があったのだと思います。「機動力のある小さい会派で活動するのもいいかもしれない」とも言っていました。

武石さんとは2017（平成29）年以降、一緒にいろんな活動をしていました。私はイシンという「ベンチャー通信」を出している会社と大学時代から関わりを持っていました。イシンの事業の一つに官民協働の取り組み事例を紹介する「自治体通信」があるのですが、そこと共同で首都圏企業の高知ツアーを企画したことがあります。武石さんの協力で一行を四万十町に案内することができました。四万十町など県中西部を選挙区にしていることもあり、武石さんは地域に目を向けた活動を続けています。私とは心が通じ合っていました。

武石さんの家は四万十町ですが、家の前に石碑があります。幕末から明治にかけて活躍した谷干城の生誕地を示す石碑です。谷干城はここで生まれ、私の実家がある高知市小高坂地区に移ったあと、再び四万十町に戻って少年時代を送りました。父景井が藩校の講師に取り立てられたことをきっかけに小高坂に戻ります。江戸遊学を経て坂本龍馬と出会い、討幕運動に参加。龍馬の暗殺現場にいち早く駆けつけた干城は、晩年まで犯人を追いかけたといわれています。戊辰戦争後は明治政府の軍人となり、西南戦争で勇名をはせました。1877（明治10）年、熊本鎮台（熊本城）の司令官として西郷隆盛軍の北上を阻み、ついに撃退したのです。このときの部下に日露戦争で活躍した乃木希典や児玉源太郎がいました。翌年、土佐に凱旋した干城は熊本土産として邸宅のあった初月村《みかづき》（現高知市初月地区）の農家に桜の苗木を贈ったそうです。都市化もあってそのほとんどはなくなりましたが、一本だけ残っています。私の詩吟の先生で、最初の選挙を手伝ってくれた西野巨志君の祖母、西野豊子さんのお宅です。植えてから150年近くたちますが、干城の桜は今も元気に花を咲かせてくれています。2019（令和元）年、この初月地区に四万十町で私設資料館「古渓城」を運営する林一将さんたちを招きました。林さんから谷干城をめぐるお話を聞かせていただいたのですが、画期的だったのは交流会です。谷干城終焉の地に谷干城生誕の地の四万十町から町長さんたちも来て、そこに干城の先祖、谷秦山を顕彰する香美市の皆さんも参加したのです。谷干城にゆかりのある3カ所の皆さんが一堂に会したのは初めてだと思います。もちろん大いに盛り上がりました。

1878（明治11）年に干城が帰国したとき、高知市の鏡川沿いにあった高知随一の料亭「陽暉楼」で帰国祝いを兼ねた観月会が開かれました。その宴席で干城は「得月楼」という名を陽暉楼の創業者、松岡寅八に贈ります。「近水楼台先得月、向陽花木易為春」という漢詩から名付けました。高知市出身の直木賞作家、宮尾登美子さんの小説に陽暉楼が出てきますが、1878年のこのときから陽暉楼は得月楼と名を変えています。得月楼はその後も高知第一の料亭として歴史をつなぎました。現在、得月楼は6代目の松岡憲史さんと弟の祐司さんが二人三脚で守っています。

軍人として名を上げたあと、干城は政治家になります。政界の重鎮として藩閥政治と戦いつつ、足尾鉱毒事件の救済や軍縮など国民目線の憲政の実現に体を張って取り組みました。海外を視察した経験から、自らの自治を確立させて列強の侵略を許さない姿勢が理想だと多彩な活動を行いました。その一つが、陸羯南《くがかつなん》が立ち上げた新聞「日本」への支援です。

「日本」は正岡子規がいたことでも知られています。俳句欄、短歌欄を担当するほか、子規は連載もしていました。当初から経営が苦しかった新聞日本は、谷家にたびたび資金の融通を頼んだようです。ある日、いつものように谷家を訪れた経営幹部に、干城の妻玖満子《くまこ》は小切手を差し出します。顔色ひとつ変えず、「これは娘の嫁入りにと残しておいた最後の財産です。これで谷家にはもう何もありません」と。西南戦争のときにも干城と一緒に熊本城に籠城しています。雑草で食事を作り、足袋を縫い、兵士たちを支え続けたといわれた玖満子も土佐の女傑でした。現在、干城は最後に過ごした初月地区（高知市西久万）の山の中で玖満子と並んで眠っています。生誕地の四万十町では干城の顕彰が進んでいて、住民の皆さんが谷干城を描くミュージカルまでつくり上げています。ゆかりの地、熊本でも公演し、好評を博したそうです。このミュージカルには武石さんも出演していました。

武石さんは地域に根付いて活動するタイプの政治家です。橋本大二郎知事の時代、自民党県議の間でも知事派、反知事派が入り交じっていました。結果として自民党籍の議員が会派を異にしていたのです。それはどこの議会でも見られる風景であり、武石さんも自民党籍を持ったまま私と会派を組んでくれるつもりだったと思います。ところが、自民党県連から武石さんは指弾されます。離党を求められ、離党します。

武石さんは自民党が下野することになる政権交代選挙で高知県を全勝に導いた県連幹事長です。いわば自民党県連の功労者です。お酒を飲んだとき、武石さんがこう漏らしたことが記憶に残っています。「反面教師にしなければいけないのは小沢一郎さんだ。小沢さんは自民党の中で頑張るべきだった。苦しくても自民党から飛び出してはいけない」。こんなことも口にしていました。「自民党を愛している。死ぬまで自民党にいるつもりだ」と。死ぬまで自民党だ、と口にするほど自民党を愛している武石さんが、私を救ってくれたことによって離党に追い込まれたのです。申し訳ない気持ちでいっぱいでした。

西森さんに申し訳ない

自民党の功労者といえば、私は元県議会議員の西森潮三さんにも申し訳のないことをしています。西森さんは高知市議会議員を2期、高知県議会議員を8期務めています。選挙区は高知市です。定数が多い半面、毎回当落が変わる都市型選挙の高知市で10回の当選を果たすのは並大抵ではありません。全国的にも40年にわたり当選し続けた政治家は少ないはずです。西森さんは１９６０～１９７０年代に衆議院議員を務めた土佐清水市出身の政治家、仮谷忠男さんの後援会若手幹部として活躍したあと政治の道に進みました。仮谷さんは高知県議会議長を経て衆議院議員に当選し、田中角栄の田中派に属しました。田中派の中で頭角を現し、三木武夫内閣で建設大臣を務めます。金脈問題などで田中内閣が退陣したあと、あとを継いだのが徳島県出身の三木武夫でした。

仮谷さんが後世に名を残したのは、１９７５（昭和50）年に本州四国連絡橋の着工を決めたことです。本四架橋は１９７３（昭和48）年に着工の予定でしたが、直前に起きたオイルショック（中東戦争による石油価格急騰）のために延期されていました。計画見直しなど実現が少し遠のき始めた翌１９７４年に仮谷さんは建設大臣に就任します。建設大臣として、着工を決断・推進しました。１９７６（昭和51）年、本四架橋尾道・今治ルートの大三島橋起工式に出席して体調を崩し、現職建設大臣のまま急死します。

本四架橋が構想されたのは１９５５（昭和30）年に起きた紫雲丸事件がきっかけでした。岡山県の宇野と高松を結ぶ国鉄宇高連絡船「紫雲丸」が僚船と衝突、沈没。高知市立南海中学校の修学旅行生28人をはじめ、168人が亡くなる大惨事となったのです。うち100人は高知、愛媛、広島などの児童、生徒でした。

西森さんは仮谷忠男さんが亡くなる前の年に高知市議会議員となりました。生粋の自民党員です。2015(平成27)年の県議選に出馬せずに引退し、2019(令和元)年の県議選では私の応援演説をしてくれました。西森さんはそのために離党を迫られます。結局、40年にわたって自民党の地方議員を続けた西森さんも離党せざるを得ませんでした。残念であり、申し訳ない気持ちでいっぱいです。

西森さんが私を応援してくれたのは高知県議会日韓友好促進議員連盟のつながりです。西森さんは木浦(モッポ)の母、田内千鶴子の顕彰に長く携わってきました。田内千鶴子は高知市出身で、朝鮮総督府に勤務する父親について韓国の木浦に渡ります。釜山の近くです。女学校を出て音楽教師になったあと、人に勧められて児童福祉施設「共生園」でボランティアをすることになります。自らの食べ物にも事欠くなか、韓国人の尹致浩(ユン・チホ)園長が行き場のない孤児のために開いた質素な施設でした。2年後、千鶴子は尹園長からのプロポーズで結婚します。食べるものさえなく、夫も行方不明になるという戦後の動乱を必死で乗り切りました。

千鶴子が育てた孤児は3000人に達しています。1968（昭和43）年に千鶴子が亡くなったときは数万人が広場を埋め、「この日、木浦は泣いた」と報道されました。1995（平成7）年には千鶴子の生涯を描く日韓合同映画『愛の黙示録』が製作されています。主演は石田えりさんで、脚本は四万十市出身の脚本家、中島丈博さんでした。

金鍾泌の「卒啄同機」

田内千鶴子が生まれた高知市若松町には記念碑が建立されています。私は月に数回、朝の街頭演説をその近くでしていました。もともと私にとって韓国は身近な国でもありました。高知市菜園場にある居酒屋「吾平」の息子さんで、大学時代に私をかわいがってくれた井戸田晴信先輩は早稲田大から韓国の名門高麗大に留学しました。留学時の思い出を、韓国焼酎を下宿でご馳走してくれながら話してくれたものです。韓国に興味を持った私は、日大に留学していた韓国人の友人を飲みに誘って政治や歴史、食文化について話し合ったりもしました。その後、いろいろな縁で私は何度も韓国を訪問しています。日本にとって朝鮮半島は、経済でも、安全保障でも、文化でも大切な場所だと考えています。特に韓国は重要な存在だと考え、私は初当選時から高知県議会日韓友好促進議員連盟の活動をしています。西森潮三さんはそのリーダーで、長年にわたる田内千鶴子の顕彰を通じて韓国での人脈を築いていました。驚いたのは韓国のプロ野球キャンプを高知県に誘致したことです。招致活動をお手伝いする中で、西森さんの人脈の広さを知りました。西森さんは金大中（キム・デジュン）ら歴代大統領とも親交を深めていました。2015（平成27）年には外国人で初めて全羅南道名誉道民の称号を、2022（令和4）年には文化大統領褒章を贈られています。韓国の文化大統領褒章を受けたのは西森さんが日本人でただ一人だとうかがっています。

西森さんは歴史認識の違いを認識したうえで、まずは議論をしなければならないという立場です。内閣官房長官も務めた自民党の政治家、河村建夫さんと韓国の元国務総理、金滉植（キム・ファンシク）さんを会わせたこともありました。河村さんは長州・萩の出身で、明治の元勲、伊藤博文の後輩に当たります。金滉植さんは伊藤を暗殺した安重根（アン・ジュングン）を顕彰する記念館長になった人です。その2人を会わせ、話をさせるような人が西森さんです。この歴史的な会談は2018（平成30）年にソウルで行われ、私も同席させてもらいました。

軍事クーデターで大統領に就いた朴正熙（パク・チョンヒ）の下で中央情報部（KCIA）のトップや国務総理を務めた超大物、金鍾泌（キム・ジョンピル）を密かに高知へ招いた話もうかがいました。金鍾泌は1週間高知に滞在し、山内家とゆかりがある高知市の「三翠園」で講演もしたそうです。高知を離れる日の朝、靴を履きかけたときにに西森さんが「一筆書いてほしい」と頼むと、金鍾泌が書いてくれたのは「卒啄同機《そったくどうき》」。ひなが卵の中から出ようとするのと、親鳥が卵の殻をつつくのが同時、あうんの呼吸という意味です。その話を聞いて、私は感銘を受けました。

日韓の政府間関係は常に問題を抱えています。領土や慰安婦、徴用工などの歴史問題でわが国が譲れない一線はもちろんあります。おかしなことはおかしいと直言するのは当たり前です。一方、白村江の戦い以前から、朝鮮半島の安全保障環境が日本に大きく影響を与えていることも厳然たる事実です。東アジアの安定化のためには日米韓という共通の土台を持った勢力の協力関係が重要で、それには日韓のあうんの呼吸が大事だと金鍾泌は伝えてくれたのです。しかし金鍾泌が活躍した時代は韓国にも知日派がたくさんいました。金鍾泌自身がそうであったように、日本の陸軍士官学校や日本の大学を出た朝鮮半島出身の人たちが韓国で重要な地位についていたからです。日本にも韓国をよく知る政治家がたくさんいました。山﨑豊子さんの傑作『不毛地帯』の主人公壹岐正のモデルともいわれる元大本営参謀の瀬島龍三伊藤忠商事会長を筆頭に、日韓関係に軋轢が生まれるたびに奔走した経済人もいました。今の危機は、卒啄同機ができない環境になりつつあることです。

だからこそ普段から政治家同士が交流を重ねる必要があります。民間レベルでも交流を続ける努力が欠かせません。西森さんの活動を見ていて、それを強く思いました。

2022(令和4)年10月、田内千鶴子生誕110周年記念行事に出席するため濵田省司知事を団長とする高知県訪問団が結成されました。高知県日韓親善協会の嵜本宏明会長をはじめ、民間からも多くの参加者がありました。嵜本会長は須崎市にある明徳義塾中高等学校の校長先生です。明徳義塾は世界中から数多くの留学生を受け入れていて、国際化教育では全国のトップを走っています。そのリーダーとして、嵜本会長は国際交流に積極的に取り組んでいます。

県議会からは高知県議会日韓友好促進議員連盟の会長である横山文人議員、事務局長の石井孝議員、そして幹事長の私と依光美代子議員、共産党の吉良富彦議員が加わり、渡韓しました。高知県と姉妹都市提携を結ぶ全羅南道を訪問したとき、道議会の皆さんと活発な意見交換ができたことが印象的でした。その意見交換がきっかけとなり、12月27日には「全羅南道議会韓日議員親善協議会」と「高知県議会日韓友好促進議員連盟」の友好交流協定が全羅南道の宋炯坤（ソン・ヒョンゴン）代表と高知の横山文人会長の間で調印されました。議員同士の連携はおそらく全国初だと思います。行政に続き、今後は議員同士の交流も深まっていくことを期待しています。

安重根をめぐる人々

安重根の話が出ましたが、安と高知は不思議な縁があります。安重根は中国の旅順（日本の租借地）で裁かれたのですが、関係者に高知の人が異常に多いのです。

旅順高等裁判所長（裁判をしたのは地方法院）は高知県人の平石氏人。安重根を聴取した検察官は高知県出身の溝渕孝雄。安重根に差し入れをした同僚検察官の安岡正四郎も高知県出身。主任官選弁護人は高知県の水野吉太郎。もう一人の官選弁護人の鎌田正治はのちに高知県議会議長を務める人。安重根の警備をしたと思われる警察官、八木正礼も高知県人。新聞に法廷スケッチを載せた土陽新聞記者、小松元吾も高知の人。土陽新聞は高知の新聞で、小松は旅順に駐在していました。画家でもあったのでスケッチを描き、紙面に載せたと思われます。

水野吉太郎は現在の香南市野市町出身で、大正時代に衆議院議員も務めました。政友会だったので、祖父とも深い関係でした。安重根の弁護をし、安重根の人柄に心服したようです。裁判では無罪を主張、安重根は日本の維新の志士にもつながる人物だと弁護しました。死刑判決に落胆しつつ、死を恐れて控訴をしたと思われるのは心外ではないか、と安重根を諭します。安重根は控訴せず、死を受け入れました。「僕は安重根のことを思うといつも涙ぐむ」と水野は言い残しています。安重根は知識人で、古典にも通じていました。監獄の中で、お世話になった人たちに書を揮毫しています。これが安重根の「遺墨」で、韓国では大変貴重な文化財となっています。死刑執行までの短い期間で200枚以上書いたといわれていますが、現在発見されているのは60枚ほど。うち二つは八木正礼と小松元吾の子孫が高知県内で保存していました。百年近いときを経てともに無償で韓国に贈られています。小松元吾がもらった遺墨には「志士仁人殺身成仁」とありました。志ある人間は仁を成すため身を殺す、つまり命を捨てるという意味です。この遺墨を韓国に贈るとき、汗をかいたのが公文豪さんと西森潮三さんでした。西森さんの大統領褒章の理由の一つはこの功績に対するものです。

安重根は日露戦争の日本の勝利に喜びの涙を流し、日本の皇室を崇敬していたという一面もあります。遺墨のお礼に来高した金滉植元国務総理は、こう講演しました。「安重根と当時関わりがあった日本人、特に高知県出身者との美しいエピソードはあるべき両国関係を形成する土台になる。安問題は、両国の関係における障害物ではなく、次に進む踏み石にしないといけない」。その通りだと思います。

安重根に関わった日本人の多くが彼の死を惜しむ言葉を残しています。特筆されるのは、伊藤博文に特にかわいがられていた長州の後輩、田中清次郎です。中国・ハルビン駅での暗殺時、田中は半官半民の株式会社、南満州鉄道（満鉄）の理事として伊藤に同行していました。しかも安重根の撃った弾は田中の右かかとにも当たっています。安に撃たれながらも、田中は安の態度を褒めたたえています。

「銃声で振り返ると伊藤公は倒れ近くにピストルを持った安重根が立っていた。その時の凛々しい姿と悠然とした物腰、飛びついた憲兵や警察に対して、なおピストルに一弾が残っていることを注意する態度等は、人格の高さをそのままに現しており、およそ生涯に見た最上最高のものであった」と。若くして満鉄中枢に入り、世界の要人に会っていた田中ですが、「日本人を含めて会った人物の中で誰が一番偉かったか」という問いに「残念だが、それは安重根である」と言い切ったそうです。

通常ならば、田中は最も安重根を憎むべき立場にありました。その田中の証言だけに、驚かされます。

水野は晩年、高知新聞を創業した野中楠吉らと県政界の長老が集う大松倶楽部を作りました。名前の由来は、水野が経営していた高知市九反田の高級旅館大松閣から来ていると思われます。大松閣には高さ40～50メートルにも達する立派な黒松の巨木がありました。鏡川に面した庭園はその松を中心に造られ、東は五台山、西に筆山、前方には鷲尾山、烏帽子山が見えたそうです。浦戸湾まで続く鏡川の清流と相まって、それは見事な景観だったと伝えられています。この庭を造ったのが『フィリピン戦の回想』を書いた前述の山本正道さんです。落ち着いた空間で、数々の修羅場を踏んだ土佐の長老たちが高知と日本の行く末に思いを巡らしたことでしょう。

大松倶楽部は1941（昭和16）年に板垣退助旧邸を高知市の東九反田公園に移築して「憲政館」と名付けています。この場所は明治初期に立志社や立志学舎が置かれたところです。翌年、水野はここに「憲政の祖国」と刻んだ巨大な石碑を立てます。ここここそが議会政治発祥の地である、憲政の大切さをいま一度かみしめよう、という趣旨です。1940（昭和15）年10月には大政翼賛会ができ、政党は解党していました。政党政治の終わりや、軍閥政治への批判を込めた碑でした。設計完成から2カ月後の1941年12月に真珠湾攻撃が起きます。日本は対英米戦へと突き進みます。高知市を焼き尽くした1945（昭和20）年7月の高知大空襲では、焼け出された多くの市民が憲政館に身を寄せたそうです。

高知市にはもう一つ、板垣ゆかりの建物がありました。生家のあった高野寺に

1937（昭和12）年に建てられた板垣会館です。落成式典は盛大に行われ、福岡から頭山満も駆けつけています。頭山はこのとき、「民権ばあさん」楠瀬喜多の墓参を果たしたそうです。残念ながら板垣会館は高知大空襲で焼けています。板垣の残した貴重な資料も、ともに焼けました。米軍の公式記録によると、板垣会館付近が空襲の爆撃目標となっていたようです。

空襲によって高知市街地の40％が焼失、400人を超える人命が失われました。罹災人口は4万人以上に達しています。貴重な建物や資料が失われましたが、幸運だったのは高知のシンボル高知城が残ったことです。焼け野原の中、いつもと変わらない高知城に勇気づけられたと市民の多くが振り返っています。九反田の「憲政の祖国」碑も無事でした。

九反田のこの地はもっと顧みられてもいいと思います。板垣退助の立志社は、一昔前の価値観をひっくり返そうとしました。板垣の考えはこうでした。自由、自立、自治、学習、自律の精神を持った国民が元気であれば、国も元気だ。そうなるためには民会が必要で、そのためには憲法が必要だ。それを実現するために結社合力が欠かせない――。そのような考えのもと、百年の大計として創立したのが立志学舎でした。

最初の1年は儒学、漢学を教えましたが、これではいけないと気づきました。2年目からは慶應義塾出身者を雇います。以後、教師は一貫して慶應OBです。授業のレベルは高く、スペンサーやミル（ともに英国の哲学者、思想家）を原書で読んでいました。基本は自学自習で、分からないことを先生に聞くというスタイルです。それが非常によかったといわれています。

私は土佐の学問の源流ともいわれる「土佐南学」にも興味があり、勉強会を開いたり、県民の方々と語り合う「県政巡業」で取り上げたりしています。もともとは中国で生まれた朱子学の一派ですが、土佐で進化し、独自の学問となりました。重要視したのは知行合一、学びを実践して結果を出すことです。自学自習を基礎とすることも特徴でした。実践者として最も知られているのが土佐藩初期の家老、野中兼山です。兼山は数多くの土木工事によって耕地を拡大し、水路と港を開きました。中興の祖は、谷干城の先祖で天文学者でもあった谷秦山です。彼は尊王思想を南学の中に確立させました。土佐藩の学問の主軸は南学であり、その特徴は大義名分（武士として守るべき道）と実践でした。板垣退助をはじめ、土佐の人々の多くは土佐南学の考え方を身につけていたはずです。幕末維新の動きも、立志学舎での取り組みも、土佐南学の系譜とつながっているのではないかと私は想像を膨らませています。

昭和初期以降、軍国主義化に伴って土佐南学はその尊王思想を戦意高揚のために使われたともいわれています。苛烈な戦いに身を投じる土佐出身将兵の精神に大きな影響を与えたのではないか、と。そのことに対する反省もあってか、戦後は南学について取り上げる人が減っています。しかし、南学は土佐人の魂に長く根を張っていた学問であることも事実です。今後も多様な研究が行われ、未来の高知を描く資源となることを期待しています。

立志学舎で学んだ生徒の中からは、北海道石狩平野を開拓した武市安哉や、坂本龍馬の甥で北海道北見市周辺を開拓した坂本直寛、アメリカで農場を開いた西原清東ら次々と優れた人材が出ます。まさに教育は百年の大計でした。

「一燈立志」の志

2019(令和元)年、武石利彦さんと立ち上げた県議会の会派は「一燈立志の会」と名付けました。2人会派でのスタートです。

会派の名は2人で考えました。いや、正確には人に相談しました。相談相手は愛媛県の元自民党衆議院議員、小野晋也先生です。先生は衆議院議員を5期務めて引退した人で、知識と見識にあふれていました。

小野先生と知り合うきっかけは備中高松藩(岡山県)の財政家、山田方谷です。江戸時代、財政改革に成功した人物として最も知られているのは米沢藩主の上杉鷹山《ようざん》です。米大統領、J・F・ケネディが「尊敬する人物」として挙げたことで一躍脚光を浴びました。実は鷹山の改革よりも短期間で、多くの実績を残したのが山田方谷です。方谷は負債の整理から産業振興まで多くの改革に着手、借金まみれで倒産寸前だった備中高松藩の負債を完済し、多くの余剰金を蓄えるまでに財政を立て直します。加えて身分にとらわれない人事制度を導入、多くの人材を育てました。軍を編成する際は農民からも志願兵を募り、これが有名な高杉晋作の奇兵隊の源流になったといわれています。司馬遼太郎の名作『峠』の主人公、越後長岡藩の河井継之助は方谷の弟子でした。戊辰戦争で敗走した河井が自決の直前、「方谷先生に継之助は最期まで先生の教えを守って生きたと伝えてほしい」と言い残したと伝えられています。明治維新後、方谷は政府の要職に何度も請われます。すべてを断り、地元岡山で若者の教育に尽くしてひっそりと亡くなりました。

政治家になる前から私は山田方谷に強い興味を持っていました。関連する本を読みあさっているときに出合ったのが小野先生の著作です。小野先生はすごい人だなと思いました。その後、武石さんが親しいと知ります。早速紹介してもらって、武石さんや津野町議会議員の大﨑公孝さんらと一緒に小野先生の勉強会に伺うようになっていたのです。小野先生は愛媛県四国中央市に知の拠点、若葉書院を作っていました。

小野先生から送られてきたのは山田方谷の師、佐藤一斎の『言志四録』にある「一燈を提げて暗夜を行く。暗夜を憂うること勿れ、只一燈を頼め」でした。夜道を歩むときにその暗さ（自分の置かれている厳しい状況）を嘆き悲しむな。ひたすら自ら手に持つ提灯の一燈を頼みにしろ（自らの志とわずかな可能性を信じて迷わず進め）、ということです。

これは私たちにぴったりだと思いました。一燈について調べると、最澄の「一燈《いっとう》

照隅《しょうぐう》 万燈照国《ばんとうしょうこく》」も見つかりました。一人ひとりが自分の身近の一隅を照らすと一隅を照らす人が増えていく。万のあかりとなれば、国全体を照らすことができる、という意味です。まずは現場から、地域から事例を作る、各地域が元気になれば日本が元気になる。これもまさに私たちの志そのものでした。最澄は平安時代初期、桓武天皇から求められて唐に赴いた高僧です。帰国して天台宗を開きました。同時代の空海が弘法大師と呼ばれるのに対し、伝教大師と呼ばれます。

「一燈」を名前にすることに決めました。「一燈の会」でどうかと思ったのですが、少し据わりが悪い。そこで「立志」を考えました。自由民権運動や立志社、立志学舎が好きだったんです。志を立てるというのも私たちにぴったりだと思いました。佐藤一斎は立志という言葉の成り立ちをこう書いています。「立志の立の字は、豎立・標置・不動の三義を兼ぬ」。現代語訳すると、「志を立てるの立という字は、豎立（真直ぐに立つ）と標置（目印を立てる。高く自らを持する）と、不動（しっかりと動かない）の三つの意義を兼ねている。すなわち志を真直ぐに立て、その志を目標として、不動の心をもって進まなければならないということである」となります。これもぴったりでした。

ちなみに佐藤一斎の孫は明治初期の実業家、吉田健三と結婚しています。健三は、今でいうベンチャー起業家で大富豪でした。健三は自由民権運動を支援しました。民権家の中でも仲のよかったのが宿毛市出身の竹内綱だといわれていて、実子を得なかった健三が養子に迎えたのが竹内の子息の一人でした。それが吉田茂です。外交官を経て終戦直後の混乱期から5回にわたって首相を務めました。高知県出身の偉人の一人です。高知空港に銅像があります。

吉田茂の最も大きな仕事はサンフランシスコ平和条約の締結だと思います。1945（昭和20）年の敗戦で主権を失った日本を、名実ともに独立させたのです。吉田茂はもともと外交家でした。この条約締結こそ人生を賭けた仕事、と外務大臣を兼務して任にあたりました。

2022（令和4）年は条約発効の1952（昭和27）年4月28日から70周年の節目でした。郷土の大先輩が成し遂げた偉大な仕事を、高知県の後輩は評価してはどうか。それを意思表明できないか、と小野晋也先生が高知県議会まで足を運んでくれました。ちょうどロシアがウクライナに侵攻した直後で、国の主権に関心が集まっていました。小野先生の提案を受け止めてくれたのは、先生とも親交がある森田英二県議会議長でした。森田議長は吉田茂の苦労、功績を議会閉会時の議長挨拶に盛り込んでくれました。

吉田茂が初めて首相になったのは1946（昭和21）年です。そのときは衆議院議員ではなく貴族院議員でした。吉田が衆議院議員になったのは翌1947（昭和22）年、戦後初の衆院選からです。意外と知らない人が多くて驚いたのですが、吉田茂は一貫して高知全県区から衆議院議員選挙に立候補しています。1947年の初選挙は69歳で日本自由党から出馬し、トップ当選。以来、1963（昭和38）年に引退するまでの7期すべてを高知県民が衆議院へ送り出しました。

2022（令和4）年2月、一燈立志の会には補欠選で初当選した依光美代子県議が加わってくれました。依光県議は香美市選出で、以前は県議会議長を務めた依光隆夫県議の事務所にいました。依光隆夫さんが野市町と沖縄・具志頭村の姉妹縁組を進めたとき、依光美代子さんは秘書としてその動きを見ていました。

狩猟県支えた鉄砲鍛冶

武石さんと会派を立ち上げたとき、重点的に取り組む基本政策の二本柱を「議会改革と農山漁村の再生」と定めました。

まずは現場を見ることから始めました。大川村や三原村といった中山間の中でも特に厳しい小規模自治体に出向き、和田知士大川村長や田野正利三原村長らと語り合いました。もちろん現場で奮闘する多くの地域住民の皆さんともじっくり話をし、課題を聞き取りました。この経験から、コロナ禍に見舞われたときにはすべての首長さんにアンケートをお願いしたこともあります。

そうした活動を通じ、県議会の机上で考えていた課題と現場の実情には乖離があることを知りました。改めて現場を基礎にした政策立案が重要だと痛感しました。現場に足を運ぶ中で、さまざまな団体の皆さんと意見交換する機会も増えました。特に盛んに勉強会を行ったのが、県議会議員だった高橋徹さんが会長を務めてきた高知県猟友会です。野生鳥獣の保護に加え、有害鳥獣の駆除や狩猟の適正化といった社会貢献を目的とした団体です。近年はジビエの普及にも取り組んでいます。背景にあるのはシカやイノシシによる食害の深刻さです。駆除した生き物を、有効活用しようとしているのです。

狩猟行政の勉強をする中で知り合った人に「最後の鉄砲鍛冶」といわれる西憲一さんがいます。徳島県に生まれた西さんは、15歳のときに名工といわれた物部村（現香美市物部）大栃の鉄砲鍛冶、山内兼盛さんに弟子入りしました。山内さんは代々鉄砲鍛冶の家系に生まれた人ですが、進取の気質に富み、研究熱心だったようです。山内さんはすべての部品を手作りで作っていました。取り回しやすいように、銃床を普通の半分の大きさにしたものを開発したこともあるそうです。山内さんに厳しく教育された西さんは、努力を続けて独立します。やがて「日本一の腕前」と称えられる職人になりました。高知県はクレー射撃の強豪県で知られていますが、地元の選手だけではなく、オリンピック代表など全国トップ級の選手たちも西さんを頼ってきます。西さんに会うとき、私は見るからに凄腕の職人を予想していました。が、違いました。西さんは温厚さ、温和さが漂う方でした。西さんは私に、これまでの歩みや鉄砲鍛冶職人としての矜持について語ってくれました。課題となっていたのは後継者でした。県土の84％の広大な森林面積を持つ高知県は、名うての狩猟県です。そういった県らしく、最盛期は15軒もの鉄砲鍛冶がいたそうです。販売店もたくさんありました。

その中から世界的企業に育ったのが、初代の弥勒蔵次から連綿と発展を続ける株式会社ミロクです。しかしミロクを除けば現役で仕事を続けているのは西さんだけ。狩猟県の伝統が消えようとしています。

本県の鉄砲鍛冶は山内一豊が入国したときに連れてきたともいわれています。その伝統と技術を後世に残せないものだろうか。困難な状況にも関わらず未来を語る西さんにお会いし、そのことを考えさせられました。鉄砲鍛冶に限らず、古くから伝わる技術や伝統は後世につなぐ必要があります。政治が汗をかくべき大きな課題だと思っています。

農業関係では2019（令和元）年の県議会復帰早々、バンドの先輩だった山下寛一さんに呼び出されたことがあります。私の高校時代、山下さんはNOSLAP（ノースラップ）というバンドの名ベーシストでした。県議会議員に戻った私に、山下さんは有機農業の現場の課題を説明してくれました。

山下さんのお父さんは有機農業の著名な実践者として知られた本山町の山下一穂さんです。「有機のがっこう土佐自然塾」の塾長だった一穂さんは、無農薬有機栽培の「超自然農法」を提唱し、多くの著作を発表していました。全国の有機農家を飛び回っていた一穂さんが急逝したのは２０１７（平成29）年11月、出張先でのことでした。一穂さんの急死は全国の有機農業関係者にショックを与えました。寛一さんは一穂さんの農園を引き継ぎ、一穂さんが情熱を注いだ有機農業に取り組んでいます。

私が呼ばれたのは、寛一さんが若手農家とともに「高知オーガニック」という団体を立ち上げた直後でした。有機農業の普及に向け、「高知オーガニック」は勉強会の開催やオーガニック給食の推進、小売店などと連携した取り組みなどを精力的に進めています。近年、高知県内でも一部のスーパーで有機農産物のコーナーが設けられ始めています。そこでよく見る団体名が「高知オーガニック」です。

小規模多品種、こだわりの農業は高知県に適しています。生産から販売まで難しい課題はたくさんありますが、良質な食材を求める市場の変化も急速です。高知県のこれからの大きな光になるのではないかと私は感じています。

偉大なイノベーター（革新者）であった一穂さんの遺志を継ぐ若き農業者、寛一さんたちの挑戦に心よりのエールを送ります。

92歳青年、関勉さん

もう一つ、議員活動に絡むことを。

中山間地域の振興を考えたとき、新たな可能性として星空観光に着目しました。ヒントを与えてくれたのは、竹富島の慰霊祭でお世話になった元国立天文台石垣島天文台所長の宮地竹史さんです。

宮地さんは１９４８（昭和23）年香美市土佐山田町生まれ。高知市の追手前高校を卒業後、電気通信大学短大部に進み、東京天文台（現国立天文台）に就職します。以降、全国各地の電波望遠鏡の建設に携わりました。

沖縄・石垣島に渡ったのは、２０００（平成12）年のことです。

手掛けたのは新しい電波望遠鏡「ＶＥＲＡ」の立ち上げでした。世界で初めて天の川の立体地図を作ろうとするプロジェクトです。

2年後、望遠鏡は完成します。それをきっかけに宮地さんは地元で「星空を観光資源にしよう」と呼び掛けます。始まったのが「南の島の星まつり」でした。

このお祭りのメインは「全島ライトダウン」です。市民に協力してもらって街の明かりを1時間だけ消すことにしました。車の移動も自粛してもらいました。開催日は最も美しい天の川を見ることができる旧暦七夕のころ。イベントの開始と終了は、海の島らしく船舶の汽笛で合図しました。初回は3000人の参加者があり、今では毎年1万人を超える人が参加する大イベントに育っています。星空に関するイベントとしては日本一だそうです。

これを契機に、沖縄県や石垣市、竹富町の観光業者が星空観光に目を向けました。宮地さんも星空ガイド育成に取り組みました。私は沖縄本島北端の国頭村で宮地さんのガイド育成風景を視察したことがあります。沖縄の人たちの星空観光に対する熱意に驚きました。活動が評価され、宮地さんは2018(平成30)年度の沖縄県観光功労者表彰を受賞しています。

宮地さんは故郷高知の星空にも関心を持ち、たびたび帰高しては天文の先人の顕彰にも取り組んでいます。天文家であり、土佐南学中興の祖だった谷秦山や、日本で最初の彗星発見者である山崎正光さんです。山崎さんは佐川町の出身で、米・カリフォルニア大天文学科卒。現在の国立天文台に就職し、岩手県の緯度観測所で勤務していました。すい星を発見したのは１９２８（昭和３）年で、岩手県から自作の望遠鏡で見つけています。

香美市に帰ったとき、宮地さんは「星空塾」と名付けた天体観望会をたびたび開いていていました。宮地さんの夢は１８９８（明治31）年２月１日に在所村（現香美市香北町）の民家に落下した在所隕石を里帰りさせることです。隕石が落ちてきたとき、高知県全土の空が煌々と輝き、大砲をぶっ放すような大音響が天地を揺るがしたと伝えられています。日本で確認された隕石は50数個といわれていますが、在所隕石は石鉄隕石（鉄ニッケル合金などでできる）という極めて珍しいものです。重さは３３０グラム。宮地さんはいつかこの隕石を高知市の高知みらい科学館に展示し、高知の子供たちに見せる機会をつくりたいと考えています。

在所村に落下した隕石は数奇な運命をたどりました。「天降石」として信仰の対象になったあと、高知県出身の実業家、五藤齊三さんが買い取ります。五藤さんは安芸郡土居村（現安芸市）に生まれ、１９２６（昭和元）年に五藤光学研究所を創立しました。天文学の山崎正光さんとほぼ同時代の人物です。当時の新聞には「石を３００円で買う大馬鹿者現る！」と書かれたようです。当時の３００円は今の30万円ほどだとされています。世の中では隕石の価値が知られていなかったのでしょう、五藤さんの先見の明と宇宙に対する探究心が光ります。五藤家で保管されていた１９４５（昭和20）年、在所隕石は空襲に遭います。五藤家は燃え、隕石は行方不明となりました。ところが数カ月後、焼け跡で光っているのが発見されます。戦後は東京の五藤家に安置されました。研究のため、東京の国立科学博物館が一部を切り取っていったこともあるそうです。現在は東京・府中市の五藤光学研究所で保管されています。天体望遠鏡メーカーとしてスタートした五藤光学は、現在はプラネタリウムのトップメーカーとして世界に名をはせています。

２０２２（令和4）年、宮地さんは国立科学博物館が所有している在所隕石のかけらの里帰りを実現しています。隕石のかけらは香美市で展示されました。

また、私は宮地さんからコメットハンター（彗星探索家）として世界的に有名な関勉さんを紹介してもらいました。関さんは１９３０（昭和5）年高知市の生まれ。独学で天文を学び、１９５０（昭和25）年から自宅の物干し台で彗星の探索を始めます。25歳のとき、佐川町に戻って農業をしていた山崎正光さんを訪問、日本で初めて彗星を発見したときの話を聞いたそうです。関さんの名前が全国に広まったのは1965（昭和40）年でした。全国に天文ブームが起きるきっかけとなる池谷・関彗星を発見したのです。以来、関さんは六つの彗星と223の小惑星を発見しました。発見した小惑星に高知県に関わる名前を付けてくれているのは関さんの人柄だと思います。高知、竜馬、はりまやばし、桂浜、四万十、鏡川、足摺、室戸、万次郎、寅彦、牧野、仁淀川……。ふるさとの名前が付いた多くの星々が今も宇宙に浮かんでいます。

関さんの探索を支えたのが高知県立芸西天文学習館です。館設立のきっかけは、これも五藤光学の五藤齊三さんでした。若く情熱あふれる関勉さんを応援しようと、高価で県も手が出なかった口径60センチの反射望遠鏡を贈ってくれたのです。最新鋭の望遠鏡を備えた天文学習館は1981（昭和56）年3月にオープンしました。関さんはここで仲間とともに星空観察を続け、多くの星と出合いました。併せて子供たちの星空教育にも力を注ぎました。関さんは90歳を超える今も天文学習館で子供たちに星の話をしています。

高知県に対する関さんの功労に対し、私は2021（令和3）年2月の県議会で知事に質問したことがあります。知事からは深い感謝の言葉が述べられました。知事の配慮でしょうか、関さんはその年の11月に文部科学大臣表彰を受け、2022（令和4）年5月にはアンパンマンで知られる漫画家のやなせたかしさん、洋画家の奥谷博さんに次ぐ3人目の高知県名誉県民となりました。

名誉県民の記念式典で、関さんは星空との出会い、五藤齊三さんからの望遠鏡の寄贈が研究のターニングポイントになったことを振り返り、感謝の気持ちを述べられました。これからの夢として、幼いころ抱いた宇宙の不思議を解くために引き続き探究を続けていくこと、そして宇宙を愛し、夢を引き継いでくれるような子供たちを育てていきたいと語ってくれました。

92歳を迎える関勉さんのあいさつを聞きながら、私は植木枝盛の一節を思い浮かべました。

老年の胸中に過去の世界あり
青年の胸中に未来の世界あり
過去がその胸中にあるもの之を老年と云う

未来がその胸中にあるもの之を青年という
（明治22年　2月18日　植木枝盛　無天雑録より）

県立芸西天文学習館の望遠鏡は、現在は2代目です。五藤齊三さんゆかりの初代望遠鏡は、スクラップとして売却される寸前だったところを救われます。宮地さんや五藤光学研究所の尽力で国立天文台に引き取られたのち、中東・レバノンのノートルダム大学に寄贈されたのです。レバノンはアジア最西端に位置していて、日本はアジア最東端。このプロジェクトは天文学を通じた東西交流の一環として行われました。高知の絡んだこのプロジェクト、今後の展開が期待されます。

濵田知事は長尾鶏＋少し闘犬

2019（令和元）年11月、高知県知事には濵田省司さんが当選しました。

濵田さんは四万十市生まれ。小学生のときに高知市へ移り、私の母校でもある小高坂小学校から土佐中高に進みました。東大法学部を卒業後、自治省（現総務省）に入省しています。島根県総務部長、大阪府副知事、総務省大臣官房総括審議官を経て高知県知事に就きました。土佐高の後輩に当たる尾崎正直前知事から後継指名を受け、選挙戦では自民、公明の推薦を受けています。私たち一燈立志の会も応援しました。

経歴通り、濵田知事はそつがなく手堅い官僚タイプの知事だと思います。記者会見のやり取りや議会答弁でも数字に明るく、ブレない姿勢が見えました。ただ、前任の尾﨑正直知事がリーダーシップを前に押し出すタイプだっただけに、当初はとらえどころがないような印象も受けたのです。県民も濵田さんの性格を計りかねているような感じでしたから、私は県議会の質問を使って濵田さんに自分の性格を分析していただこうと思いました。

「最近、専ら県民が興味津々なのは、濵田知事がどんな人柄で、どんなリーダーだろうかということで、実際に私自身も一番聞かれる質問であります」と私は切り出しました。持ち出したのは高知県野市町（現香南市）出身の精神科医、森田療法の森田正馬です。正馬の孫弟子、土佐町出身の精神科医沢田淳さんが１９６８（昭和43）年に『いごっそう考～土佐人気質の性格学的考察～』を出版したことを紹介し、そこで述べられている3類型を説明しました。①いざ戦いになると決然として攻撃し、死ぬまで敢然と戦う闘犬型　②忍耐強く、努力を惜しまず、こつこつと粘り強く研究に取り組む長尾鶏型　③反骨、草の根のチャボ型です。「ご自身の分析ではどの類型に当たるのか、差し支えなければご所見をおうかがいしたい」と結びました。

濵田知事は正面からまじめに答えてくれました。「私自身は、前知事のような強力なリーダーシップを発揮するというよりは、むしろボトムアップの要素も取り入れて、調和型、調整型のリーダー像を目指していきたいという意識でおります」と前置きし、「それを目指していく際には、トップに立って人を引っ張るという側面よりは、県民の皆さまと同じ目線に立ってさまざまなご意見をたくさんお聞かせいただくと。また職員の意見や悩みにも耳を傾けていくということを、まず心がけたいと思います」。肝心の3類型についてはこうでした。「この沢田先生の3分類、土佐人気質のどの類型に当てはまるのかということを改めて考えてみますと、基本は忍耐強く努力を重ねるという形の長尾鶏型、これが分量的には全体の4分の3ぐらいを占めているんじゃないかなと思っております。一方で、時に敢然と闘う闘犬型というのも、残る4分の1ぐらいは混ざっているのではないかというふうに自己分析をしておりまして、そういう意味での混合型ではないのかなと、私なりに自己評価をいたしております」

意外性がないというか、その通りだろうなというか、やはりそつがありません。橋本大二郎さん、尾﨑正直さんと強いリーダーシップ型が続いただけに、県民は好感を持って調整型の濱田さんを受け入れたように思います。

みんなでよさこい

私は2012（平成24）年から2019（令和元）年まで7年間の浪人生活を送りました。経済的自立に厳しかった祖父から見ると「7年も浪人して」となるでしょうが、正直つらくはありませんでした。日本の国のために働きたい、高知をよくしたい、という思いがあったからだと思います。朝から晩まで勉強もできるし、知り合いも増えました。月一度は「国軸の会」に出て勉強したこともモチベーションの維持につながりました。

もちろん経済的には楽ではありませんでした。「高知と国のために頑張る以外、何もお返しはできないのですが……」と断りながら個人献金のお願いにも回りました。最もしてくれた人は、月5万円を献金してくれました。大口はいません。すべて小口です。そのおかげでなんとか生き延びることができました。潮江の朝比奈智一さん、順二さん兄弟のように友人を集めて個人献金を呼びかけてくれる人もいました。山﨑祥志郎さん、藤原義正さん、野島和男さん、上田義隆さんら製造業に携わる皆さんはグループの勉強会に講師で呼んで講師料を渡してくれました。同級生の宮下浩二君は「経費を節約しろ」とボランティアで運転手をかって出てくれました。会費1万円のパーティーには500人前後の人が来てくれました。数えきれない人たちに支えていただきました。

高知県のためにお返しをしたいと、自分なりにいろいろな活動をしました。

長く続けているのが「みんなでよさこいプロジェクト」です。発端は2010(平成22)年に友人の泉創太君から相談されたことがきっかけです。ちょうどそのとき、泉君をモデルにした東映の『君が踊る夏』が封切りされていました。よさこい祭りの人間ドラマを描く溝端淳平さん主演の映画です。もう亡くなりましたが、泉君のお父さんは1991(平成3)年に橋本大二郎さんを高知県知事に引っ張り出したメンバーの一人、泉順一さんです。お母さんの真弓さんはよさこいチームで知られる「ほにや」の代表を務めています。創太君の相談はこうでした。「よさこいは盛り上がっているように見えるけど、不安や。特に子供の参加が減っている。自分なりに調べたら、小学校の授業ではよさこいソーランや沖縄のエイサーを教えてる。普及をもっとやらないかんと思う」

よさこいソーランは1991（平成3）年、北海道大学の学生だった現自民党参議院議員の長谷川岳さんが札幌で始めました。長谷川さんのお兄さんは高知医大にいて、お母さんが高知医大病院に入院していました。長谷川さんが動くきっかけはお母さんのひとことでした。シャンシャンという鳴子の音に乗って若者たちが熱く舞うよさこいを見て、お母さんは「この祭り、いいわねえ」と漏らしました。それを聞いた長谷川さんが札幌に移植することを考えます。北海道といえばソーラン節、とよさこいにソーランを組み込みました。全国的には本家よさこいよりも、よさこいソーランの方が知名度が高くなっています。

なぜよさこいソーランやエイサーが普及したのかを調べると、鍵は教材でした。教材があれば学校の授業で取り上げることも可能です。よし、教材を作ろうとなりました。ちょうど、よさこい60周年を3年後に控えていました。記念になる曲、後世にまで残る曲、みんなで総踊りができるような曲も作ろうとなりました。よさこいに関わっている人みんなに相談し、組織作りをしようと心掛けました。高知市上町地区の加田貴士さんや合田国生さん、万々地区の丁野信二さん、今城史貴さん、チームを運営する宮本朋さん、川村佳洋さん、料亭濱長の濱口実佐子さんなど、そうそうたる人たちが組織に加わってくれました。広報担当として川村学君や山本純弘君ら昔からの仲間も力を貸してくれました。最も大変な事務局長は、幼なじみの田村太一君が引き受けてくれました。

曲作りを誰に頼もうかとなったとき、泉君が出した名前がGReeeeNでした。高知と縁があるので頼みに行こう、と。実は泉君はGReeeeNの大大大ファンでした。GReeeeNのHIDEさんは高知の高校の出身で、私とは音楽を通じて仲がよかったのです。それを泉君も知っていました。私はHIDEさんと連絡を取りました。話を聞いてくれることになった直後、東日本大震災が起こりました。HIDEさんは自ら志願して被災地に赴き、一人の歯科医師として検死作業に取り組みます。被災した人たちがこの困難を乗り越えられるよう、被災地を応援する歌を歌い続けました。

「この地へ～」誕生

HIDEさんに会えたのは2012(平成24)年の初め、東京の喫茶店でした。会ったとき、泉君はそうとう緊張していたようです。「あのHIDEさんが目の前にいる」と。泉君の頼みをHIDEさんは快く受けてくれました。単行本の『それってキセキ―GReeeeNの物語』(小松成美著)には、店を出た直後にHIDEさんがメロディーを作り始めていたこと、「高知に恩返しがしたい」とその曲の版権放棄をHIDEさんが所属事務所に頼み込んだことが書かれています。プロジェクトを進めるため、友人の瀬川大智君と一緒にGReeeeN結成の地である福島県郡山市へ行ってHIDEさんと打ち合わせをしました。郡山駅前に郡山青年会議所が建てた「緑の扉」のモニュメントとメンバーの足形がありました。ヒット曲「扉」「歩み」にちなみ、「扉を自らの力で開き、夢に向かって挑戦する人たちを応援する」というGReeeeNのメッセージを込めたそうです。GReeeeNの思いに胸が熱くなりました。GReeeeNのメンバーの、地域を大切にする思いの一端に触れたような気がしました。

２０１３（平成25）年８月、高知市の中央公園でその曲がお披露目されました。曲名は「この地へ～」。GReeeeNの歌声が、海風を思わせるゆったりとしたメロディーに乗ります。総踊りのための曲、将来にわたって残る曲、高知のよさこいを世界に広める曲です。

コノチに流れ行く
心地よい潮の風
あの日と同じように響け
この声よ　あの唄よ
通り過ぎていく人達が
みんながみんな笑ってるよ
空の青さに　全てをゆだねて
願いや　夢とか　語り合おう

僕ら　コノチに生きてる　コノチが好きで
おんなじ時を　夢中で駆け抜ける　仲間です
これからも　コノチで　いつまでも　コノチへ
みんな夢を描いて　今日も愛を語ろう
（土佐の高知へ来てみいや）
いつも君の隣に居るよ
穏やかな優しさで居るよ
川の流れに　全てをゆだねて
心の疲れも　置いていこう
君は　コノチに生まれ　コノチで出逢い
今年もこうして　夏が過ぎ大人になってく
いつも　コノチは変わらない　コノチはたおやかにいる
世界で一番　激しく　優しくね
コノチに流れ行く
心地よい潮の風

あの日と同じように響け
この声よ　あの唄よ
土佐の高知の　はりまや橋で　コノチの人々　愛　唄った
みんな　コノチ夢見て　コノチが好きで
笑顔も涙も　全部全部　ここにあるから
どうか　コノチが生んだ　コノチの優しさ
届いておくれ　さあ　みんなで唄おう
君も　土佐の高知へ来てみいや
ほら　ジンマも　バンバも　よう踊る
鳴子両手によう踊る　よう踊る
ようこそ　土佐の高知へ来てみいや
ほら　ジンマも　バンバも　よう踊る
鳴子両手によう踊る　よう踊る
君も……

織田さんとオール高知

お披露目には織田哲郎さんがギターを持って参加してくれました。「世界中のだれよりきっと」「おどるポンポコリン」など、作曲家としてもミリオンセラーを連発する日本屈指のアーティストです。織田さんは中学と高校の一時期を高知学芸中高で過ごしています。音楽を始めたのも学芸高でした。オール高知でやりたいよね、と泉君と話をして織田さんにお声がけすることにしました。織田さんと面識はありませんでしたが、室戸で遠洋マグロ漁船を経営する私の叔父、山本巖が学芸中高時代に織田さんと親しかったと聞いていました。お会いしたとき、山本巖の名を出してお願いしました。織田さんは快く協力を約束してくれました。

お披露目のステージは、最高でした。初めての総踊りも素晴らしかった。中心となって作り上げてくれた中村信幸さんをはじめ、振り付けには時久紀恵さん、田村千賀さん、國友裕一郎さんなど名だたる振付師の皆さんに携わってもらいました。おかげで素晴らしい振り付けができました。曲の最終アレンジは、ＨＩＤＥさんから「地元の方にお願いしたら」と言ってもらいました。頼んだのはよさこい楽曲を長く手掛けてきた雑音軒さんです。GReeeeNと地元アーティストの、まさに奇跡的なコラボができました。GReeeeNが所属するユニバーサルミュージックの山崎吉史さんが会場まで届けてくれたHIDEさんのメッセージも最高でした。「この曲はまだ未完成です。最後のピースは二つ。ステージで踊ってくれるみんなの鳴子の音と、そしてお客さまの声援です!」。オール高知のステージを作ろう、と高知で活躍するアーティストやプロアスリートら、とにかくたくさんの人に呼びかけました。もちろん尾崎正直知事と岡崎誠也高知市長にも呼び掛けたし、ゆるキャラたちにも呼び掛けました。高知県のくろしおくん、須崎市のしんじょうくん、ファイティングドッグスのドッキー、万々商店街のクマーマ、ミタニ建設工業のやいろちゃん、東央警備のとうおうくん、はりま家のとさけんぴ、土佐の楽市本舗のなるこ君&なるるちゃん。熱暑の中、勢ぞろいしたゆるキャラが熱狂乱舞する様子はものすごい迫力でした。

お披露目以来、学校やグループ、家族などなど、この曲、この振り付けで踊る姿が次々とYouTubeにアップされています。日本だけではありません。この曲に乗ったよさこいをYouTubeにアップする波が世界中に広がっているのです。フランス、ポーランド、ドイツ、オランダ、スウェーデン……ヨーロッパの人たちが協力し合って踊り、編集した動画を見たときには感動しました。

160万回再生、高知県警は超人気

2020（令和2）年夏、よさこいはピンチを迎えます。よさこい祭りはいわば高知の魂です。どんなに悪天候でも、なにがあっても実行してきたのに、新型コロナウイルス感染症の影響で中止に追い込まれたのです。

意気消沈するなか、プロジェクトのメンバーからこんな声が出ました。「落ち込んじょってもいかん。よさこいはそもそも前にしか進めんお祭りやんか。何かやろう！」。そう、実は前にしか進めないというのはよさこいの特徴です。よさこいのルールはたったの三つ。①前進すること　②鳴子を持つこと　③よさこい節を楽曲の中に取り入れること――だけなのです。

思い付いたのがオンラインよさこいでした。

使う楽曲を、「正調鳴子踊り」と「この地へ〜」の2曲とし、個人、法人を問わず世界中の人たちに踊る映像を募りました。

編集した映像をYouTubeで世界中に発信するのです。通常なら前夜祭と後夜祭が行われるはずだった8月9日と12日の夜に公開することにしました。うれしいことに反響は大きく、世界中から踊る映像が次々届きました。泉君の友人の映像クリエイター、KA2@A.D.P...（A.D.P...ALLSTARS）さんが映像編集を手伝ってくれました。作家の小松成美さんはメッセージを送ってくれたし、タレントの山里亮太さんはインスタライブに友情出演してくれました。もちろんGReeeeNも全面協力してくれました。

地元高知でも、お街の情報を定期的に発信している人気フリーペーパー「はりまやストーリー」の松田雅子さんが全面協力してくれました。紙面を使ってどしどし活動を広めてくれました。

緊張して迎えた当日、公開と同時に視聴回数が跳ね上がっていきました。世界中の皆さんがよさこいを応援してくれている、と感激しました。再生回数は14万回を超えました。

高知新聞、とさでん交通、四国銀行、高知銀行などよさこい祭りの常連チームからも多くの映像が届きましたが、最高に人気だったのは高知県警でした。警察の方々はよさこい祭りで踊ることができません。祭りの警備で忙しいからです。だからでしょうか、カメラの向こうで踊る姿は楽しそうに生き生き、のびのびしています。「これって役者さんだろ」という声が起こったほどです。人気が人気を呼び、再生回数は実に160万回に達しました。警察官たちの生き生きした姿に力づけられた人は多かったようで、県外の小学生からは高知県警に感謝の寄せ書きが届きました。

警察の規定で半年後にYouTubeから消去されましたが、そのシャープな映像は伝説として多くの人の記憶に刻まれています。

この映像を作ったのは高知県警の広報担当で現役警察官の西森達也君でした。彼も高校時代のバンド仲間です。彼は高知西高出身で、当初はグラフィックデザイナー志望でした。地元の短大を卒業後、アパレルやグラフィックデザインの会社を立ち上げます。高知県警に入ったのは27歳のときでした。警察官の父親に勧められたそうです。主に刑事畑でキャリアを積んだあと、異動で広報担当に。それが彼の才能に火をつけたのかもしれません。彼が作る高知県警の映像は高く評価され、職員採用などの分野で大きな力を発揮しています。

実は西森君の活動は組織内だけではありません。たとえば地域支援の一環として地元高校生に力を貸しました。日本一になった土佐塾高のバンドRIP DISHONOR（リップディサナー）のプロモーションビデオ制作です。これも大きな評判を呼んでいます。

教育普及の面では高知市の協力で教材ＤＶＤが完成しました。その後、県の予算もつき、幼稚園・保育園から高校にまで配布することができました。学校でも地域でも活用してもらっています。ただし、どこもがうまくいっているわけでもないようです。当たり前ですが、よさこいを踊ったことのない先生方もいるからです。普及のため、学校へインストラクターを派遣する試みも進めています。

最後のブラジル移民団

西森ルイス弘志ブラジル連邦共和国下院議員を高知に呼ぶお手伝いをしたのも浪

人中のことです。西森さんはブラジルに生まれ、4歳のときに高知に戻って昭和小学校、城東中学校、高知商業高を卒業しました。ブラジルに再移民し、ブラジル・パラナ州議会議員を経て国会議員になった人です。2012（平成24）年、神戸に行って西森さんと初めてお会いしました。パラナ州と兵庫県が経済交流をしている関係で神戸に来ていたのです。紹介してくれたのはJICA（国際協力機構）でブラジルに派遣されていた中村茂生さんです。帰国後、高知市立自由民権記念館の学芸員を経て私の事務所を手伝ってくれていました。

西森さんは人格、識見ともに卓越した人でした。「ぜひ高知県に来てお話をしてください」とお願いしました。2014（平成26）年になって「高知に帰れる可能性がある」と連絡が入ります。この機会に高知の人にぜひルイス西森さんを知ってもらおうといろんなプランを計画しました。とはいえ浪人中なので力はありません。先輩議員だった武石利彦さんに相談すると「いい話や。もし講演費用が必要なら俺の政務活動費を使え」とまで言ってくれました。県に相談すると、商工労働部長の原田悟さんが「私たちでやりますから」と言って商工会議所での講演と交流会を段取ってくれました。

ルイス西森さんが来高したのは２０１４年のＦＩＦＡワールドカップブラジル大会直前でした。せっかくなので出身校の高知商でも話をしてもらおうと思いました。頼んだのは高知学芸高剣道部の大先輩で高知商の教頭だった下坂速人さんです。下坂さんが段取ってくれて高知商の生徒たちへの講演も実現しました。

ルイス西森さんは１９４９（昭和24）年生まれ。話がとても面白いんです。「私はラスト移民だ」と言っていました。再移民したのが１９７０（昭和45）年。それが最後のブラジル移民団だったそうです。第一回のブラジル移民団は１９０８（明治41）年、チャーター船「笠戸丸」を使って行われました。ブラジル・サントス港まで、アフリカ南端の喜望峰回りで58日間かかっています。企画、実行したのは高知県佐川町出身で民権運動の活動家だった水野龍です。西森さんを紹介してくれた中村茂生さんは水野の研究者でもありました。

１１０年前の１９１３（大正２）年、水野龍は銀座にカフェーパウリスタを開店、高級品だったコーヒーを庶民が飲める価格で売り出します。やがて銀座の街にコーヒーは定着し、「銀ブラというのはカフェーパウリスタでブラジルコーヒーを飲むことだ」という説まで流れたほどです（俗説または宣伝目的だとして否定されています)。

ブラジルに再移民したルイス西森さんは、大学を出て20代で肥料関係の会社を立ち上げます。裸一貫から道を切り拓いているところを移民一世に評価され、「お前が選挙に出ろ」と州議会議員に担がれました。その後、国会議員に転身します。2022(令和4)年10月、激戦を制して西森さんは4期目の当選を果たしました。ブラジルの国会議員は入れ替わりが激しく、4回連続で当選するのは珍しいそうです。

大統領にも影響力があり、政党の幹部でもある西森さんはブラジル政界の大重鎮です。日本との関係では、日系を代表して国会に出る議員が少なくなっていること、移民も四世、五世の時代になり、日本との距離が遠くなっていることを懸念していました。起業家でもある西森さんが大切にする政策は経済交流です。経済を通じた交流を発展させることがブラジルと日本の今後にとっても、日系社会にとっても重要だと考えているのです。西森さんはブラジルとアフリカの経済連携に中心的に取り組んできた経験もあります。高知に来たとき、西森さんは「次の任期の間にふるさと高知とブラジルの経済連携に取り組みたい、一緒にやろう」と力強く話してくれました。今後、経済交流を軸にしながら高知県とブラジルの絆を守っていかなければと感じています。

高知県から移民したのは、戦前だけでもブラジル、米本土、ハワイ、カナダ、ペルーなど多岐にわたります。戦後は中南米が中心で、パラグアイ、ボリビア、ドミニカ共和国、アルゼンチンなどに移民しています。

私の友人、森本麻紀さんはパラグアイにいる親類との交流を続けています。世代を経るにつれてルーツである高知との関わりが希薄になるなか、若い人が交流を続けるのは意義があると思います。パラグアイは南米の中でも特に移住者に占める高知県人の割合が高く、日系人7000人のうち高知県はダントツの1000人強。高知の伝統文化を色濃く残し、県人会活動も盛んに行われています。パラグアイの様子については、2020（令和2）年にテレビ高知が制作したドキュメンタリー『HOME LAND』がよくとらえています。このドキュメンタリーは、高知ファイティングドッグスによるパラグアイ人野球指導者の育成と子供たちの交流に焦点を当てています。野球を軸とした中南米諸国との交流はファイティングドッグスの北古味潤さんがJICAから委託された事業です。北古味さんの手腕で、高知には中南米や南洋諸国から選手を含む野球関係者が次々と来訪しています。ブラジル移民の祖、水野龍の子孫に当たるジョナタン正一選手も練習生としてファイティングドッグスに在籍していました。このドキュメンタリーはテレビ高知の公式YouTubeで見ることができます。ディレクターは高校時代の音楽仲間、久米晋太郎君です。

マキキとダン吉

米・ハワイにも行きました。ホノルルのマキキ教会を作った奥村多喜衛のことが好きだったので。

奥村を知るきっかけは、中川芙佐さんの『土佐からハワイへ ―奥村多喜衛の軌跡―』を読んで「すごい人がいるな！」と感動したことでした。中川さんはハワイ日系人史の研究者で、1929（昭和4）年にアメリカで発足した女性教育者のNGO組織、DKGの日本支部を高知で立ち上げた人です。香美市立美術館長を務めた北泰子さんらと設立しました。DKGを中川さんに紹介したのはマキキ教会の日系三世、アイリーン・クラーク博士だったそうです。

奥村多喜衛も自由民権運動の洗礼を受けています。高知県田野町の出身で、自由民権運動に携わったあとハワイに渡ってキリスト教の伝道や日本人移民の教育に力を注ぎました。ふるさと高知に思いを寄せたのでしょう、マキキ教会の建物は高知城天守閣を模しています。外観が日本のお城なのです。日米開戦時は敵国日本の象徴として目をつけられましたが、奥村の仲間だった米軍兵士たちが弾圧から守り抜いてくれたそうです。こうして守られた「お城」ですが、近年は老朽化が進んでいます。このお城はハワイに定住した一世や米国市民となった二世、三世への励ましを担ってきました。今では海外にある唯一の日本のお城として観光名所にもなっています。奥村多喜衛ら先人の思いが詰まったこの財産を守り引き継いでいくために、高知でもできることはないかと考えているところです。

ハワイの移民史を学ぶうちにアメリカ史上最強の陸軍部隊とうたわれた米陸軍442連隊の存在も知りました。日系アメリカ人で構成された部隊です。勇猛果敢で死傷率も高かったことで知られています。日系人初の上下両院議員として活躍したダニエル・イノウエ議員は442連隊の兵士として従軍、右腕を失っています。イノウエ議員は大統領権限継承順位3位の要職、上院仮議長も務めた大物政治家でした。没後、出身地ハワイのホノルル国際空港は彼の功績を称えてダニエル・イノウエ国際空港に改称されています。日系人ということで白い目で見られていた442連隊のアメリカに対する忠誠と激しい戦いぶりは、米国民の日系人に対する評価を大きく変えたといわれています。442連隊を描いた映画もできていて、私はその上映会を高知で二度行いました。うち一度は、中川芙佐さんらDKGの皆さんと共同開催でした。

田野町といえば、南太平洋のミクロネシアに渡った森小弁の先祖が田野町です。森小弁は高知市の出身なのですが、田野町に先祖のお墓があります。町教育長だった西山均さんが探し出し、「森小弁先祖の墓」という看板をつけていました。その一帯は「森が谷（森バレー）」と呼ばれているそうです。田野町にはライオン宰相、濱口雄幸の家もあります。濱口は婿養子で、10代のときに田野町の濱口夏と結婚しています。西山さんはその家の保存にも力を注いでいました。

昭和初期に『冒険ダン吉』という人気漫画がありましたが、森小弁はそのモデルです。自由民権運動を経験したあと、現在の早稲田大学を中退してミクロネシアのトラック諸島（現在のチューク州）に渡ります。明治中期のことです。酋長の娘さんと結婚し、酋長になり、実業を起こして現地に根付きました。ニューギニアの北東に位置するトラック諸島は、第一次世界大戦後は日本の委任統治領となります。特徴は荒波の影響を受けない広大な環礁でした。地理的な特性と停泊地としての魅力から、「日本の真珠湾」「太平洋のジブラルタル」と呼ばれるようになります。戦争が近づくと、戦艦大和や戦艦武蔵を擁する連合艦隊の根拠地として使われました。

高知市春野町で会社を経営する山本敦夫さんが森小弁の親類で、私は山本さんから小弁のことを教わりました。交流活動を始めたきっかけは、当時ミクロネシア連邦大統領だったエマニュエル・マニー・モリさんが森小弁のひ孫だと聞いたことです。山本さんや会長に就任した山崎啓輔さんらが友好協会を立ち上げる際はお手伝いさせていただきました。2016（平成28）年にはミクロネシアの日本公使だった森小弁の孫のロジャーさんを高知に招きました。私はそのときロジャーさんを連れて県内を回りました。経済視察のほか、田野町にある森家の墓では墓参もしました。2017（平成29）年には山崎会長がミクロネシア連邦名誉総領事に任命され、高知に中四国唯一の名誉総領事館が置かれることになりました。

高砂義勇隊を語り継ぐ

台湾のことにも触れたいと思います。

台湾には何度も行って、総統として台湾の民主化を進めた李登輝さんにも何度かお会いしました。李登輝さんは坂本龍馬が好きで、台湾龍馬会の会長をしていました。最初に行ったのは県議1期目の２０１０（平成22）年7月です。先輩県議の結城健輔さん、西森潮三さん、そして清藤真司さんを誘って高砂義勇隊の慰霊碑に行きました。見上げるほど大きな慰霊碑には「霊安故郷 敬題 李登輝」と大きく刻まれていました。「英霊よ、安らかに故郷へ」という意味です。李登輝さんが撰文し、揮毫しています。

高砂義勇隊というのは原住民族の「高砂族」（アミ族、タイヤル族などさまざまな民族の総称）で構成した部隊で、身分は日本軍の軍属（軍人以外の者）でした。密林での行動に慣れていることから、彼らを補給などの兵站面で使おうと考えたのです。ニューギニア戦線にも投入されました。彼らの墓碑銘を見ると、もともとの名前と中国語名、日本名と、三つの名前がありました。台湾にはもともとアミ族、タイヤル族などの人々が住んでいました。そこに中国本土から中国人がやって来ます。清代には中国の一部となり、日清戦争後の１８９５（明治28）年に日本領となります。以後、１９４５（昭和20）年の終戦まで日本の統治下でした。外から来た民族に統治された歴史が三つの名前に象徴されていたのです。

作家の司馬遼太郎は、日台両国でベストセラーとなった『台湾紀行』の中で高砂族の民族性に触れています。「高砂族と日本時代によばれてきた台湾山地人の美質は、黒潮が洗っている鹿児島県（薩摩藩）や高知県（土佐藩）の明治までの美質に似ているのではないか。この黒潮の気質というべきものは、男は男らしく、戦に臨んでは剽悍で、生死に淡白である、ということである」と。高知県の陸軍歩兵第百四十四連隊は、司馬が「美質が似ている」と感じた高砂義勇隊とともに戦ったのです。『台湾紀行』にも出てくる蔡焜燦さんの『台湾人と日本精神』には百四十四連隊の話が紹介されています。ニューギニアのブナで玉砕するとき、自決に臨む山本重省連隊長が高砂義勇隊への感謝を込めた遺書を残したというエピソードです。過酷な戦場で、高砂義勇隊は勇敢でまじめでした。高砂義勇隊の一人は、餓死しながらも背中に背負った輸送中のコメには全く手を付けていなかったそうです。

１９３７（昭和12）年の盧溝橋事件（北京での日本軍と中国軍の偶発的戦闘）で始まった日中戦争から終戦までの間に20万人を超える台湾人が日本兵として出征しています。うち、戦没者は約３万人です。ところが１９８８（昭和63）年に弔慰金の支給が決まるまで台湾人日本兵には戦後補償がありませんでした。しかも、弔慰金の額は日本人とは比較にならないほど少ないものでした。「日本精神で日本人として戦った」と信じる彼らにとっては裏切られたような思いだったのではないでしょうか。裁判を起こした人もいました。

さらに過酷なのが高砂義勇隊です。高砂義勇隊は４０００名を超える人が出征し、生存率は１割以下だともいわれています。軍属という身分でありながら、ニューギニアでは高知の兵士とともに銃を取り、夜間には爆薬を仕掛けに行ったと記録にあります。本山町長を務めた今西貞茂さんは、『Beyond Kokoda』の中で「（高砂義勇隊の隊員が）『兵隊さん、銃を貸してください、貸してください』と言うてね、いったん銃を取ったらあれらもだいぶんと戦ってくれましたよ。警戒にも出てくれたりしてね」と振り返っています。戦後、戦友会が発行した機関紙にはこう書いています。

「私たち南海支隊生存者はかつての戦友である高砂義勇隊のことを思い起こさずにいられません。彼らのあの勇敢な協力なくして支隊の戦歴は語れないと同時に、私たちの今日の命すらなかったのではなかろうか。戦いは終わって20余年、彼らの母国台湾はご承知の通り、私たちは豊かでなくとも平和な毎日に、かの戦場での彼らの捧げた尊い血と、あの友情を忘れてはいないでしょうか。今度の大戦は人類最後の罪業として、二度と再び誤ちを繰り返さないよう、国籍の如何を問わず『総ざんげ』すべきであって、慰霊の範囲も国境を越えた広義のものでありたいと思います。戦後恵まれることのうすい彼等の慰霊とご遺族の慰問、生存者の調査、そしてその友情の復活が出来たらと思います。もっとも勇敢な戦士であり、日本人として高い誇りをもってその青春をささげ立派に散華して逝った、あの高砂義勇隊のことを私たちは今こそ思い起こしてみようではありませんか。そして建立を予定している慰霊塔に英霊の合祀も考えるよう会の活動も敬虔な態度と、広く高度な視野で進めてゆきたいものと思います」

高知県ニューギニア会の運営を手伝っていた大川内憲作さんの記憶によると、今西さんら元兵士たちは元高砂義勇隊員を高知へ招待し、交流していたようです。

生還もおぼつかない戦場で黙々と働いたにも関わらず、彼らへの戦後補償は誠意のあるものではありませんでした。百四十四連隊の顕彰を進める中で高砂義勇隊の存在を知り、台湾に行ったときにはぜひ慰霊碑を訪れたいと思っていました。

李登輝さんに「高砂義勇隊のことを語り継ぎたい」と話すと、とても喜んでくれました。「あなたたちの世代が語り継いでくれるのはありがたい」と。続けて、尊敬していた実兄（李登欽さん）が日本海軍に志願し、フィリピンのマニラで戦死して靖国神社で祀られていること、そうした台湾人がたくさんいることも忘れないでほしい、とも話していました。台湾には「国軸の会」でも行ったのですが、そのときにはたっぷりと意見交換することができました。李登輝さんはＩｏＴ（Internet of Thing＝モノ同士がインターネットを介してつながる）のことを話していました。「日本と台湾はＩｏＴで未来を築ける」と。「日台関係はアジアの基盤」とも話していました。

中内続喜さんと吉岡徳喜さん

台湾人日本兵の戦後補償問題が顕在化したきっかけは一人の高砂族残留兵でした。「もはや戦後ではない」という言葉が登場したのは1956（昭和31）年の経済白書でした。それからさらに16年、戦争の記憶が消えかけた1972（昭和47）年になって西太平洋・マリアナ諸島のグアム島で横井庄一さんが保護されます。戦争となった地に、しかもすでに観光の島と変ぼうした地に、まだ終戦を知らない日本兵が隠れ住んでいたことに世界中が衝撃を受けました。1974（昭和49）年2月にはフィリピンのルバング島で元日本軍少尉の小野田寛郎さんが見つかります。小野田さんは島内で戦い続けていました。終戦から28年半、休みなく戦い続けていたのです。再び世界は衝撃を受けました。

2人のことについて、私は小学生のときから知っていました。しかし、2人よりもさらにあとに見つかった日本兵のことは長く知りませんでした。高砂義勇隊のことを勉強していたとき、その存在を知ったのです。元日本兵は、台湾・アミ族のスニヨンさん、中国語名は李光輝、日本名は中村輝夫です。インドネシアのモロタイ島で1974(昭和49)年の12月18日に発見されました。血書を示して軍に志願した中村さんは、日本兵として戦います。米軍に敗れ、ジャングルで潜伏生活を行っていました。潜伏中も毎朝の宮城(皇居)遥拝を欠かさなかったようです。保護されたあと、行き先が問題となります。「日本に帰りたい」と話す中村さんに、日本政府は「台湾と日本は別の国になっている」と説明します。中村さんを台湾に帰しました。

中村さんの帰国を契機に、あまりにも大きい日本人と台湾人の補償の格差がクローズアップされます。それが両国の社会問題となりました。

残留日本兵問題で、忘れられないエピソードが二つあります。

一つは2005(平成17)年、フィリピン・ミンダナオ島の山中に日本兵2人が生存し、帰国を希望しているというニュースが流れたことです。全国的に話題となり、小泉純一郎首相も談話を出しています。

1人は高知県越知町出身の中内続喜さんでした。地元の高知新聞も大々的に報じました。親族、同級生、職場の仲間、多くの関係者が喜びのコメントを出し、今にも帰国するという期待が膨らみました。ところがすぐに情報が混乱し、信頼できないとして国は調査を打ち切ります。

中内続喜さんは路面電車の車掌をしていて、優しくハンサムな青年だったそうです。中内さんが戦後60年もフィリピンの山中で生存していたのか。それが事実だと確認できなかったにせよ、現地の人がその名前を口にしたということは戦後しばらくは生存していたのではないか。私に確かめる術はありませんでしたが、分かったこともあります。南方や大陸など、日本が戦争をした多くの地域に残留日本兵がいたことです。

高知錬心館の弘田福先生が役員をしていた高知パゴダ会の会報にも、高知市出身の残留日本兵吉岡徳喜さんの話が掲載されていました。高知パゴダ会は、ビルマ戦線に赴いた県出身兵士の戦友や遺族で作った会です。慰霊や遺骨収容に取り組むとともに、戦没者をまつるビルマ様式の仏塔パゴダを高知市五台山の吸江寺境内に建立しています。中心となったのは軍医として出征、戦後は高知県医師会会長や高知中央高校理事長も務めた高知上町病院の町田速雄院長でした。ビルマに残留した吉岡さんが帰高したとき、町田さんは吉岡さんと対談し、現地での苦労を聞き取っています。

戦後、吉岡さんはビルマに残って家族を作りました。不安定な政情に翻弄されつつ、鉄工所を立ち上げます。高知へ里帰りした１９７９（昭和54）年当時には経営を軌道に乗せていました。対談の中で吉岡さんは、長男のことを話しています。友だちを集めてグループを作り、歌を歌ったり絵を描いたりしている、歌の好きなビルマ人の気性もあって案外売れている、と。

長男の日本名は吉岡幸夫、ビルマ名はキンワン。１９７８（昭和53）年、30歳のときに発表した曲が大人気となり、ビルマの伝説的なシンガー・ソングライターとして名を残します。ちなみにビルマは今はミャンマーと呼ばれます。１９８９（平成元）年にビルマ国自身がミャンマーと国名を変えているためです。以後、日本はミャンマーと呼びますが、アメリカなど一部の国はその後も長くビルマと呼び続けました。国名変更した軍事政権に正当性を認めなかったからです。

２０１５（平成27）年、戦後70年の節目に朝日新聞が「もう一つの祖国」という連載記事を載せました。２０００（平成12）年に亡くなったミャンマーの人気歌手キンワンさんが残留日本兵の息子だったと明かし、同じ年に88歳で亡くなった吉岡徳喜さんの人生をたどったのです。吉岡さんを通じて少なからぬ人が残留日本兵問題に目を向けました。

海外に残留した日本兵の総数は1万人とも、2万人ともいわれています。

小野田さんのように日本の敗戦を認めず戦い続けた日本兵、アジア各地の独立戦争に身を投じた日本兵、中内さんがそう噂されたように山中のゲリラと行動した日本兵、吉岡さんのように現地での生活を選んだ日本兵、「ビルマの竪琴」の水島上等兵のように戦没した仲間を残していけないと残留した日本兵……。

日本兵たちの中には韓国、台湾、ブラジルなどさまざまな地域で生まれ、日本人として戦った人も含まれていました。

アジア各地に数多く残留していたであろう元日本兵は、終戦から78年の今、もう残っていないともいわれています。

歴史の渦に消えていった残留日本兵問題も、紛れもない日本の歴史の一つだと思います。

樟脳と「一視同仁」

高知と台湾という文脈でどうしても触れておきたいのが、金子直吉と板垣退助です。

金子直吉が鈴木商店の業績を伸ばしていくとき、最も追い風となったのが、後藤新平、そして台湾との出会いです。

直吉は鈴木家に対する忠誠を生涯変えなかったのですが、その理由は樟脳でした。先代の鈴木岩治郎が他界したあと、樟脳の取り引きで直吉は取り返しのつかないほど大きな損失を出します。鈴木商店倒産の危機でした。

そのとき、直吉を一切責めず、守り、引き続き経営を任せたのが岩治郎の妻、ヨネでした。当主となったヨネに対する恩義を、直吉は持ち続けたといわれています。樟脳は医薬品や防虫剤になるほか、セルロイド（合成樹脂の一種）の材料としても使われていました。樟脳の原料は暖かい土地に生えるクスノキです。樟脳の仇は樟脳でとる。直吉は台湾の樟脳に目をつけます。１８９５（明治28）年、台湾が日本に割譲されたときに鈴木商店は台湾へ進出します。２年後の１８９７（明治

30）年には直吉自ら現地に乗り込みました。出会ったのが、民政長官として台湾に赴任していた後藤新平でした。

1882（明治15）年に板垣退助が岐阜で遭難（短刀で刺される）した際、医師として診察したのが後藤新平でした。「本望でしょう」と声をかけて板垣が感心したという逸話がある人物です。岐阜遭難は「板垣死すとも自由は死せず」の名言が生まれたことでも知られています。

後藤と直吉は意気投合します。以後、直吉は台湾で多くの事業に取り組みます。それが鈴木商店を急成長させました。戦前の台湾産業を分析した資料には「全産業を三井・三菱・鈴木で独占している、しかし三井・三菱と鈴木の最大の違いは、前者が日本国内で蓄積した資本で台湾に進出したが、鈴木は台湾を出発点として巨大な成長を遂げた」と書いています。

台湾での鈴木の事業は、樟脳に始まり、塩、砂糖、材木、植林、土地開拓、不動産、農場経営、石炭、電気、鉄工と多岐にわたっていました。鈴木の成長を支えたのは、後藤が紹介した台湾銀行です。最盛期には総貸出額の半分が鈴木という切っても切れない関係となりました。鈴木が台湾に進出する過程で、直吉に連なる多くの土佐人が台湾に渡ったようです。戦前の台湾経済は、金子直吉、鈴木商店と深い関係があったのです。

板垣退助と台湾の最も大きなつながりは、１９１４（大正３）年に発足した台湾同化会設立に関わり、総裁に就任したことです。

きっかけは板垣が前年、台湾の有力な指導者の一人である林献堂と東京で面談したことです。ここで林は日本の統治下における台湾人の苦境や権利向上などを訴えます。欧米のアジア進出に対抗するために東アジア地域の連携が重要だ、と考えていた板垣は台湾への訪問を林と約束します。翌１９１５（大正４）年、台湾行きを実行しました。

板垣は台湾総督府を訪れ、３つの意見を発表します。

①日本の台湾統治は、征服者・非征服者の関係ではなく、同化政策をとること。
　そのために日本人と同等の水準の教育を行うこと。
②同じ国民となるのだから、日本人と台湾人の婚姻を法的に認めること。
③言論の自由を許し、政治を論ずる道を開くこと。

その年二度目の台湾訪問で台湾人の地位向上を進める組織として「台湾同化会」

を組織、初代総裁に就任したのです。

台湾でも名声高かった自由民権の英雄板垣のこの行動を、台湾人は熱烈に歓迎します。入会者は3198人にものぼりました。

当時は帝国主義、植民地政策が当たり前の時代です。ある意味植民地でもあった台湾でも板垣の考えは変わりませんでした。自由民権運動を興し、一君万民論を掲げた青年時代と変わらない信念を貫いたのです。

板垣の考え方は「一視同仁」と言い換えられて日本の台湾統治の基本理念となります。ところが日本人社会からは「急進的すぎる」と反感を買い、政府からも「台湾人の民族主義を過度に刺激する」と警戒されました。同化会は設立わずか2カ月で大弾圧を受け、解散します。「一視同仁」のスローガンは残ったものの、板垣の思想は換骨奪胎されていきました。

当時、板垣は「老いた闘士が勝手に行動し、迷惑だ」と散々な評価を受けました。しかし、板垣とともに行動した林献堂はその後に起きた台湾議会設置請願運動の中心になっています。板垣の動きは台湾社会に大きな刺激を与えたのです。板垣の行動は「台湾最初の民主主義運動の出発点となった」という評価も定着しています。

板垣退助と金子直吉、2人の土佐人が台湾の政治と経済に大きな足跡を残しました。

お月さんももいろ

私はサンゴ業界との関わりが深いのですが、高知県はサンゴでも台湾と深くつながっています。高知県の漁船が採取した良質サンゴの主な輸出先が台湾なのです。サンゴの採取と加工は高知県の伝統産業です。国内で産出される宝石珊瑚の原木の入札はすべて高知県で行われ、日本珊瑚商工協同組合などの全国組織も高知県に置かれています。宝石珊瑚というのは宝石として扱われるサンゴのことです。深海で長い長い時間をかけて成長します。「珊瑚」と漢字で書くと宝石にするサンゴを意味するようです。

県西端の大月町には「お月さんももいろ」というわらべ歌が伝わっています。藩政時代、話すことすら禁じられていたサンゴのことをわらべ歌に託したのだといわれています。文献で確認できるだけでも、高知県では１８００年代初めからサンゴの採取が行われてきました。世界的には地中海がサンゴ漁発祥の地ですが、日本では土佐から始まったのです。高知県沖で採取される宝石珊瑚には極めて稀少なアカサンゴ（血赤サンゴ）のほか、モモイロサンゴ、シロサンゴがあります。世界的に見ても宝石珊瑚の最高級品はアカサンゴなのですが、ヨーロッパの一部では最も優れたアカサンゴを「tosa（トサ）」と呼んでいました。優れたアカサンゴが土佐沖で採れたことから付いた呼び名だそうです。

この土佐産宝石珊瑚を世界に売り出してブランド化を図ろうとする動きがあります。担い手は近藤健治さん、正木友章さん、川村秀樹さんら高知県の若手サンゴ店経営者です。川村秀樹さんの叔父さんが業界をけん引する「ＫＡＷＡＭＵＲＡ」（高知市福井町）の川村裕夫社長で、私は川村社長に多くのことを学ばせていただきました。

川村社長がサンゴ加工会社を起業したのは１９６８（昭和43）年でした。幼少期の事故で半身に障害がありながら、川村社長はすばらしいバイタリティを持つ人です。パラスポーツの世界でも有名なのですが、本業の方でも高知県の珊瑚加工品の存在感を高めました。2009（平成21）年には日本で初めて宝石・時計の世界的祭典、バーゼルワールドに出展。2020（令和2）年には銀座三越に「KAWAMURA銀座店」を開いています。川村社長とのご縁で珊瑚彫刻家、前川泰山先生の就業60周年記念個展に参画させていただいたことがあるのですが、そのときに「希少な作品の数々が高知には残っていない」という嘆きをうかがいました。珊瑚彫刻は芸術です。世界に誇る高知の伝統芸術なのですから、本来は県立美術館などに収蔵展示すべきものだと考えています。

物部真一郎さんの人脈

2018（平成30）年以降は政党から離れたことで一層自由になりました。党務がないので、パワーを思い切り外に向けられるのです。2019（令和元）年に県議会議員に復活したことで、活動の幅もさらに広がりました。

前に触れましたが、落選浪人時代に多くのことを学ばせてくれたのが「自治体通信」でした。学生時代にお世話になった明石智義さん率いるイシンが展開するメディアです。「自治体通信」によって全国の地方自治体の先進事例を手に取るように知ることができました。地方への立地に意欲を示している首都圏の成長企業が多く存在していることも知りました。

「国軸の会」の勉強会を通じ、私は今後の日本と高知県経済に必要な指標は「潜在成長率」だと考えていました。実質もしくは名目成長率は「現在の景気」を表します。潜在成長率は「将来成長できる可能性」です。この指標は、①働く世代の人口（労働投入量）②設備投資に使われたお金（資本投入量）③技術革新による生産性向上の3要素で成り立ちます。考えてみれば、高度成長期はこの①②③がすべてそろっていました。最も重要な①の「働き手」を支えていたのは地方です。集団就職に象徴されるように、近代化された、つまり③の技術革新が起こっていた産業に地方からどんどん人が移っていったのです。それによって日本は経済成長しましたが、地方からは人が失われていきました。ところが今や時代は一回りしています。地方の資源が見直される時代になったのです。

食料やエネルギーの供給基地として。心豊かに過ごすことのできる自然環境をはぐくむ地として。デジタル化によって、地方でも仕事ができる条件はできつつあるのです。半面、労働生産性や技術革新という分野では地方は伸びしろが多く残されています。大切なのは都市部の企業が持っている価値や技術と高知県の課題をつなげていくことだと思います。都会からの企業移転や地元企業との連携が進めば①の「地方の労働人口」も増やすことができると考えました。こうした事例を作ろうと、浪人中からイシンと行っていた首都圏成長企業の高知ツアーには引き続き取り組みました。その上で、県外企業の皆さんとの協働を模索することにしました。県議復活後のテーマの一つというわけです。

ちょうどそのころ、高知大学医学部時代に私の最初の選挙を手伝ってくれた物部真一郎さんが高知に戻りました。学生起業家として高知時代も活躍していた物部さんですが、大学卒業後は精神科医として医療現場で勤務していました。しかし起業への思いは断ち難く、イノベーションのメッカ、シリコンバレーにあるスタンフォード大学大学院に進学します。ＭＢＡを取得して帰国し、遠隔診断治療支援サービス「ヒフミル君」を運営する株式会社エクスメディオを仲間と起業していました。起業資金を高知県主催のビジネスコンテストで手に入れたこと、高知に深い愛情を持っていることから、物部さんは「高知に何らかの貢献をしたい」と話してくれました。

私は物部さんから多くの起業家を紹介してもらいました。その中で2つのプロジェクトに関わることになります。

「高知のわんぱく多肉」

一つめは、植物好きが集うSNSコミュニティサービス「Green Snap」を起業した西田貴一さんたちと取り組む「高知多肉プロジェクト」です。

Green Snapは植物の写真を撮影したらAIが診断、名前を教えてくれる機能から自分の植物を自慢できるコミュニティ機能、育て方をチャットで教える機能まで多彩なサービスが支持を集め、年々成長を続けています。アプリのダウンロード数は310万、サービス全体のユーザー数は最大1200万人。この分野では圧倒的に日本一の企業です。

西田さんと出会ったのは2020(令和2)年の夏でした。

物部さんからの紹介で、バーチャル植物園事業に取り組んでいた西田さんを高知市の牧野植物園に連れていくことになったのです。せっかくの高知入りなので、北川村の「モネの庭」にも案内しようと思いました。道中、西田さんが「高知に一人だけ知り合いがいるので寄っていいですか？」と言います。それが南国市の多肉植物農家、濱田征太郎さんでした。濱田さんは土佐高校卒業後、フランスに渡り、そのときにできた友人と南アフリカの珍奇植物を育て販売する「エリオクエスト」社を起業していました。西田さんは「育成が難しい多肉植物を育てる変わり種が高知にいる、と業界で噂になっている」と話していました。

濱田さんと会って分かったのは、狭い農地で、技術を積み重ね、販売も工夫して、少しずつ経営が軌道に乗りつつある、ということでした。「多肉植物を育てるのに日照時間の長い高知県は最適だ」とも話していました。多肉植物たちに友だちのように話しかける濱田さんを見ながら、新しい発想で生きていこうとする姿に好感を持ちました。移動の車中で西田さんは「ほかにも多肉植物に取り組んでいる農家がいれば会ってみたい」と言いました。ハッと思い出したのが高知市春野町の「くぼファーム」と「見元園芸」です。久保英智さんと見元大祐さんという若い生産者が栽培に取り組んでいました。すぐに車を春野へ向けました。２人はあっという間に西田さんと意気投合しました。

東京に帰った西田さんから連絡をもらったのはそのすぐあとのことです。「若く挑戦意欲ある高知の生産者と、GreenSnapの社風がピッタリです。高知のことも好きになったので、会社を挙げて応援します！」というのです。

コンセプトは「高知のわんぱく多肉」。濱田さんが話しかけていたように、多肉植物を好きな人はまるで人のようにかわいがるそうです。そこに着目し、高知の多肉のイメージを皆で話し合って「わんぱく」と決めました。

その後の動きは早く、「高知多肉」ブランドのデザインやロゴの作成、プロモーションビデオの制作にGreenSnapのＥＣサイト（ネット販売サイト）での特集、高知での記者会見などあらゆる仕掛けを行いました。生産者側でもつながりを作ろうと立ち上げたのが、高知多肉ブランド化協議会です。この協議会では多肉植物を入れる木箱の制作をよさこいの鳴子作りで有名な「こだかさ障害者支援センター」と連携して行っています。併せて高知県生涯学習センターが立ち上げた「しばてん大学農学部」のサポートも始めました。この学部は引きこもりや発達障害のある方に簡単な農作業体験と将来の就労を目指してもらう試みです。学習センターの高木義夫理事長は「将来的には多肉事業を大きな柱に育てたい」として取り組みを進めています。

夢は日本のサンディエゴ

もう一つのプロジェクトは高知大学医学部が設立したオープンイノベーション拠点「ＭＥＤｉ（メディ）」と、室戸市と連携して進める「ＳＡＷＡＣＨＩ型健康社会共創拠点」プロジェクトです。

ともに物部さんの恩師でもある高知大医学部の菅沼成文教授が立ち上げました。健康や医療の分野で先端技術を持つベンチャー企業と高知の医療資源を組み合わせ、地域課題を解決し、イノベーションにつなげるのです。イノベーションとは技術革新、革新、新機軸、刷新などと訳されます。菅沼先生は「イノベーションとは単なる技術の革新のみならず、創造的破壊と新結合が重要だ」とよく言っていました。その価値が社会に浸透して初めてイノベーションと認められる、とも。

菅沼先生は改革精神と国際感覚を持った医師です。初めてお会いしたときから

「高知県は日本のサンディエゴになれる」と力説していました。サンディエゴはアメリカのカリフォルニア州太平洋岸にある温暖な都市で、近年は情報通信、バイオ、製薬、医療機器などのハイテク企業が集積しています。世界的に有名なスクリップス海洋研究所もあります。カリフォルニア大学サンディエゴ校やサンディエゴ州立大学といった地元の大学がこうした企業や研究機関と連携、さまざまな成果を生み出している元気な都市です。菅沼先生はこう言います。「温暖な気候はもちろん、世界随一の海洋資源の研究所『高知大学海洋コア総合研究センター』が立地する高知県は、日本のサンディエゴとして大きな発展を遂げられる」と。海洋コア総合研究センターは国際深海科学掘削計画で得た海底試料の分析、保管を担っています。「地球掘削科学共同利用・共同研究拠点」にも認定され、世界の研究者が足を運んで活用中です。

サンディエゴはマイナスをプラスに変えた歴史を持っています。もともと軍事都市として成長しましたが、冷戦終了後に人口が急減、空き家や空きビルが増えたのです。そこを逆手にとって、若い研究者やスタートアップ（革新的なアイデアで新たな価値を生み出し、社会にインパクトを与える企業）の挑戦者を呼び込んだのです。呼び込む武器は過ごしやすい環境と安い家賃でした。菅沼先生は、豊かな自然環境を持ちながら全国一空き家率の高い高知県と重ね合わせていました。

菅沼先生がまず立ち上げたのが「ＭＥＤｉ（メディ）」です。千頭邦夫さんら経済人も協力し、高知市追手筋のチカミビルにスペースを設けました。起業をサポートする場であり、起業家の情報交換の場でもあり、シェアオフィスとしても使えます。新しいことを生み出す場所に、との思いでクリエイターの皆さんにも場づくりから関わってもらいました。中心となったのは私と同じ高知学芸高校出身の美術家黒瀬陽平さんです。黒瀬さんたちアーティストが作り上げた空間は、さまざまな発想が交差する「ＭＥＤｉ」の理念を表す象徴となりました。ここに集まった起業家の一人に、株式会社Psychic VR Labを率いる山口征浩さんがいます。ＶＲ（仮想現実＝人工的に作り出された仮想空間）という新技術のプラットフォーム「ＳＴＹＬＹ」を提供する企業です。山口さんを高知に連れてきたのも物部さんでした。

山口さんはＶＲの技術を医療と組み合わせて新たな価値を生み出そうとしています。たとえば遠隔医療です。浪人中、室戸でたびたび参加した太子講という集まりがあります。大工さんら建築に関わる職人の皆さんの会で、助け合いや情報交換を行っています。太子講という名は寺院建築に大きな足跡を残した聖徳太子からきているそうです。リーダーの谷本恵司さんをはじめ、職人の皆さんは市民の困りごとに精通していました。あるとき会合でこう言われました。「シュウ君、田舎は都会より命が軽いがで。ちょっとしたけがや病気でも病院がないき、おおごとになるがよ。おかしいと思わん？　そりゃあ人も減るのは仕方ないよね」。返す言葉を持ち合わせていませんでした。空間を飛び越えて診療が可能になる新しい技術があれば……と思いました。ＶＲの技術はそれを現実にする可能性を秘めています。

山口さんは面白い人でした。20代で上場企業の社長を経験したあとに退社。裸一貫渡米し、ＭＩＴ（マサチューセッツ工科大）の構内に勝手に住み着いて勉強したそうです。帰国後、先端技術のＶＲに目をつけて起業しました。私と似ていたのはどこでも眠れることと、図々しいことでした。山口さんが高知に長期間滞在することになったとき、つい勢いで「妻の祖父の家が住む人がいなくて空き家になっている。住んでもらっていいですよ」と口走ってしまいました。山口さんはなんとその日からその家に住み着いたのです。浪人中、スタッフの髙橋祐平君と一緒にいろんな地域で泊まり込んでいた自分の姿を見るようでした。車も私の自家用車を貸しました。スピーカー付きの街宣車、「一燈立志号」です。毎日のように私の街宣車が高知大学医学部の駐車場に停まっているのを見た人から電話をもらいました。「大石君がどうも身体を壊したらしいと噂になっているけど、大丈夫?」と。山口さんが住み込んだ家は、山口さんや物部さんが連れてくる起業家たちの梁山泊になりました。「新たな技術を生み出して世界に新たな価値を提供したい」。熱く語る多くの起業家がやって来て、アイデアを説明し、酒を飲み、交流する。若き日の五島先生たちもこんな感じだったのかな、と思うこともありました。

山口さんたち起業家と菅沼先生らは室戸を舞台に具体的な取り組みをスタートさせます。「SAWACHI型健康社会共創拠点」プロジェクトです。健康づくりに新しい技術を活用しつつ、将来的にはヘルステック(医療+テクノロジー)研究の拠点化を図り、先端企業を集積させようとする試みです。室戸を選んだ背景には植田壮一郎市長の強い熱意がありました。植田市長は高知大学医学部を何度も何度も訪問し、こう切々と訴えました。「医療から見捨てられているというあきらめの感情が生まれつつある室戸市民の心を変えるためには、全国でも最先端の取り組みを進める必要がある。その上で、命と健康を守るという結果を出さなければならない。その取り組みこそが日本を救うことになる」。当初は慎重姿勢だった高知大学医学部も、菅沼先生の決断で一気にプロジェクトを進めることになりました。

2022（令和2）年6月、植田市長は不可能といわれた市立診療所を立ち上げました。ここの診療所を基盤として、「SAWACHI」の新たな挑戦が始まります。

目指せ起業！　目指せ1億！

2021（令和元）年秋、高校時代から親しい須江勇介君から会いたいと連絡がありました。先に書いた通り、須江君は私の最初の選挙のときにホームページを制作してくれた仲間です。当時、南国市で起業したばかりでした。

15年たって須江君は大きく会社を成長させていました。会社の名は「ASHE（アッシェ）」。高知駅北側のビルに本社を構え、東京の虎ノ門にも支社を置いています。事業の中心はIT領域ですが、フードロスを削減する社会事業にも挑戦していました。スーパーマーケットなどでよく見る「もぐもぐチャレンジ」がそうです。

須江君の話はこうでした。EOという年商1億円以上の企業の創業者しか入れないコミュニティがあり、そこに入って勉強させてもらっている。EOのメンバーで話すうち、社会貢献事業の一環で次代の起業家を育てるプログラムを高知で作ることになった。いい話だと思うので、ぜひ一緒に取り組みませんか——。高知出身の起業家、中西聖《せい》さんが中心になって取り組んでくれることになっている、とのことでした。中西さんは不動産会社プロパティエージェントを起業、東証プライム市場に上場させた人物です。自社の経営だけでも多忙な起業家が、次を育てようと汗をかこうとしていることに驚きました。3年の間に高知県内で年商1億円以上を10社、5年で新規雇用1000人以上という目標も掲げていました。もちろん一も二もありません。できることは何でもお手伝いさせてほしい、と答えました。

起業家というとアクが強く、カリスマ的なリーダーを想像しがちですが、初めてお会いした中西さんは全く違いました。知らず知らずのうちに周囲がいい空気に包まれるような、柔らかい雰囲気をまとった人でした。このプログラムは高知イノベーションベース（略称ＫＯＩＢ）という名で２０２２（令和４）年4月に発足します。中西さんの呼びかけでＫＯＩＢに集まった仲間も面白い経営者ばかりでした。

　旅行に来た須崎市のお祭りで酔っ払いが幸せそうだったと須崎市役所を受験、職員となった守時健さん。入ってすぐに提案したのが、ゆるキャラしんじょう君でした。誕生したしんじょう君と守時さんは二人三脚で全国を駆け回ります。楠瀬耕作市長が守時さんの個性を愛し、全面的に応援したことで、取り組みは加速しました。しんじょう君を日本一の人気者にしたかと思えば、ふるさと納税に取り組み、２００万円そこそこだった年間ふるさと納税額をなんと１０００倍の20億円に押し上げます。大活躍の守時さんに楠瀬市長はこう声をかけたそうです。「そろそろ辞めたら?」。人事異動などで違う業務に就くよりは個性を大事に、という市長の思いは当たります。退職後起業した地域商社パンクチュアルの最初の仕事は、コロナ禍で出荷ができなくなっていた高級魚カンパチの販売でした。しんじょう君がTwitterでつぶやいた「おいしい高級カンパチが、コロナの影響で20万匹も廃棄されそう」が日本中に拡散します。あっという間に注文が殺到、３日で一億円を売り上げたそうです。その後の３年で売り上げは４倍、従業員も６名から50名へ。目を見張る成長を続けています。

ほかにも全財産35円から起業、地元高知にこだわりつつ住宅業界で挑戦を続ける「建匠」の西村龍雄さんらがいます。

２０２２（令和４）年12月23日、ＫＯＩＢの定例会で初めてリーダー中西さんの講演がありました。

経営学の名著、ジム・コリンズの『ビジョナリー・カンパニー』を読んだことが人生の転機だったと語る中西さんは、包み隠すことなく自身の生い立ちを語りました。高知で過ごした少年時代、東京でサッカーに熱中したこと、社会をいったんドロップアウトして建設現場で働き始めたこと、入社した会社で営業として結果が出たときの喜び、ビジョナリー・カンパニーという理想に出合い、その実現のために起業したこと。常にビジョナリー（未来志向・先見的）であるために必要なこと、経営は個人ではなく組織で行うことがいかに重要かということについても話してくれました。あっという間の時間でした。中西さんが持つ柔らかい空気の理由が分かるような気がしました。特に印象に残ったのが、人生は「誰といるか」が大切だと繰り返し訴えていたことです。

私もこの本をここまでようよう（やっとのことで）書いてきましたが、振り返ると「出会い」に人生が大きく影響を受けてきたことに改めて気づかされました。

ＫＯＩＢの一番の特徴は、こうした本物の起業家が、メンター、寄り添う兄貴分として本気で会員を成長させよう、もっと言えば次のライバルを育てようとしていることです。

良いライバルを増やすことが、自身の成長にもつながると考えているのではないかと思います。

おそらくどの業界でも同じですが、競争なきところ成長なし、好敵手なくして物語なし。これが起業家の覚悟だと思います。志高いＫＯＩＢの皆さんのこれからの挑戦と成長を楽しみにしつつ、その精神を私も持ち続けようと決意しています。

「明けない夜はない」

２０１９（令和元）年に中国で発生した新型コロナウイルス感染症は、世界中に大きな広がりを見せました。当初は対岸の火事だった我が国でも翌２０２０（令和２）年1月16日に最初の感染者が確認されます。その後の急速な感染拡大は日本社会に大きな影響を与えました。

未曾有の事態のなか、議会や議員として何ができるか。まず思い出したのは、東日本大震災のときに不確かな情報が出回って混乱した経験です。コロナを有事と見た場合、有事の極みは戦争であり、戦争で最も大事なことは情報です。正確に、迅速に、県民の皆さんに情報を提供しないといけないと思いました。県のコロナ対策本部会議をはじめ、コロナに関する発表を行うあらゆる会議を傍聴し、報道記者と一緒に知事の記者会見に出席してメモを取り、できるだけ私見を省いて発信しました。東日本大震災から9年、情報発信手段も進歩していました。Facebook, Twitter, InstagramなどのＳＮＳ（ソーシャルネットワーキングサービス）です。このときからYouTubeも始めました。警戒レベルと対策の内容、支援策の中身、発信すればするほど多くの皆さんから切実な反応をいただきました。集まったその声を整理して、また県に情報提供する毎日でした。

県議会では特別委員会も組織され、全会派の意見を取り入れて要望書を作りました。現場の声を多く取り入れ、県に提言することができました。情報発信と現場の声を聞くことは両輪だと痛感しました。ある記者からは「私たちがニュースにするより、大石さんの記事の方がずっと早いんですよね。実は大石さんの記事は記者も見てますよ」と言われました。SNSの威力を感じました。その分、「裏を取る」というか、正確な情報を正確に書くことの重みと責任も強く感じました。

2012（平成24）年12月に公文豪さんが土佐史談会の機関誌に書いた「スペイン・インフルエンザと高知県」にも出合いました。102年前の1918（大正7）年に全世界を襲った感染症、スペイン風邪をめぐる高知のありさまが詳細に書かれていました。コロナ感染症との類似点が多いことに驚きました。歴史に学ぶ重要性も痛感しました。この論文を解説したYouTube番組を配信したところ、再生回数が跳ね上がりました。

この番組では、猛威を振るったスペイン風邪が約3年で終息したことを引き合いに「明けない夜はない」と締めくくりました。

ニュー「東京にいる君に」

高知県は県民総生産のほとんどを3次産業に頼る経済構造です。人が動かなくなることが、大きく経済に影響する地域なのです。コロナ感染症は県内多くの産業に打撃を与えました。

飲食店や観光産業、結婚式などのイベント産業、ギフト業界などを筆頭に、関連事業者の皆さんも大変な状況に陥りました。

国や県の支援を訴える事業者の皆さんの思いを受け止めながらも、思うようにはいかない自分の非力さに唇をかむ日々でした。

そんな逆境の中でもくじけずに立ち上がった皆さんもいました。

高知市帯屋町で飲食店を経営する梶原あいみさんはその一人です。梶原さんはこう言いました。「お店にお客さまが来られないことは仕方ない。だけど、できることはやらないといけない。自宅待機で食事を楽しめなくなっている皆さんに、飲食店のおいしい料理を提供したいんです。そのためにドライブスルー型のテイクアウトマーケットをやりたい」。そのバイタリティに感動し、街宣車とハンドマイクを手に初回のマーケットからお手伝いに行きました。苦しむ飲食店を応援しよう、という県民の皆さんの温かい気持ちも、おいしい食事が食べたい、との気持ちもあったと思います。イベントは大盛況でした。お客さんも、イベントに参加した飲食店の皆さんも、みんなが幸せそうな笑顔をしていたのが印象的でした。

できることを、やろう。そう強く勇気づけられた出来事でした。

学生時代にお世話になったライブハウスも、苦境に立たされていました。

感染初期、ライブハウスでの感染が大きく報道されたこともあって、全国のライブハウスの灯が消えたのです。昔からお世話になっているライブハウス経営者に西岡隆宏さんがいます。高知の老舗キャラバンサライでマネジャーとして活躍していた方です。私は高校時代、ライブを行うたびに感想を聞き、アドバイスをもらっていました。私にとって西岡さんはまるで部活動の先生でした。

その後、西岡さんは独立してはりまや橋にX-pt.（クロスポイント）というライブハウスを立ち上げます。多くのアーティストと親交がある西岡さんのライブハウスは順調な経営が続いていました。そこを新型コロナウイルスが襲います。

毎日のように厳しい状況を聞いていたある日、クロスポイントで働く福井一成さんから一本の電話をもらいます。

「ライブはできんけど、できることをやろうと思いゆう。会議や講演用にステージを使えるようにして、オンライン配信のお手伝いもすることにした」と言うのです。学生時代の恩返しがしたいと思っていたので、考えがひらめきました。スタートさせたのが「県政巡業」の春夏秋冬場所です。コロナが厳しい時期はオンラインのみでやり、コロナが落ち着くとオンライン＋リアルでやりました。専門的な知識を持つ人を招き、さまざまなテーマで対談をしました。私の講演もしました。若手の地方議員の皆さんとバンドを結成、ライブ付きのトークセッションを行ったこともあります。いろいろと工夫を重ねました。最初は恩返しのつもりで始めた取り組みですが、逆に活動の幅が広がることになりました。

ちなみにバンドのメンバーは学生時代からの仲間で佐川町商工会青年部の尾﨑俊一郎さん、安岡佑晃さん。そして、佐川町議会議員の岡林哲司さんと齋藤光さんです。バンド名は、尾﨑さんが商工会青年部の弁論大会で優勝したことを記念して「青年の主張」。オリジナル曲に加え、高知の誇るフォークシンガー「豆電球」さんの名曲「東京にいる君に」のオリジナルアレンジ版などを演奏しました。

「東京にいる君に」が世に出たのは私が生まれた1980（昭和55）年です。安田町で映画館「大心劇場」を経営する豆電球こと小松秀吉さんが、妹さんが上京したことをきっかけに作りました。同世代の仲間たちがどんどん上京していく寂しさ、彼らを心配する気持ち、高知に残った者の愛と応援のエールを込めた名曲です。作詞を小松さん、作曲は弟さんの小松正明さんが担当しました。正明さんは神戸市でライブハウスを経営しています。

お披露目はその年の8月。室戸のスーパーマーケット「オーシャン」の開店記念セレモニーでした。この曲は反響に反響を呼び、40年以上を経た現在まで歌い継がれています。私たちも当時の小松さんの思いはそのままに、歌詞を現代風に替えて歌いました。

YouTubeで配信したら、ありがたいことに⁉︎ 通常の政治に関する動画よりも多く再生されてしまいました。

名文「猿猴川に死す」

楠瀬啓文さん、畠中拓馬さん、佐藤恵一さんらギフト業界の若手の皆さんからも相談がありました。楠瀬さんは学芸中高剣道部でお世話になった先輩、谷口敏之さんのお兄さんです。畠中さんは商工会議所青年部の仲間、佐藤さんは同い年の交流会55年会でともに活動する仲でした。3人の話はこうでした。「高知県のギフト業界はこれまで横のつながりがなかった。政治とも関係がなかったし、業界の声を届ける仕組みもなかった。危機的状況になって、初めて横のつながりが大切だと感じた。今までギフトといえば広く全国の品物を扱っていた。だけど高知が危機に瀕した今、自分たちが高知の生産者やメーカーの力になれるとしたら、高知の商品を県内にも、県外にも売ることとやと思う。協力してほしい」。苦しい中で、周りのことも考えて行動しようとする志に感動を覚えました。その後、この3人を中心にして高知ギフト会が立ち上がります。県の支援も得て、高知県産品だけのギフトカタログが完成しました。

このカタログは今でも好評です。

余談ですが、畠中拓馬さんは森下雨村の随筆『猿猴《えんこう》川に死す』に登場する横畠義喜さんのひ孫にあたります。パラグアイとの交流に取り組む森本麻紀さんの弟さんでもあります。江戸川乱歩や横溝正史を世に出したことで知られる名編集長、森下雨村は高知の誇る文人です。雨村は敏腕編集長としての東京での生活を52歳で捨て、ふるさと高知の佐川町に帰り、無名の釣り師として人生を送ります。出合った自然や高知の仲間との交流を美しい文章に表しました。代表作であるこの随筆はこう始まります。「横畠義喜が死んだ。それもくわしいことはわからないが、どうやら好きな網打ちに出かけていて、川で死んだらしい、と人伝えにきいて、わたしはなにかのまちがいだろう、猿猴が川で死ぬなんて、そんなことがあってたまるものかと頭から話を受けつけなかった」。ここで描かれた横畠義喜さんは雨村の、そして高知の英雄です。ちなみに猿猴というのは土佐の川に住む一種の妖怪です。河童とも違うし、土佐にはシバテンという妖怪もいますが、それとも違います。怖いというより、愛嬌のある存在かもしれません。義喜さんは猿猴や河童のように泳ぎに長け、川の主の如くあらゆる釣りに精通し、仲間を愛し、誰からも尊敬されていました。

『猿猴川に死す』は、都会での金銭的な成功ではなく、人として豊かに生きる価値を教えてくれる名随筆です。思い返せば、浪人時代駆けずり回った高知県の津々浦々には、義喜のような「名人」がたくさんいました。そんな英雄、義喜の死因は、溺れた子供を助けようとして川に飛び込んだときに足を滑らせて岩で頭を打ったことでした。雨村は義喜の死をこう悼みます。

「猿猴の義喜が川で死んだ。猿も木から落ちる。ものは考えようである。猿猴が川で果てたのは、あるいは本望だったかもしれない。それも溺れる子供を助けようとして、不慮の死をまねいたのだ。義喜らしい死に方だと、私は暗然としながら、その冥福を祈ったことであった」。そして最後、義喜の追悼の会にあふれるほど集まった多くの人々が頭を垂れて涙にむせびぬれていた、と締めます。ひ孫である拓馬さんは、義喜のように多くの仲間に囲まれ、愛嬌と豪快な一面を持ち、コロナ禍に遭いつつ人のために走り回っている愛すべき土佐人です。2022（令和4）年には香南市で行われた県議会議員補欠選挙に挑戦し、苦杯を舐めました。愛すべき土佐人らしく、何らかの形で今後も高知のために働いてくれることを願っています。

コロナを食で応援しよう

コロナ禍で最も変化したのはオンラインの活用です。ミーティングから飲み会まで、Ｚｏｏｍなどのオンラインで行うことが増えました。シンガポールに住むイシンの明石智義さんからはこんな連絡がありました。「この機会を活用してふだんコミュニケーションを取らない人同士をつなげてみたい」と言うのです。具体的には、海外と日本、地方、そして起業家と政治家、などの取り合わせです。明石さんの誘いで私はたくさんの方とオンライン飲み会を開きました。

明石さんが紹介してくれた中に、スクウェアの創業者であり、幼いころ熱中したゲーム「ファイナルファンタジー」シリーズの生みの親で知られる鈴木尚さんがいました。鈴木さんはスクウェア退社後、芸能プロダクションＬＤＨの会長、楽天の取締役常務を歴任し、シンガポールに移住して投資家として活躍していました。学生時代に通った一新塾の創業者、大前研一さんとも親しい間柄でした。鈴木さんは私に多くのことを教えてくれました。学生時代の思い出、スクウェアの創業秘話、シンガポールのコロナ対策について……。驚いたのは、メインバンクが四国銀行（本店は高知市）だったのでスクウェア創業時には高知によく来ていた、いい思い出がたくさんある、と言ってくれたことです。意外なご縁に驚きました。鈴木さんからは「高知の若い経営者と飲みたい」と頼まれました。

せっかくなので高知らしい経営者を、とスペインにも出店した高知座屋《いざりや》のオーナーシェフ岡添将人さんと、四万十町で養豚から加工業まで展開する四国デュロックファームの佐竹宣昭さんを誘いました。

そのオンライン飲み会で、鈴木さんから福岡県で行われていたある取り組みを紹介されました。鈴木さんの友人で医師の吉田信一さんが立ち上げた活動です。民間資金を募り、必死にコロナ対応をしている医療機関にお弁当を差し入れるプロジェクトでした。

岡添さんと、Ｚｏｏｍの画面越しでしたが、顔を見合わせました。

ちょうどそのころ、私と岡添さん、バーテンダー日本一に輝いたＢＡＲ ＧＯＹＡ（東京・銀座）の山崎剛さん、パエリア世界選手権に日本代表キャプテンとして出場した南欧バル・アミスタ（高知市帯屋町）の瀬川大智君、権威あるレストランガイド、ゴ・エ・ミヨで星を獲得したラ・プリマヴォルタ（高知市はりまや町）の諏訪恵治君の5人でZoom飲み会をよく開いていました。瀬川君と諏訪君は同級生です。Zoomの画面を通し、5人で「高知の誇る食をコロナ禍でも発信していかなければならないし、苦しい高知県民をサポートする取り組みも必要だ。どんな取り組みがいいだろう」と議論していたのです。

「吉田先生の取り組みに興味があります」と話すと、鈴木さんはその場でZoomに吉田さんを招待してくれました。驚きました。そのスピード感はオンラインならではのものでした。医師であるだけでなく、起業家、経営者としても活躍する吉田信一さんは、自身の取り組みを丁寧に教えてくれました。さらに驚いたことに、吉田信一さんは吉田茂のひ孫にあたる方でした。首相としてサンフランシスコ平和条約を結んだあの吉田茂です。吉田さんは「曽祖父のこともあるし、高知のことなら何でも応援する」と大学の後輩である高知の医師も紹介してくれました。宿毛市の大井田病院で院長を務める田中公章先生です。

吉田さんの話を聞いたあと、岡添さんをリーダーとして立ち上げたのが「高知家『食』で応援プロジェクト」でした。SNSで寄付を募り、医療機関に渾身の料理を差し入れる活動がスタートしました。シンボルロゴなどのデザインは趣旨に賛同してくれたタケムラデザインアンドプランニングの竹村直也さんが協力してくれました。高知から世界を目指すような腕利きの料理人の魂がこもった最高の料理を差し入れることとしました。十二分に腕を振るえるように、予算は一人前３５００円にしました。最初は岡添さん、瀬川君、諏訪君の合作。お弁当を巻く掛け紙に、寄付をしてくれた人たちの名前を載せました。３人の料理人たちも直筆のメッセージを書き込みました。このプロジェクトは大きな反響を呼びました。医療従事者の皆さんから次々と感謝の気持ちが届きました。プロジェクトに参加する料理人の方も増えていきました。私が事務局を務め、田中公章先生は医療機関との調整に汗をかいてくれました。先生自身もお忙しいなか、頭が下がりました。

埋もれた歴史、サン・フェリペ号

「食で応援プロジェクト」で高知県西部、幡多地域の医療機関に料理を差し入れたときのことです。瀬川君の運転する車に、岡添さんと私が乗っていました。

車中で岡添さんと瀬川君の話を聞いていました。岡添さんは海外に出店したいという夢を実現し、スペインの首都マドリッドで複数の店舗を経営しています。瀬川君はパエリア日本一になる夢を追いかけながら、本場中の本場、スペインのヴァレンシアで開かれた世界大会に日本代表のキャプテンとして出場していました。

2人がスペインの話で盛り上がる中、なんとなくスマホを開いて「スペイン　高知」と打ち込みました。二つの縁があることが分かりました。一つは2018（平成30）年2月、安田町がスペインのモンテフリオ町と姉妹都市提携を行っていたこと。もう一つは400年以上も昔、1596（文禄5）年のことでした。浦戸湾にスペインのガレオン船（大型遠洋帆船）「サン・フェリペ号」が漂着し、大事件となっていたのです。

サン・フェリペ号はフィリピンからメキシコを目指していました。ところが嵐に遭って漂流、土佐沖にたどり着きます。長宗我部元親は浦戸湾内に曳航しますが、船が大きすぎたために船底が海底に激突、船はバラバラになります。積み荷の所有権や乗組員の処遇をめぐってサン・フェリペ号側と豊臣秀吉政権との話し合いが行われました。そのとき、「スペイン国王はまず宣教師を送って相手国にキリスト教を広める。そのあとその国を占領するのだ」という乗組員の発言が出たとされています。当時、豊臣政権は大陸への侵攻のさなか（文禄の役と慶長の役の間）であり、サン・フェリペ号漂着の直後には慶長伏見地震で秀吉の居住する伏見城が倒壊、数百人が圧死するという大災害にも襲われていました。厳しい世情も判断に影響したのでしょう、乗組員の発言はキリスト教の迫害につながります。象徴的な弾圧が「二十六聖人の殉教」でした。京都などで捕らえたキリスト教徒を長崎まで歩かせ、磔《はりつけ》の刑にしたのです。日本人は20人、スペイン人が4人、メキシコ、ポルトガル人が各1人でした。うち一人はサン・フェリペ号に乗っていた修道士でした。名前はフェリペ・デ・ヘスス。その後、メキシコ初の聖人に列せられています。

サン・フェリペ号の乗組員たちは土佐でおよそ半年の軟禁生活を送ったあと、マニラに戻ります。この間の乗組員たちの生活については正確な資料が残っておらず、収容場所も確定されていません。厳しく収容していたわけではないという説が有力なので、地元の人たちとの接点もあったのかもしれません。本山町出身の作家、大原富枝さんは小説『サン・フェリーペ号が来た』でスペイン人乗組員と土佐の若者の交流を描いています。

往復の車中で私たちは盛り上がりました。高知とスペインの縁の深さに興奮したのです。どんどん盛り上がり、「縁をつなぐための組織を立ち上げよう！」となりました。ふつうの土佐人はこうした話は次の日になるときれいさっぱり忘れているものですが、岡添さんは違いました。次の日から矢のように「シュウちゃん、あの計画どうする?」と連絡してくるのです。私は岡添さんの父、英洋さんとも縁がありました。英洋さんは水産会社に勤めていて、私の母の弟たちと仕事上の関係が深かったのです。母の弟、山本力はタカシン水産を起業し、その弟の容正もそこに勤めていました。長兄、巖の高豊丸が釣ってきたマグロを弟たちが売る仕組みを構築したわけです。２０１４（平成26）年には東京・築地に販売店舗も設けています。叔父たちとの関係で、私が高知にＵターンしたときから英洋さんは私を気にかけてくれました。実は将人さんの弟の智洋さんとも私は知り合いでした。学芸高剣道部で私をかわいがってくれた先輩だったのです。唯一あまり接点がなかったのが将人さんだったのですが、梶原あいみさんが立ち上げたコロナ禍のテイクアウトマーケットで一緒に活動し、急速に関係が深まっていました。

将人さんから詰められては、動くしかありません。

とりあえず安田町の黒岩之浩町長に打診すると、「モンテフリオとの交流が始まったばかりでコロナになったので事業はまだこれから。そういった民間組織があればうれしい」と言います。サン・フェリペ号に深く関わっているのが高知市浦戸なので、地元の山崎正恭県議に相談しました。山崎県議は大乗り気で、「小学校でも教えていたが、最近風化しつつあることが問題になっていた。シュウさん、僕もやるき一緒にやりましょう！」と言うのです。いろいろな人に呼び掛け、２０２０（令和2）年10月18日に高知スペイン友好協会を立ち上げました。この日は４２４年前、サン・フェリペ号が浦戸に漂着した日です。岡添さん、瀬川君ら民間ベースでスペインと関係する皆さん、フラメンコなどスペイン文化に関わる皆さん、安田や浦戸に関係する皆さん、岡添さんの発案で日本酒の輸出に取り組む高知県酒造組合の皆さんにも呼び掛けました。

設立総会にはＪＲ四国の顧問も務める松田清宏・在高松スペイン国名誉総領事がホルヘ・トレド・アルビニャーナ駐日大使のメッセージを持参して参加してくれました。記念講演は土佐史談会の宅間一之会長にお願いし、サン・フェリペ号事件について紹介してもらいました。バーテンダー日本一の山崎剛さんは、スペインのシェリー酒に関するコンテストでも世界初の二冠を達成した人です。山崎さんは東京からたくさんのシェリー酒を持ち込み、当日は素晴らしいパフォーマンスを見せてくれました。フラメンコの華やかなステージもあり、設立総会は大いに盛り上がりました。

総会前、プレイベントとして浦戸小学校の児童たちを招待しました。サン・フェリペ号事件を高知の子供たちに語り続けてきた夜須町の有安丈昌先生にお話をしてもらい、パエリアの実演試食会を行いました。有安先生は浦戸湾の対岸、三里小学校の校長先生を務めた方です。サン・フェリペ号の乗組員は高知滞在中、浦戸地区と長浜地区、三里地区で過ごしたという説もあることから、かつては三里小でも子供たちにサン・フェリペ号のことを教えていたそうです。その中心が有安先生でした。

後日、プレイベントの会場に来ていた浦戸小学校の藤田由紀子先生から、ある申し出がありました。1年間の総合学習の時間をスペイン協会の皆さんと一緒に取り組みたいという申し出です。藤田先生によると、少子化などの影響で浦戸小は地域外に住む子供たちを多く受け入れているそうです。だからこそ学校の立地する浦戸地域との連携を大切にしたい、そのためにサン・フェリペ号事件の歴史を学びながら次の時代を考える授業をしたい、というお話でした。

思いがけない依頼に驚きつつ、お受けすることにしました。総会後、授業の大まかなカリキュラムを作りました。

岡添さんたちのスペインでの生活を紹介し、サン・フェリペ号については有安先生に話してもらいます。地元在住の高知市議会議員、寺内憲資さんの働きかけで観光遊覧船を経営する小川宏さんも協力してくれることになりました。小川さんは東日本大震災の被災者支援で現地へご一緒したメンバーの一人です。小川さんのご厚意で、小学生全員を乗せてサン・フェリペ号の沈没地点を船で見に行けることにもなりました。クライマックスは、瀬川君が児童と一緒に浦戸の食材でパエリアを作る授業です。

「浦戸めし」と称したこのパエリアを11月15日の龍馬生誕祭で販売するのが最終目標となりました。

授業のスタートは２０２１（令和３）年６月でした。

小川さんの船だけは悪天候で中止となりましたが、そのほかは無事に終わりました。特に最後のパエリア販売は子供たちにとっても忘れられない思い出となったようです。これだけでも、協会を作った意義があったとほっとしました。

2022（令和4）年からは総会の日に合わせて一般参加できるイベント「Fiesta de Kochi～スペインな夜会～」もスタートさせました。情熱的なフラメンコとおいしいパエリア、ワインに日本酒と盛りだくさんのイベントは初回から大盛況。これも多くの県民の皆さんにご参加いただいています。

ウクライナに栄光あれ

2022（令和4）年、「食で応援プロジェクト」のメンバーでプロジェクトの今後を議論しました。医療機関への支援が落ち着いたら解散も考えていたのです。議論の結果は「続けてできることがあればやろう」「困っている人を支えるプロジェクトとして細く長く続けよう」でした。頭に浮かんだのがウクライナの問題です。この年の初め、ロシアがウクライナに侵攻していました。ちょうど数日前の高知新聞に、高知工科大学で働くウクライナ出身者の記事が「母国ウクライナは屈しない」「私なりの方法で力に」という見出しで載っていたのです。名前はコスチャンチン・オヴシアンニコウさん。首都キーウ出身の研究者です。国に家族を残して来日し、高知工科大で経営学の教員をしていました。記事からは「祖国のためにできることをやっていく」という強い意志が伝わってきました。

メンバーと相談し、コスチャンチンさんの話を聞くことにしました。記事を書いた高知新聞の八田大輔記者と連絡をとり、つないでもらいました。コスチャンチンさんは「日本にいてサポートできる方法は、募金を集めて支援することと、避難民を受け入れることではないか」と言いました。メンバーの得意分野は料理です。コスチャンチンさんの思いを料理とつなげることにしました。コスチャンチンさんが幼い頃からなじんできたウクライナ料理を土佐の食材で調理して販売する。その収益をウクライナ大使館に寄付する、というプロジェクトです。話はとんとん拍子に進み、高知市中心部にある高知大丸が店舗前のスペースを提供してくれることとなりました。併せてコスチャンチンさんの話を聞く講演会も開くことになりました。こちらは高知大学医学部が高知市帯屋町の「ＭＥＤｉ（メディ）」を貸してくれました。隣国ポーランドに避難したウクライナ避難民と面談したばかりだった中谷元衆議院議員も現地報告を行ってくれることとなりました。

そして当日。急な開催だったにも関わらず、講演会も料理の販売会も大盛況でした。特ににぎわったのは大丸前です。開始時刻のはるか前から長蛇の列ができました。料理への興味もあったでしょうが、なによりウクライナ問題に対する県民の意識が高かったように思います。長時間並んでもらったのに買うことができなかった方もたくさんおられました。それなのに嫌な顔一つせず、「じゃあ募金だけでも」と言ってくれた方もいます。感謝しかありませんでした。

想定外の人出に大慌てするなか、甲木良作さんら高知商工会議所青年部の仲間が募金活動の手伝いに駆けつけてくれました。料理の収益は17万円に達し、募金箱には30万円を超える寄付が入りました。リーダーの小林紀一郎さんから申し出があり、高知県ダンスフォーラムの皆さんからも寄付をいただきました。当日の様子は地元大手メディアに加え、「みんなでよさこい」でもお世話になった松田雅子さんの「はりまやストーリー」も一面に詳しく掲載してくれました。おかげでさらに活動が広く知られるようになりました。

イベントのさなか、前日に来日したばかりのパルチューク・ナターシャさんと娘さんが会場に来てくれました。苦労の末、戦火のウクライナから避難してきたのです。学芸高の先輩、木村郁さんからの紹介でした。すぐに2人の席を構え、岡添さんの特製チキンキエフ、瀬川君のグリルロールキャベツとパプリカ肉詰め、諏訪君のボルシチを盛り合わせて持っていきました。幼い娘さんが、ボルシチを口に運び、何かを言いました。お母さんのナターシャさんが「おいしいと言っています。久しぶりに笑ってくれました」とうれしそうに話してくれました。ナターシャさんとコスチャンチンさんはウクライナ語で長く話し込んでいました。

イベント終了後の反省会で、コスチャンチンさんがナターシャさん親子のことを説明してくれました。苦労に苦労を重ねて日本に来たこと、身元引受人となってくれた方が大変な尽力をしてくれたこと、住むところから仕事まで今後も多くの課題があること、などです。誰ともなく声が上がりました。「街頭で集めた募金は大使館に送ると説明して集めたき、送らないかん。けんど、販売で出た利益の一部はナターシャさんたちのサポートに使おう」。皆でまとめたその考えをコスチャンチンさんに話し、進め方を考えました。寄付金やチャリティーで得たお金を使うのだから、高い透明性と説明責任が求められる。「食で応援プロジェクト」はもともとの趣旨からするとウクライナ支援とは違うから、しっかりと情報公開を行える体制を作る必要がある、と。考えた末、コスチャンチンさんを代表として立ち上げたのが「高知ウクライナ友の会」です。ウクライナへの人道支援並びに高知とウクライナの交流促進を会の目的にしました。医療を通じて国際貢献を行っている高知大学医学部の特定NPO法人BRIDGE（関博之理事長）が事務局を引き受けてくれることになりました。コスチャンチンさんは講演を頼まれるたびにこう訴えています。「2014（平成26）年にロシアがクリミアに侵攻するまでは、戦争が起こるとは夢にも思わない平和な生活を満喫していました。日本の文化が好きで、合気道に熱中する普通の若者でした。同じように平和な社会で育った仲間は今、兵士としてロシアと戦っています。ウクライナの問題は、日本にとっても対岸の火事ではありません」

「高知ウクライナ友の会」には高知ファイティングドッグスの北古味潤さんや土佐市議会議員の山脇義英さん、髙橋祐平君ら須崎青年会議所のメンバーも加わってくれました。

山脇さんを誘ったのは、山脇正隆陸軍大将の親族という関係からです。

山脇正隆は1886（明治19）年、現在の土佐市に生まれました。陸軍幼年学校から士官学校、陸軍大学に進み、首席で卒業した英才中の英才です。陸軍士官学校では、祖父が仕えた黒岩義勝中将と同期でした。仲もよかったのでしょう、黒岩中将のお墓には山脇が友として贈った言葉が刻まれています。

1919（大正8）年、山脇はポーランドに赴任します。第一次世界大戦が終わり、パリ講和会議が開かれた年です。「ロシア以西の国にどこでも赴任していい」と言われてポーランドを選びました。正直な国だと好感を持っていたようです。

ポーランドは大戦後に独立し、ユゼフ・ピウスツキが政権を担っていました。ポーランド共和国の初代国家元首で独立の英雄です。日本は独立を承認したものの、外交使節の交換、つまり大使館や公使館などの設置はまだ行っていない時期でした。ピウスツキと信頼関係を築いた正隆は、ポーランドと日本の友好関係を深めようと心を砕きます。2年後に公使館が置かれたとき、正隆は初代駐在武官となりました。この時代の働きによって、正隆はポーランドで極めて高い評価を得ています。1940（昭和15）年、駐リトアニア外交官だった杉原千畝がポーランドからの難民6000人に日本へのビザを発給したとき、千畝の後ろ盾となったともいわれています。

地政学的にロシアとの関係で苦しみ続けてきたポーランドは、ウクライナ難民の受け入れを積極的に行っていました。ポーランドと深いつながりを持っていた山脇正隆の縁で義英さんも支援に加わっていただきました。

ナターシャさん親子は高知で一時生活したあと、母国に残した高齢の母のためにウクライナに戻りました。ウクライナに戻ったナターシャさんは、帰国してすぐに高知県民に向けて手紙を送ってくれました。手紙にはこう書かれていました。

「私たちはかけがえのない助けを受けました。日本の皆さま、個人的に助けていただいた方々を含め、すべてのことを私たちは生涯忘れません。私たちは理解と尊敬、やさしさと思いやりを日本で感じました。日本の人たちは私の国で起こったことを理解し、ウクライナの人を助けたいという思いやりを持っていました。私たちは長い歴史の中で幾度も困難な時期を経験しましたが、私たちは崩れることなく強く団結し、復興します。ウクライナに栄光あれ！」

手紙の全文は、高知新聞のサイトで公開されています。

ジョンソン首相の一言

ちょっと横道にそれますが、ここで私の身体の話をさせてください。コロナ感染症を契機に、私は身体を鍛え直しました。きっかけは、英国のボリス・ジョンソン首相と剣道でした。

2020（令和2）年、世界中を恐怖に陥れたコロナ感染症にジョンソン首相も罹患、集中治療室に入るほどの厳しい状態に陥ります。歯に衣着せぬ物言いで知られるジョンソン首相は、回復後の記者会見でこう語りました。「コロナで危険性を高めるのは、肥満だ。私は反省している。深夜のチーズもやめて、減量する。国民の皆さん、一緒に頑張りましょう！」。ちょうどそのころ、息子たちが高知錬心館に入門し、私もちょくちょく子供たちと稽古を始めていたところでした。

ジョンソン首相の言葉と、本格的に剣道に復帰したいという思いが重なりました。それまで運動といえば選挙運動だけ、これはいかん、鈍りきった身体を鍛え直そうと考えたのです。

併せて相談したのが旧知の山本ひろしさんです。山本さんはインターネットラジオPodcastの超有名番組「トリカゴ放送」を主宰する傍ら、ジムのトレーナーとしても活躍していました。山本さんとの出会いは、県議会初当選後の２００９（平成21）年ごろだったと思います。マニアックな海外の旅行情報を紹介することで人気番組だったトリカゴ放送を聞いていると、突然高知の話が始まったのです。これはひょっとしたら高知の関係者かも、と思ってTwitterで連絡を取ったのが最初の出会いでした。

番組の中で面白い話を連発していた山本さんは、実際お会いすると物静かな方でした。驚いたのは、本職が高知県内のとある有名企業の国際部で活躍するサラリーマンだったことです。意気投合し、私もラジオに出演しました。山本さんと「一緒に何かやろう」と取り組んだのが、高知競馬でした。

今はナイター競馬や馬券のインターネット販売で快調な業績を上げている高知競馬ですが、当時は厳しい経営を続けていました。高知競馬は高知県と高知市の共同事業です。県議会と高知市議会の議員で競馬組合議会を組織し、私も競馬組合議員の一人でした。

まず、山本さんに高知競馬のＰＲをお願いしました。山本さんの「トリカゴ」は一回の放送が数万回再生されるほどの人気を誇っています。全国にファンを多く持つ山本さんにアピールしてもらおうと考えたのです。番組で高知競馬のおもしろ情報を取り上げてもらうとともに、山本さんがリスナーに呼びかけて、イベントも行うことにしました。

２０１３（平成25）年９月には「大阪発・突撃バスツアー」と銘打ったイベントを企画、トリカゴ放送を通して関西のリスナーに高知競馬への来場を呼び掛けました。協賛レースを買い取り、イベントルームでの交流会と実況中継を行ったのです。トリカゴファンの皆さんですぐに参加者枠は埋まり、当日は関西からツアーバスで多くのお客さまが来てくれました。インターネットラジオの影響力と幅の広さに驚きました。

山本さんが勤めていた企業を退社し、ジムのトレーナーとして活躍していると聞いたのは、ちょうどジョンソン首相の記者会見を聞いた直後でした。渡りに船、と山本さんと連絡を取って本格的に身体をつくり直すことにしました。

職業柄、会食なども多く、なかなか難しい環境でしたが、山本さんは理詰めで指導してくれました。剣道、筋トレ、食事のコントロール。中心は体を動かすことでした。山本さんのおかげで、2年ほどかけてゆっくりと体を鍛え直すことができました。結果として大幅なダイエットも実現しました。身体は一生もの、気長にコツコツ付き合っていくことが大事だと痛感しています。

「憲政碑」と「憲政之祖国」碑

私が神戸製鋼を辞めて政治家を志したのは25歳になる直前でした。以来、もうすぐ18年を迎えます。その18年で最も充実しているのは県議会議員として復活した2019（令和元）年以降の4年間でした。先に述べたように、外にパワーを向けられたのが理由の一つです。もう一つの理由は、政治的に政党に縛られず、自分の判断で自由に動くことができたからかもしれません。

県議会では、超党派の若手で盛んに勉強会を行いました。特に私と同じで食べることが大好きな横山文人議員、土森正一議員、山崎正恭議員の3人とは、勉強後に料理を囲みながら熱い議論を交わしました。横山さんは名門高知商業高の野球部出身です。建設会社の経営を行う傍ら、苦学して高知工科大学で博士号を取得しました。土森さんは塗料会社の経営を行いながら青年会議所で地域活動に汗をかいてきた人です。山崎さんは中学校の教員出身です。主に県東部の学校へ赴任して野球部の指導でも活躍しました。熱血先生として生徒にも保護者にも愛された人です。山崎さんは2021(令和3)年の衆院選に公明党から出馬、四国比例で当選し、現在は衆議院議員として活躍しています。山崎さんが衆議院に転出するときは、仲のよかった同級生が転校するような寂しさを感じたものです。ただ一人の20代だった初当選時と違い、同世代の議員がたくさんいることは新鮮でした。高知市議会の経験が長く、政策通の土居央議員や現場の声をよく知る上田貢太郎議員など、同じ高知市選出の議員と意見を交わせたことも本当に勉強になりました。

2021(令和3)年の衆議院選挙は自民党の中谷元さんに票を入れると公言しました。それまで戦ってきた相手ですが、地域における元さんの真摯な活動は誰よりも私がよく知っています。どの候補に投票するかを考えたとき、元さんに投票するのが最も自然でした。後援会に報告すると、もちろん異論はありました。私は「元さんを応援する」で押し切りました。

私は「県政巡業」と名付けたミニ集会を続けています。その一部はYouTubeで公開しているのですが、中谷元さんにお願いして対談をしたこともあります。それもYouTubeにアップしています。いい時間でした。考え方を共有できる部分もありました。元さんの祖父・中谷貞頼さんと私の曽祖父・大石大が翼賛体制に反対したことも取り上げました。同時代の衆議院議員として、大と貞頼さんはともに憲政を支えました。戦後は碁仲間で、1954（昭和29）年に貞頼さんが亡くなったときは大が友人を代表して弔辞を読んでいます。

東京の浅草と神奈川県の海老名に巨大な「憲政碑」があります。軍部の台頭とテロリズム、政党同士の争いによって憲政が危うくなったとき、安芸市出身の民権家で衆議院議員でもあった胎中楠右衛門が旗を振って建立しました。憲政の原点に立ち返ろう、憲政を忘れてはならない、という趣旨です。建立時期は海老名が早く、1933（昭和8）年10月。五・一五事件で首相の犬養毅が暗殺された翌年です。犬養暗殺の前年には高知県出身の濱口雄幸首相が撃たれて亡くなっています。胎中は、浅草には海老名を大きく上回る大きさの憲政碑を立てました。海老名の高さ3メートルに対し、6メートルです。建立したのは1937（昭和12）年12月。二・

二六事件で元首相の高橋是清が暗殺された翌年です。二・二六事件は陸軍皇道派の青年将校によるクーデターでした。軍靴の音は年々高くなり、1941（昭和16）年12月には対米英戦が始まります。高知市九反田に「憲政之祖国」碑が立ったのはその翌年でした。胎中はこう言っています。「軍人は戦死したら立派な顕彰碑が建って皆に感謝される。一方政治家はどうだ。自由民権以来、多くの政治の先達が命を賭して活動してきた。ついに命を落とした政治家もいる。しかしそんな政治家を評価するものは日本のどこにもない。私はその思いで憲政碑を建てたのだ」と。政党政治が瓦解し、議論の土壌が失われる時代だったからこそ、胎中は憲政碑を建てて人々に議論の大切さ、命を賭けて仕事をする政治の尊さを訴えたのだと思います。憲政碑には心ある政治家の魂が息づいています。実は胎中楠右衛門の遠縁に当たるのが高知県議会議員の桑名龍吾さんです。全国農協中央会の会長を務めた桑名さんの祖父、藤田三郎さんの叔父が胎中でした。桑名さんの義兄が中谷元さんですから、中谷さんも胎中の遠縁になります。あまり知られていませんが、元さんはこの憲政碑を守る活動に力を入れています。

「地元あげての大にぎわいになった」と伝えられる海老名の憲政碑除幕式で記念

講演をしたのは講釈師の伊藤痴遊でした。政友会所属の衆議院議員であり、板垣自由党の創立時からの党員です。政府が演説を禁止したとき、板垣退助は政治講談を武器にしようと呼び掛けます。痴遊はその主張に賛同して講釈師になりました。弾圧を避けるため、直接政治の話題を出すことはしません。面白おかしく歴史の話を織り交ぜながら民権主義を広めた痴遊は、当代随一の人気を誇りました。痴遊は神奈川県の人ですが、実は私はほんの少しの関わりがあります。私の弟、英の妻のさくらが痴遊のひ孫なのです。全くの偶然です。聞いたときは驚きました。

自社さ連立の教訓

中谷元さんと社会党、民主党の衆議院議員だった五島正規さんが同じようなことを言ったので驚いたことがあります。元さんに「1990（平成2）年の初当選以来、日本の政権を見て、関わった中で、どの政権を評価しますか?」と聞いたとき、「自社さ連立政権だ」と言ったのです。五島先生も「自社さ政権が一番印象に残る」と言っていました。「自社さ政権」は1994（平成6）年に誕生した自民党、社会党、新党さきがけの連立政権です。議会第一党の自民党と、第二党の社会党。戦後政治の前半は与党自民党と野党社会党という二つの大集団がときに闘い、ときに協調しながら担っていました。

変化のきっかけは前年の１９９３年に誕生した八党連立内閣です。同年の衆議院議員選挙で自民党が過半数を割り込みます。自民党がどこかの政党と連立する可能性もありましたが、そうはなりませんでした。自民党を割って出た小沢一郎さんの新生党や細川護熙さんが立ち上げた日本新党、社会党、公明党、新党さきがけなどが非自民非共産で連立内閣を組んだのです。首相には細川さんが就きました。自民党と社会党が表面的には対立しながら政治を行うという構図がこのときに崩れたのです。

八党連立が崩壊したあと、自民党が政権に返り咲くために組んだのが社会党と新党さきがけです。野合ともいわれましたが、二人の評価は違いました。

二人ともその時代に衆議院議員でした。傍観者ではなく、プレーヤーとして渦の中にいたのです。中谷元さんは「考えの違う政党が、妥協しながらいくつかの国家的課題を前進させた」ことを評価していました。著書の『鶏口牛後』に元さんはこう書いています。「私は、自民党の国防部会長となり、社会党のもっとも左派の議員と、三日も四日も結論が出るまで議論をしました。防衛予算やルワンダへのPKO派遣、北朝鮮のミサイル問題や日米防衛協力など自民党と社会党の両極端からの徹底した防衛議論ができました。これは、それまでの官僚支配を打破することになり、霞が関の役人がお膳立てをしたことを議論するより、物事の両論から根本的に議論したほうが、両論を生かした折衷案ができて理解と納得、共感が出てきます。これには霞が関の官僚は関与できず、予算案も、まさに政治家の議論で積み上げました」

考え方が違う者同士が折り合ってものごとを前に進める。今の政治に最も必要なのはそこだと思います。私が初期に経験した高知県議会はそうでした。国政における与党と野党の垣根とは関係なく、少しでも高知県を住みやすくしたいという共通の目的のために汗をかきました。

民主党代表となった小沢一郎さんが与野党協力の政治体制を模索したことがあります。福田康夫さんが首相のときの大連立構想です。小沢さんは民主党の弱点を政権担当能力の不足だと見抜いていました。自民党と大連立すれば政権担当能力をつけることができる、と小沢さんは考えます。加えて大連立によって国家的課題を前進させることもできました。ところが小沢さんは民主党内の大反対に遭い、大連立は実現しませんでした。私はあのときが二大政党制の分岐点だったと考えています。大連立していたら日本の政治は変わっていたと思います。そのことを話すと、中谷元さんも同じ考えでした。

ワンフレーズでは語れない

民主党はフォロワー（補佐する人）がいなかったから失敗したと思います。みんながリーダーになりたかったんです。政治はヒロイズムとは対極にあります。26歳で県議会議員になって、1期目と2期目はこういう質問をよく受けました。「ところであなたは何をやりたいの？」。私は反発を覚えたものです。政治はワンフレーズでは語れない、私の行動を見てほしい、と。その時々によって、課題は変わります。移り変わる課題に対し、真摯に行動するのが政治です。小泉純一郎さん以降、日本の政治は劇場型になりました。ワンフレーズになりました。特に都会はそうです。都会の選挙は風です。学歴、見た目、ワンフレーズで風に乗るのです。地方は違います。衆議院選挙に挑戦するとき、いろいろな人に心配されました。「国政をやるのなら高知の選挙区にこだわらなくてもええやろ、勝てるところに移れ」と言ってくれる人もいました。しかし自分としては地元にこだわりたいと思っていました。今でも高知に根づいて、高知の課題を解決しながら、高知から日本や世界を見る政治家になりたいと思っています。土着するのは大切なことだと思っています。

地方の投票率が高いのは、投票に行く習慣がついている高齢者の比率が高いからだ、とよくいわれます。それもあるかもしれませんが、もう一つ重要な理由があると思います。私は政治の意思決定が近いからだと思います。高知一区を回っていてそれをつくづく感じました。先に書いたように、浪人中はいろいろな家に泊めていただきました。おカネがないから泊めてもらったのですが、勉強になりました。たとえば県東部のある町に泊まったときのことです。町内の酒場で町長さんと一緒に飲んでいると、酔っ払いが町長を見つけて寄ってくるのです。「町長、○○の問題はどうなっちゅう」と。その酔っ払いに、酔っ払った町長がいちいち丁寧に答えるのです。それを見ていて、私は政治の近さを感じました。私自身の体験からも、地域における政治家と住民の距離の近さを感じます。人の顔が浮かぶのです。林業問題が俎上に上がったときには山村の知り合いの顔が、漁業資源の枯渇の話が出たら漁師さんの顔が浮かびます。顔の浮かぶ距離感というのは大切なことだと思います。

自分の頭で考え、動く

ウクライナの例に見るように、冷戦がなくなった今も国の安全保障は政治にとって欠かせないキーワードです。安全保障や外交、エネルギー政策は継続性が大切だと私は思っています。自民党からバトンを受け、その根幹を継続しつつ政権を担う野党が必要だと考え、私は民主党に身を投じました。

政治は腐敗します。そうならないためには政治権力の新陳代謝が必要なのです。もう一つ理由があります。低成長時代に入ったことです。私は日本が低成長局面に入ってから社会に出た世代ですが、低成長やマイナス成長の時代は高度成長の時代とは全く違います。国の赤字が膨らんだり、社会保障費が膨張したりしたとき、その矛盾を経済成長のみによって解消することは極めて困難なのです。乗り越えるには国民の痛みを伴わざるを得ない場合があります。たとえば増税です。そういう時代認識に立てば、増税などの不人気な政策を強いた政権が支持を失い、次なる内閣が組織されることも想定しておかなければなりません。つまり、政権担当能力がある政治勢力が複数存在することが欠かせないのです。外交や安全保障が大きく変わっては外国を巻き込んで国が混迷します。そうならないため、安定して政治を継続できる体制が必要なのです。

与党の自民党と野党の社会党で政治を動かす「55年体制」は1993（平成5）年の細川連立内閣成立で終焉を迎えました。以来、日本の政治は揺れ動きます。55年体制に代わる新たな政治体制として最も期待されたのは二大政党制でした。ところが、民主党政権の失敗を経て二大政党制に対する期待はしぼんでいます。民主党は民進党に変わり、希望の党の騒動のあとで解党しました。残ったのは自民党です。自民党が一強となって政権を担い続けています。

一強政治は安定して見えますが、一方で競争がなくなり、新陳代謝は滞っています。行き場のない国民の不安、不満が充満していることも感じます。二大政党制が成り立たないとすれば、一強の与党自民党内で新陳代謝が起こること、もしくは連立の組み替えによる政治の活性化が必要になると思います。

明治の時代、選挙権を求めて激しい戦いが繰り広げられました。その戦いが実ったにも関わらず、国政選挙の投票率は5割強程度にまで下がっています。一因は小選挙区制だと思います。衆院選も参院選も、実質的には政党を選ぶ選挙になっています。その政党に信を置けなくなったら投票する先はないのです。

政治は人だと私は思います。政党の時代だからこそ、私は政治家個人の考え方、動き方が大切だと思います。自分の頭で考え、行動し、責任を取る政治家が必要なのだ、と。党が決めたからやるのではなく、自分の頭で考えて判断し、責任を取る。そうした政治家が切磋琢磨した方が、おそらく組織も活性化します。

もちろん言いっ放しではだめです。理想論だけを語って前に進まないというのは本末転倒です。自らの頭で考えながら、全体最適の実現にも理解ある政治家が必要だと思います。曽祖父の大石大はそうでした。最初、与党政友会に身を投じたのも自分の判断でした。大政翼賛会の流れに乗らなかったのも自分の判断だし、中野正剛の東方会に加わったのも自分の判断です。戦後、社会党の運動をしたのも自分なりの判断でした。

私はこれまで「高知県のために」を優先順位の一番に考えて仕事をしてきました。自分なりに考え、行動してきたつもりです。これからも、その時々で何が最も県民のためになるか、高知県のためになるかを自問しながら進んでいこうと思います。日本はこれからますます困難な時代に入ります。地方はもう困難な時代の真っただ中です。困難な時代を国と地方がどう生き抜くか、どう自立するか。正念場です。

天下一人を以て興る

曽祖父の盟友でもあった中野正剛は自決する1年前、母校の早稲田大学で長時間の演説をしています。学生に訴えた言葉が「天下一人を以て興る」でした。テンカ、イチニンヲモッテオコル。正剛は訴えます。「諸君みな一人を以て興ろうじゃないか。天下一人を以って興る。興らざるは努力せざるによる。日本の巨船は怒涛の中に漂っている。便乗主義者を満載していては危険である。諸君は自己に目覚めよ。天下一人を以って興れ。私の親愛なる同学諸君に切望する」

4時間にも及ぶ演説を受け止めた早稲田の学生たちは涙を流して立ち上がり、校歌「都の西北」を歌って応えたそうです。会場にいた学生の多くはその後、学徒出陣で命を散らします。この日の演説を聞いて政治家を志したのが、1987（昭和62）年に首相となる竹下登でした。中野の演説は流れに身を任せるな、自立せよ、一人で立て、という志を求めたものだと思います。私の脳裏にはこの言葉が貼りついていています。流れに身を任せず、自分の頭で考え、一人でも行動する。できているかどうかは分かりませんが、少なくともそのように努めています。

自由民権運動の時代を、私は日本の青春時代だと思っています。高校生くらいの年代の若者がいろんな結社に入って活動したのです。私がこだわりたいのが第1回帝国議会での土佐派の「裏切り」です。政府側の吏党と民権側の民党がぶつかり合ったとき、片岡健吉ら高知県の民権派議員約20人が政府予算案の賛成に回ります。教科書にも「土佐派の裏切り」と紹介される事件です。しかし私は裏切りという単純な行為ではないと考えるのです。

土佐派の人たちがなぜ政府案に賛成したか。私は二つの理由があると思います。まず一つ。初めての国会に対する責任感です。当時の政府は薩長藩閥政府で正当性はありません。議会も、直接国税15円を納付した男性のみという極めて限られた有権者による選挙でした。有権者は国民のわずか1.1％です。しかしそんな政府、そんな議会にも意味はありました。幕末からわずか23年なのです。なにごともお殿様が決める時代と、国会でことを決する時代とは巨大な違いがあります。国会ができた以上、政党の役割も変わる。反対だけではなく提案もしなければならない。土佐派の領袖だった板垣退助は、国会開設の3年ほど前からそんな考えを持っていたとみられています。

二つめは世界の見る目です。アジア初の国会が始まった。アジア人に議会運営なんてできるはずがないと欧米列強は思っていたと思われます。第1回議会から内輪もめで収拾がつかなくなったら、欧米列強に「それみたことか」と言われます。議会政治の第一歩を世界に示すために、第1回議会は協調姿勢を見せたのではないかと私は思います。

ただ反対するだけでなく、協調姿勢を見せる。この現実主義的な行動は土佐人らしいと思います。私の政治姿勢にもそれは通底します。私が自分なりに考えて政党の流れに身を任せなかったのも、そのような現実主義が底流にあると思っています。政治家として自分なりに考え、行動する。少しでも世の中をよくするためにそうしているのだということを多くの人に理解してもらうほかありません。少しでも理解してもらうためにこの本を計画しました。

自立は個人の問題だけではありません。私は高知という地域も自立する精神をより強く持つべきだと考えています。高度成長期に目立った旧来型の「分配」ではなく「自立」です。中央政府に分配をお願いし、それを待つのが地方の古典的な姿でした。しかしもうそれだけでは通用しません。自立という志を持ち、自ら創意工夫を凝らせるかどうか。自治体でいえば、自立を目指し創意工夫と提言を繰り返す自治体と、待ちの姿勢で分配をお願いし続ける自治体の差はこれから大きくなってくるはずです。いろんな意味で高知が自立するときが来ています。

高知県の山間部に行くと、何百年の歴史を持つ集落が消えつつあります。限界集落から消滅集落に向かってゆっくりと進んでいます。住む人が消えた家は朽ち果て、膨大な労力で切り開いた水田が杉の植林に覆われています。人は減り、経済は落ち込み、近づいてくるのはシカとサル、災害くらいです。地方は待ったなしの状況に追い込まれています。政治はイデオロギーではなく結果です。現場に近いところで結果を出すのが大切だと思います。消えつつある集落をどう救うか、高知をどう自立させたらいいか。地方政治は正念場を迎えています。だからこそ、私は地方に立脚した政治家を目指したいと考えています。

歴史とは自分自身である

ここまで、私に、そして高知県にまつわる歴史の話を中心に書いてきました。なぜか。小林秀雄を読み込んでいた北神圭朗さんは、小林の歴史観について「子供を亡くした母親の愛惜の念である」と言っていました。小林の名作『歴史と文学』にある一節です。

母親が子供を亡くした歴史を考えるとき、その歴史とは、子供がどこでどのように亡くなったのか、その極めて現実的な現象のことではなく、母親が亡くした子供に愛惜の念、惜しむ気持ち、悲しい気持ちを抱くことそのものであるというのです。そこで湧きおこる感情の前提は、永遠に愛しているという事実であり、愛しているからこそ、惜しんだり、悲しんだり、そして思い出したりするのだと。

だからこそ、母が子を見るように、慈しみの目で見るのが歴史であって、個々の現象を責めたり、追及したりするのが歴史ではない、というのです。

そして、母親が永遠に子を愛するのは、子が自分自身だからです。

おなかを痛めて、産み出した子は、まさに自分自身のすべてなのです。

つまり歴史とは、自分と関係ない、外側にあるものではなく、まさに自分自身を構成するものなのです。過去の私が今の私を作り、今の私が将来の私を作るのです。その集合体が社会を作っているとしたときに、高知県であれば過去の高知県の歴史の積み重ねが、今の高知、そして未来の高知県に大きな影響を与えるのです。

私は、この本を書き出したときに、高知県の先人の歩みを解き起こすことから始めました。そうすると、文章が生み出される過程で、次なる指標もおぼろげに見えてくるのではないかと思っていました。

今、高知県にとって重要な幾つかの背筋が見えてきたような気がします。

一つには、高知県の歴史をひも解くキーワードは誇り、プライドです。

土佐の民衆は、自分自身の背骨と誇りを持って生きる人間たちに共感を覚え、支持し、良しとしてきました。

そして、土佐という土地に強烈な愛情と、思いを注ぎ込んできました。

何より、自らを生んだ土佐の地に誇りを持ってきたのです。

土佐の地で生きても、日本の中枢で活躍しても、世界中に散らばっても、土佐人は土佐人として生き、そして故郷を胸に生きてきたのです。

高校時代の先輩に山中崇之さんという人がいます。

株式会社ケンジンという高知の就職活動を支援する企業に長く勤め、多くの学生さんと出会ってきた中で、現在は県の取り組むＵＩターン政策をバックアップしています。

先日、山中さんが「シュウ、どうやったら若者が高知に帰ってきてくれるか、分かるか」と聞くのです。

続けて出た言葉は、「最近たくさんの若い世代と話して、給与水準とか、福利厚生とか、生活環境とか、もちろん大事なのは分かっちゅう。否定はもちろんせん。だけど、今の高知県を考えたとき、もっと大事なことがあるんやないかと思いだした。それは高知県を好きかどうか、それに尽きるがやないろうか。だからこそ、政治も、現実的な支援策だけを議論するがやなくて、どうしたら高知のことを好きな子供たちが増えるか考えてほしい」でした。

ハッとしました。その通りなのです。自分自身が高知に帰ってきたのも、高知が好き、という単純な理由からでした。

好き、の源泉は、過去の誇り、今の幸せ、未来の希望です。

県民総幸福度というモノサシ

私がＵターン後に入れてもらった土佐経済同友会は、２０１１（平成23）年12月、経済団体としては珍しい提言をまとめます。

「日本一輝く田舎」という理念のもと、「県民にとっての幸せとは何か」を重視し、県民総生産（ＧＤＰ）ならぬ、高知県独自のモノサシ＝県民総幸福度ＧＫＨ（Gross Kochi Happiness）を価値基準に定め、中長期的な視点で高知の目指すべき姿を考えようとする提言です。

計画の取りまとめの中心となった木村祐二代表幹事が日本経済新聞にこんなコメントをしています。法政大の大学院が11月に発表した都道府県別「幸福度」調査で高知県が46位だったことを俎上に上げ、「調査結果は県内の実感に合わない。独自指標で日本一幸せな県を目指し、全国にＰＲしていく」と。

提言書は「どこにもない高知らしい豊かさ」に基づいて幸福度を追求すべきだ、と指摘します。具体的指標として、食料・エネルギー自給率や１人当たりＧＤＰなどの一般的項目に加え、家族や仲間と酒を飲む回数、地域行事への参加率などを例示しながら新たな価値づくりを求めています。

ＧＫＨの考え方は「世界一幸せな国」と呼ばれるブータン王国から学んだものです。提言書の最後は、その「国民総幸福（ＧＮＨ）」政策を提唱したジグミ・シンゲ・ワンチュク前国王のこのような言葉で締められています。「私が、国民総幸福で意図したことは、充足（contentedness）である。それはある目的に向かって努力するとき、達成されたときに感じることである。私が目標にしていることは、ブータン国民の一人一人が、ブータンに生きることを誇りに思い、自分の人生に充足感を持つことである」

木村祐二さんら土佐の経済人は、この主語をブータンから高知に変えて土佐の未来を構想しました。今も色あせない大切な発想だと思います。

祖父喬が関係した沖縄の竹富島も同じように自分のモノサシで島の方向性を考えました。竹富島が特筆されるのは、それを明文化して住民の規範としたところです。「竹富島憲章」です。

竹富島のキーワードは「うつぐみ」という言葉です。一致協力するという意味です。これはただ協力し合うという優しい意味だけではありません。徹底的に議論し、決まったことには従うという厳しくも重要な意味が含まれています。

隆起サンゴ礁の狭小な島なので竹富島の生産性は高くありません。離島という条件も加わり、高齢化、過疎化も進みました。島を守るために考えたのは、島の文化の現れでもある古い町並みを生かすことです。竹富島は町並みを保存して観光に力を入れようとしました。町並みを保存するためには皆が一致協力しないといけません。移住者がやって来ても同じです。協力してもらう必要があります。

そのために作ったのが「竹富島憲章」です。1986（昭和61）年、竹富公民館が中心となって作り上げました。

竹富島を維持するために、自分たちが守ることを条文にしたのです。竹富島に住む者の義務を明文化したと言ってもいいと思います。国や県、町にやってもらうのではなく、自分たちで自分たちのことをやる。そのためには自分たちも義務を果たす。窮屈なところはあるが、それは全体のためなので許容する。私権の制限も許容する。大げさに言えば、憲法や民法で定められた国民の権利に優越するのが憲章だと定めたのです。竹富町史の編さんに携わった郷土史家で、「島の大統領」とも呼ばれる公民館長を務めた阿佐伊孫良さんは、この憲章を「島の羅針盤」と称しました。

私はこれが住民自治の原点だと思います。その地域の将来を地域の住民が考える。やるべき方向が決まったら皆が一致協力する。そうやって地域を守り、育てる。皆が地域のことを主体的に考えるからこそピンチのときには対策が浮かぶ。皆がそれに協力する。竹富島の特徴は、島でビジネスをする島外業者にすらこの憲章を守らせているところです。そこまでやることによって竹富島の環境は守られています。それによって移住者は増え、観光客が増え、島外の業者も島で利益を得ることができるのです。

自治の原点、竹富島憲章

憲章の前文は次の通りです。

《私たちが、祖先から受け継いだ、まれに見る優れた伝統文化と美しい自然環境は、国の重要無形民俗文化財、重要伝統的建造物群、重要文化財として、また国立公園として、島民のみならずわが国にとってもかけがえのない貴重な財産となっている。

私たち竹富人は、無節操な開発、近代化に伴う破壊が島の心までをも蹂躙することを憂い、これを防止してきたが、美しい島、誇るべきふるさとを活力あるものとして後世へと引き継いでいくためにも、あらためて「かしくさや　うつぐみどぅまさる」の心で島を活かす方策を講じなければならない。

私たちは今後とも竹富島の文化と自然を守り、住民のために活かすべく、ここに竹富島住民の総意に基づきこの憲章を制定する》

憲章をすべて書くと紙幅を取りすぎるので、部分的に抽出します。

竹富島を活かす島づくりは、優れた文化と美しさの保存がすべてに優先されることを基本理念として、次の原則を守る。

①『売らない』島の土地や家などを島外者に売ったり無秩序に貸したりしない。

②『汚さない』海や浜辺、集落など島全体を汚さない。また汚させない。

③『乱さない』集落内、道路、海岸などの美観を、広告、看板、その他のもので乱さない。また、島の風紀を乱させない。

④『壊さない』由緒ある家や集落景観、美しい自然を壊さない。また壊させない。

⑤『活かす』伝統的祭事行事を、島民の精神的支柱として、民俗芸能、地場産業を活かし、島の振興を図る。

一、美しい島を守る

①建物の新・改・増築、修繕は、伝統的な技術と様式を踏襲する。

②屋敷囲いは、サンゴ石灰岩による従来の野面積みとする。

③広告、ポスター等は、むやみに掲示しない。

④〜⑦（略）

⑧観光客のキャンプ、野宿は禁止する。

⑨草花、蝶、魚貝、その他の生物をむやみに採取することを禁止する。

二、秩序ある島を守る

①島内の静けさを保つために、物売り、宣伝、車両等の騒音を禁止する。
②海水浴場等以外での水着、裸身は禁止する。
③〜⑥（略）
⑦映画、テレビ、その他マスコミの取材は公民館へ届け出る。
⑧（略）

三、観光関連業の心得

①島の歴史、文化を理解し接遇することで、来島者の印象を高める。
②〜④（略）
⑤賭け事はさせない。
⑥飲食物は、できるだけ島産物を使用し、心づくしの工夫をする。
⑦23時以降は、島の平穏に努める。
⑧土産品等は、島産品を優先する。
⑨来島者に本憲章を理解してもらい、協力をお願いする。

四、島を活かすために（略）

五、竹富島を守るために次に掲げる事項は、事前に公民館と調整委員会に届け出なければならない。

①不動産を売買しようとするとき。

②所有者が、名義を変更しようとするとき。

③土地の地番、地目、地積に異動が生ずるとき。

④賃貸借をしようとするとき。

⑤建造物の新・増・改築、取り壊しをしようとするとき。

⑥その他風致に影響を及ぼす行為がなされようとしているとき。

この憲章を円滑に履行するために、公民館内に集落景観保存調整委員会を設け、町、県、国に対しても必要な措置を要請する。

昭和61年（１９８６）３月31日制定

平成29年（２０１７）３月31日改定

会津はなぜ敗れたか

誇り、幸せ、希望に加え、高知にとってもう一つ欠かせないキーワードは「参加」だと思います。

自由民権運動の指導者だった板垣退助には、民権運動以外にも道がありました。西郷隆盛に呼応し、武力で藩閥政治と対抗し、政治的権力を握る方法です。明治維新の英雄西郷が挙兵したあと、日本中が板垣に注目しました。戊辰戦争で活躍した板垣は、西郷と並ぶ優れた軍人として知られていました。薩摩の西郷と土佐の板垣が蜂起すれば、新政府に反感を持つ旧士族たちが一気に立ち上がる。政権交代が起こる、と噂されました。ところが板垣はその選択をしませんでした。言論によって国民運動を起こし、国を変える選択をします。

背景に戊辰戦争での経験があった、と学んだことがあります。教えてくれたのは歴史家の公文豪さんです。話の内容はこうでした。

戊辰戦争のとき、最も強い国といわれたのが会津です。

会津藩の藩主は、京都守護職を務めた松平容保で、藩は尚武の気風に満ちていました。

新政府軍にとって、会津攻めはまさに関ヶ原。総力戦の厳しい戦いになる、とみられていました。ところが板垣の電撃的な攻撃によって会津若松城は1カ月で落城します。入城した板垣率いる土佐藩兵の前に一人の老農夫が進み出ました。老農夫はこう言ったそうです。

「私たちは会津のお殿様にお世話になって暮らしてきた。いくさに敗れて、さぞ殿様も苦しい思いをしていると思う。私にはできることは何もないが、ただ一つ、収穫したこの芋を、なんとかお殿様に届けてもらいたいのです」

土佐の兵士たちは、老農夫の思いに感動したそうです。たった一人、厳しい顔をしていた人物がいました。板垣です。理由を部下に問われた板垣は、こう答えます。

「天下の雄藩であった会津が敗れたのは、老農夫の芋の話がすべてだ。われわれ新政府の部隊がいかに新式の武器を持っていたとしても、もし会津の民すべてが会津という祖国を守ろうと武器をとって立ち上がっていたならば、とても勝利できるものではなかった。しかし結果を見よ。ことごとく領民は逃げ出し、戦ったのは武士のみで、わずかに敗れたあとで老農夫が芋を差し出したのみだ」。板垣は続けます。「これまでの日本の政治は武士という特権階級のみが実権を握り、動かしてきた。領民からすると政治、いくさは関係なかったのだ。これが日本全体だとどうなるか。今や欧米列強が日本に迫っている。危急存亡の今、武士だけでは国を守れない」

板垣が選んだのは武士という限られた世界での権力交代ではなく、国民を巻き込んだ改革でした。

尊皇家であった板垣は、このあと一君万民論を掲げ、天皇家のもとで国民が等しく政治に関わる立憲政体の樹立に奔走します。その動きが国民レベルに広がったのが自由民権運動です。

明治維新を「明治第一の改革」、自由民権運動を「明治第二の改革」と称することがあります。武士から武士への政権交代であった第一の改革と違い、第二の改革は初めて国民が参加した政治運動だったからです。

板垣はこの志を終生貫きます。天皇家以外は皆平等であり、特権階級を作るべきではないと「一代華族論」を唱えるのです。戊辰戦争の手柄によって手に入れた華族の称号も待遇も、板垣は子孫に引き継ぎませんでした。

欧米列強に侵略を許してはならない、国を立て直さなければならない。維新の志士たちの志から始まった改革は、板垣らを通じ、大きな政治改革となりました。翻って現代、日本は危機的な状況を迎えています。

財政、経済、国際関係、教育、あらゆる分野で構造的な問題が積み残されています。今まさに幕末と同じ、危急存亡のときです。地方の状況はさらに深刻です。

会津のエピソードではありませんが、政治を政治家だけのものにしてはいけません。広く国民の力、県民の力を結集することが大切なのです。しかし残念ながら、選挙の投票率は下がりっ放しです。自由民権発祥の地、我が高知県も例外ではありません。政治不信、あきらめ、そもそも何をやっているのか分かりづらい、との声も根強くあります。

日本大学の恩師だった政治学者の秋山和宏先生は、政治を劇場で演じられる芝居に例えました。

「演じられている芝居を見るだけでもおおよその理解は可能であるが、きちんと鑑賞しようとすれば予備知識が必要であろう。例えば役者や演出者のプロフィール、出し物や演じ方の傾向、使われている大道具、小道具等から始まって劇場の歴史や仕組みや特徴までを知ることで芝居の進行具合を理解し、出来、不出来を評価出来るようになる。またそうすることで芝居がいっそう楽しくなるはずである。そして観客の目が肥えれば、芝居の質は必ず向上するのだ」と書いています。

2023（令和5）年、私は一燈立志の会のロゴを入れたポスターを作りました。「さあ投票へ」。政治に意志を反映できる最大の機会、選挙への参加を呼びかけるものです。

私は「政治」という大芝居の中で、役者の一人として一生懸命演じたいと思います。しかし、まずは芝居小屋の中に入ってもらわないと芝居の良し悪しは分かりません。投票はその第一歩なのです。

「私に論ずるなかれ」

芝居を行ううえで、大切なことがあります。「何のために」芝居を行うのかということです。

私の住んでいる家の近くに一つの石碑があります。「福岡孝弟先生誕生之地」と刻まれています。土佐藩の改革派で維新の元勲として知られる孝弟は、明治新政府にとって最も重要な文書、五箇条の御誓文の作成に関わります。続いて三権分立を定めた政体書を起草、その第一条に「五箇条の御誓文に基づいた政治を行う」と明記した人物です。五箇条の御誓文は、坂本龍馬と親しかった福井の由利公正が起草し、長州の木戸孝允と福岡が加筆修正して完成しました。

五ヶ条ノ御誓文（明治元年三月十四日）

一　廣ク會議ヲ興シ萬機公論ニ決スヘシ
一　上下心ヲ一ニシテ盛ニ經綸ヲ行フヘシ
一　官武一途庶民ニ至ル迄各其志ヲ遂ケ人心ヲシテ倦マサラシメン事ヲ要ス
一　舊來ノ陋習ヲ破り天地ノ公道ニ基クヘシ
一　智識ヲ世界ニ求メ大ニ皇基ヲ振起スヘシ

最も重要といわれる冒頭の条文は「広く会議を興し、万機公論に決すべし」です。この条文は、板垣の自由民権運動の理論的根拠となりました。先の大戦後、昭和天皇は「人間宣言」の中で特に希望して全文を引用しています。この御誓文から明治憲法ができたこと、そういった意味でわが国には外来でなく、固有の民主主義が存在したことをお話しになられました。さらに吉田茂首相は日本国憲法案の審議に際し、こう言及しています。「日本の憲法は御承知のごとく五箇条の御誓文から出発したものといってもよいのでありますが、いわゆる五箇条の御誓文なるものは、日本の歴史・日本の国情をただ文字に表しただけの話でありまして、御誓文の精神、それが日本国の国体であります。日本国そのものであったのであります」。龍馬の船中八策が源流であるともいわれるこの御誓文は、明治維新から戦後の再出発まで、我が国の歩むべき道を煌々と指し示している重要な文書です。

この第一条は、最初の由利案では最後の条文でした。最も重要だと第一条に持ってきたのが福岡孝弟です。

そしてもう一つ。当初の由利案では、この条文はこうなっていました。

「万機公論に決し、私に論ずるなかれ」

これは「私論」や「私政」を強く戒めていた福井藩主の松平春嶽に影響を受けているといわれています。由利公正も、福岡孝弟も、「私論」が幅を利かせてしまうと「私政」に傾く危険性があるという懸念は一致していたようです。

つまりこの条文に先人が込めた願いは、公論とは公、つまり皆のために、自分勝手な考えや行動をしないで、全体のことを考えて議論し、行動せよということなのです。単純に世論に従う、あるいは多数決で決めるという意味ではないのです。

選挙結果に左右される民主主義下の政治は、濱口雄幸首相が懸念したように短期的な結果を求めがちです。

しかし、それがために、党利党略、個利個略が過ぎるとなったとき、長期的には政治は信頼を失い、崩壊してきました。

短期的な結果を追うのは一種の誘惑です。この誘惑を乗り越え、国のため、地域のため、互いを尊重し、胸襟を開いて議論を行い、行動する。そのような政治が求められています。

転んだり起きたり永遠に

日本の議会政治の象徴である国会議事堂。

議事堂で最も高い中央塔の真下にあるのが中央広間です。国政の中心であるその場所に、板垣退助の銅像が静かに佇んでいます。

1938（昭和13）年、大日本帝国憲法発布50年を記念して作られました。正方形の広間には四つの角があり、ほか三つの角には大隈重信、伊藤博文の銅像があります。板垣退助は自由民権運動を起こし、日本初の政党自由党を作りました。大隈重信は日本初の政党内閣を組織し、伊藤博文は日本初の内閣を組織しました。併せて大日本帝国憲法起草の中心的役割も果たしました。

3人は日本の議会政治を象徴する存在です。

四隅ある最後の角は、台座だけで誰の銅像もありません。当時の新聞は「将来の功労者のため保留しておく意向では」と報じたようですが、本当の理由は定かではありません。

生まれて初めて国会見学をした大学生のとき、空の台座は「国会の開会式のときだけ使われている」と衛視さんに聞きました。

慣例で「松の盆栽」を置くのだそうです。これも誰が始めたのか、どういう意味があるのか、明らかではありません。

私は、そこに込められたのは「松＝待つ」という志ではないかと思っています。特別な偉人が登場するのを待つ、という意味ではありません。

政治は「人」という不完全なものが行う不安定なものです。だからこそ失敗も成功もあります。

半面、歴史に学び、よりよくしようとする努力を重ね、一歩一歩前進していくものでもあります。長い目で国民に、有権者に育ててもらう一面があるのです。台座を空席のままにして「待つ」ということは、終わりがない、未完であるということでもあります。

人間社会が続く限り、政治は、転んだり、起きたりしながら続いていく永遠のものです。

満月は美しいのですが、月は満ちると欠けていくだけです。現状に満足せず、常に前進を求められるのが政治です。

政治を劇場での芝居としたとき、その未完の芝居を前進させていく主人公は、まさに皆さん一人一人なのです。

離島で未来を見た

2022（令和4）年4月の高知県議会で、私は総務常任委員会の委員長になりました。委員に自由民主党の三石文隆議員会長、公明党の黒岩正好代表、県民の会の上田周吾代表、日本共産党の塚地佐智代表と、重鎮の先輩方がそろいました。一燈立志の会代表の私も含め、全会派の代表が属する委員会となりました。

県議会の委員会は、夏の議会閉会中に県外調査を行うことになっています。私にはどうしても行きたい場所、会って話を聞きたい人がいました。

一緒に視察案を練る副委員長の野町雅樹議員、総務委員会担当の議会事務局員、田中岳さん、千光士真由美さんと話し合い、訪問先の案に私のプランを加えました。

行きたかった場所は、島根県沖に浮かぶ隠岐諸島です。中ノ島の海士《あま》町にある島根県立隠岐島前《どうぜん》高校。

教育に精通している自民党の三石さんから、教育にこだわりを持っていた中内力知事に質問経験のある共産党の塚地さんまで、すべての会派の議員さんが興味を示してくれました。先に触れたように、中内さんは戦時中の一時期、祖父喬の部隊にいました。生え抜きの県職員から教育長を経て知事にまで駆け上がった人物です。知事を辞めたのは１９９１（平成３）年。もう30年以上も前になります。

隠岐で会いたかった人は、イシンの明石智義さんを通じて友人となった岩本悠さんです。人口減で廃校寸前だった隠岐島前高校を、全国の注目を集める希望の学校に変えました。

今、地方は急激な人口減少に苦しんでいます。中でも減り具合が激しいのが離島です。医療、教育、交通、多くの分野で解決できない課題が山積しているからです。隠岐島前高校は典型的な離島の学校でした。

２００６（平成18）年ごろ、生徒数は定員（２４０人）の半数を大きく下回っていました。いよいよ廃校という声が出始めたことで町は危機感を抱きます。廃校になれば島の子供たちは他の島か、60キロ以上も離れた本土の学校に進学せざるを得ません。子供の進学を機会に一家そろって本土に移る人が相次ぐ可能性もあります。学校の問題は島の問題そのものだったのです。

学校と地域を両輪で再生しようと町が招いたのが岩本悠さんでした。

岩本さんは１９７９（昭和54）年東京生まれ。東京学芸大学在学中の２０００

（平成12）年に1年間休学し、アジア、アフリカ、オセアニアなど20カ国を回ったそうです。帰国後に体験記を出版し、印税でアフガニスタンに学校を建てたという猛者です。大学卒業後、ソニーに入社。人材育成を担当する傍ら、社会活動にも取り組みました。2006（平成18）年、社会活動の一環で海士町を訪れた岩本さんは、地域の子供たちに出前授業をします。それが海士町に関係するきっかけでした。

役場や地域の熱い思いに心打たれた岩本さんは、会社を退職して移住するという大きな決断を下します。全国で最も厳しい状況に置かれた地域の課題を解決することが日本全体を元気にする、という志を抱いたのです。

2007（平成19）年、海士町は岩本さんを「人づくりプロデューサー」として雇用します。国や県から補助金をもらうのではなく、町の単独事業で雇用しました。地域を歩き、住民と語り合った岩本さんは、翌年から隠岐島前高校の魅力化ビジョンづくりに取り組みます。地域と協働し、生徒が住民とともに地域課題の解決に取り組むプログラムを作り上げました。越境というキーワードも発想し、全国から生徒を呼び込む「島留学」制度もスタートさせました。

2008（平成20）年度の生徒数は1学年28人、全校生徒が89人でした。岩本さんのリーダーシップと住民の協力、生徒たちの共感で学校が変わります。廃校寸前だった隠岐島前高校は、地元からの進学者も、県外からの留学生も増え続けました。生徒が増えるにつれ、住民の協力も厚くなりました。進学実績も急上昇します。それが評判を呼んで全国からの入学者がさらに増えました。

生徒たちの意識も変化しました。

２００９（平成21）年、島前高校の生徒たちは『ヒトツナギ』人との出会いから始まる君だけの島前三島物語」という観光プランを提げて第１回観光甲子園に出場しました。見事、グランプリである文部科学大臣賞を受賞します。

掲げたのは観光名所の紹介ではありません。島の生徒たちが都会の子供たちと一緒に隠岐の暮らしを体験する、「人」に焦点を当てた新たな発想のプログラムでした。島前高校の生徒たちは学校内に「ヒトツナギ部」という部を作ります。「ヒトツナギ部」は、都会の子供たちとの交流を続けました。やがて、そこに参加した子供たちの多くが島前高校に進学するようになります。海士への「島留学」を選んでくれたのです。いい循環は続き、高校卒業後も島に残って新たな挑戦を始める生徒も出ています。

「志を果たす」場所

海士町を訪問したのは２０２２（令和４）年の夏でした。島の人たちの前向きな空気を肌で感じる旅でした。学校の再生を通じて町が変わったことを実感しました。続々と島に人が集まってくる理由について、岩本さんは「最も大きな要因は人です」と話していました。

その通りだと思います。ここまで長く書いてきたように、幼いころから私という人間を形づくってきたのも、故郷高知を愛するようになったのも、きっかけは人との出会いでした。

すべては人と人との出会い、そしてそこで得る環境と経験がまた人をつくるのです。

明治維新に賭けた維新の志士たちも、自由民権運動に身を投じた活動家たちも、師と出会い、仲間と出会って互いに磨かれました。それがあったからこそ、辺境の小県である我が高知からあれほどの人材が世に出たのです。

日本の地方を歌った歌に、1914（大正3）年に発表された文部省唱歌「故郷《ふるさと》」があります。

戦没者の慰霊でニューギニアやフィリピンに行ったときに歌うのはこの歌でした。遠く離れた地で、故郷を思いながら力尽きた英霊を思いながら歌うのです。

高知生コン事件のあと、市民が涙を流して歌った曲も「故郷」でした。

岩本さんたちが島で活動を始めたころ、島民の皆さんと酒を飲んだあとで歌ったのも「故郷」だったそうです。

『故郷《ふるさと》』　　作曲　岡野貞一　作詞　高野辰之

一、兎追《うさぎ》いし　かの山　小鮒《こぶな》釣りし　かの川
夢は今も　めぐりて　忘れがたき　故郷《ふるさと》

二、如何《いか》に在《い》ます　父母《ちちはは》　恙《つつが》なしや　友がき
雨に風に　つけても　思い出《い》ずる　故郷

三、志《こころざし》を　はたして　いつの日にか　帰らん
　山は青き　故郷　水は清き　故郷

曲が世に出た1914（大正3）年は、近代化により地方から都会への人の流れが激しくなりつつあった時代です。

「故郷に錦を飾る」という言葉もある通り、地方は、都会で志を果たしたあとに帰る場所だったのです。戦後の高度成長時代も同じでした。

今、時代が変わり、岩本さんや「留学生」たちのように地方に新しい価値を見いだしてくれる人たちがいます。

2020（令和2）年からはコロナという大変な有事を経験もしましたが、これにより進んだデジタル化は、地方のハンディを押し下げています。持続可能な社会、という世界の潮流を考えても地方は今や最先端です。

岩本さんは言います。「地方とは、ふるさととは、今や志を果たしたあとに帰る場所ではなく、志を果たせる場所、そして果たしに来る場所なのです」と。

地方にとって大きな追い風が吹く時代、受け止める帆を張れるかどうか、これからの政治には大きな責任があります。

連綿と続いてきた高知の物語を彩り、日本の歴史にも大きな足跡を残した登場人物たちのように、熱を持ち、志を持つ県民がたくさんいる高知県なら、必ず地方の、そして日本の未来を拓く新たな道を力強く歩んでいくことができると確信しています。

希望

この本の原稿をほぼ書き終わった2023（令和5）年1月9日の朝、愛媛の小野晋也先生から一本の電話をもらいました。

これから岡山に講演に行くと言いながら、小野先生は「今日はパンドラの箱の話をしようと思う」と明かしてくれたのです。パンドラの箱とはギリシア神話の物語です。最高神ゼウスが悪・不幸・災いを封じ込めていた箱のことです。パンドラは好奇心からこの箱を開けてしまい、悪や不幸が世界中に広がってしまいます。

この神話により、パンドラの箱とは「開けてはいけないもの」という使い方で表現されます。小野先生はこう続けました。「この箱に最後に一つだけ残ったものがあります。それは希望なのです。人生はいろいろと苦しい局面もあるが、最後には希望がある。ただ、この希望を抱くためには、自分の中に沸き起こってくる問題や課題をまず認識することが不可欠なのです。なぜなら、人がその課題を乗り越えて理想に近づけようとする努力、そして自分の意思を自分の手で描くことができることこそが希望だからです」と。

希望について語る小野先生の声を聞きながら、私は学生時代に読んだ名著『夜と霧』を思い出していました。オーストリアの精神科医で心理学者、ヴィクトール・フランクルの体験記です。

ユダヤ人だったフランクルは第二次世界大戦末期、ナチスドイツのユダヤ人強制収容所で絶望的な毎日を送ります。

同じように収容された多くの仲間と過ごし、観察するうち、フランクルは収容された仲間たちが、希望を捨てずに強く生き抜く人たちと、あきらめて死を迎える人たちに分かれていくことに気づきます。

希望を捨てずに強く生き抜く人は、未来や未来の目的に目を向けていた人たちで、あきらめて死を迎える人は、未来を信じることができなかった人たちだった、とフランクルは書きます。

実例として、5月30日に収容所から解放されるという夢を見た仲間が、フランクルに希望を持って夢の内容を語るシーンがあります。仲間はその夢に人生の希望を託したのですが、解放のめどは見えませんでした。この仲間は5月29日に熱を出し、30日に意識を失い、31日に死にます。「未来を失うとともに彼はそのよりどころを失い、内的に崩壊し、身体的にも心理的にも転落したのであった」とフランクルは書きます。

ドイツは1945（昭和20）年5月に降伏します。その数カ月前、1944年のクリスマスと1945年の新年に、この収容所では多くの仲間が亡くなりました。クリスマスか新年に釈放されるらしい、という噂が原因でした。噂に希望を抱いた人たちは、現実とならないことに絶望し、その精神的な崩壊が肉体の死をも招いたのです。

『夜と霧』の最後の章でフランクルはこう語ります。

「あらゆる励ましの言葉に反対し、あらゆる慰めを拒絶する彼等の典型的な口のきき方は、普通次のようであった。『私はもはや人生から期待すべき何ものも持っていないのだ』。これに対して人は如何に答えるべきであろうか。ここで必要なのは生命の意味についての観点変更なのである。すなわち《人生から何をわれわれは期待できるかが問題ではなくて、むしろ人生が何をわれわれから期待しているかが問題なのである》。すなわちわれわれが人生の意味を問うのではなくて、われわれ自身が人生から問われているのであり、その問いに応答することが人生である。人生というのは結局、人生の意味の問題に正しく答えること、人生が各人に課する使命を果たすこと、日々の務めを行うことに対する責任を担うことにほかならないのである」

私はこの「人生」を高知の物語、つまり歴史と置き換えてみました。歴史の延長線上に私たちがいることを意識した瞬間、高知の歴史が私たちに問いかけてくるように感じます。絶望的な状況になっても、苦しい時期があっても、土佐の誇りを胸に闘ってきた先人の姿が問いかけてくるのです。ふるさと高知県をなんとかして未来に続くものにしてほしい、という静かでひそやかな問いかけです。

小野先生は電話を切る直前にこう言いました。

「分かりきった未来には希望はない。可能性がないからだ。いかに多くの課題があっても、可能性がある限り希望は消えないのだ」

歴史という大河の中では私の存在は小さな小さな石ころです。

しかし、希望は持ち続けます。希望という一燈を大切に、できることを精いっぱい、前を向いて進んでいきたいと思います。

終わりに

最後までお読みいただき、本当にありがとうございました。

この本の出版を決めた時、最後の最後まで悩んだのがタイトルでした。

結局、監修でお世話になった依光隆明さんから提案をいただき、『思宗紀《ししゅうき》』としました。

依光隆明さんは、高知新聞時代に県闇融資事件を扱った「黒い陽炎」、朝日新聞に移籍したあとは福島第一原子力発電所の事故をめぐる人々を描く「プロメテウスの罠」という調査報道連載を行った方です。高知独立論を挑戦的に描いた連載「時の方舟」にも中心的に関わっていました。私もこれら依光さんの記事を興味深く読んでいたこともあり、今回監修を引き受けていただけたことは光栄であり、大いに恐縮しているところです。

最初に提案いただいたときは、自分の名前を入れるのは手前味噌ではないかと恥ずかしい思いもありました。が、周囲にも聞いた末、最もしっくりくるこのタイトルに落ち着きました。読んで字のごとく私自身の思いや行動を表すタイトルとなりました。

《紀》という文字には「すじみち」という意味があります。

冒頭書いたように、私が政治という複雑な道を歩んでいくにあたって一貫して大切にしているのが、「自分自身の行動を説明できる」ということと、過去・現在・未来の連続性、つまり「物語」を重要視するということです。

この本では、私自身の物語を軸に、高知県、そして日本の物語について思うところを書かせてもらいました。

若造が生意気な、と思う方もおられると思います。

私の受け取り方や見方と、違う見方をしている方は、描写に違和感もあるかもしれません。

ただ、これが等身大の私の《紀》です。

タイトルは『思宗紀』ですが、私は高知県、そして日本の将来のために重要なのは、『思集紀』だと確信しています。

「思いが集まり、道ができる」いうことです。

この本では厳しい高知県の現状も書きました。

しかし、高知県には希望があります。

高知県をよくしよう、守ろうとする多くの皆さんの存在があるからです。

生まれ育った地域に残り、地域の物語を引き継ごうと努力する皆さん。給料が下がっても、あるいは大きなリスクを背負ってでも、高知に対する思いを持ってUターンしてくれる皆さん。縁あって高知で生きることを選択してくれた皆さん。それぞれの現場で力強く生きる皆さんと私は出会ってきました。

高知県の財産は、彼らすべての「思い」だと思います。

日本という大きな体を支えているそれぞれの地域が元気になれば、必ず日本は立ち直ります。

一燈照隅、万燈照国。万の光が日本中を照らし、国を興すのです。

私は、政治の重要な役割の一つは、人と人、人と行政、あらゆるものをつないでいくことだと考えています。

この本に書いたように、私は多くの人に出会い、その出会いに助けられてきました。

そんな私にできることは、多くの「思い」を集め、「地域から日本を興す」原動力としていくことです。

私の名前「宗」を名付けてくれたのは、私の人格形成に大きな影響を与えた祖父ですが、その意味するところは「家を守る」ということだそうです。

私にとっての「家」は、故郷高知、そして祖国日本です。

小野晋也先生から贈られた「一燈を提げて暗夜を行く」という言葉に出合ったとき、一燈という志を大切にしよう、と決意しました。

私にとっての一燈は、「家」である故郷と祖国を守るために、「高知の物語」の中で自分自身が今できることを全力で行うこと。ニューギニアで命をかけて遺骨収容を続けた西村幸吉さん流に言えば、「使命を果たす」ことにほかありません。

まだまだ未熟ですが、力いっぱい走り続けたいと思っています。


最後、この本に名前を登場させていただいた皆さん、高知のため、ともに活動する仲間に深く感謝します。

「一燈立志の会」の武石利彦県議会議員、依光美代子県議会議員、事務の竹内礼子さん、政策調査に伴う資料探しに尽力してくれている県議会図書室の植村友佳子さん、三好佐和さん、いつもありがとうございます。

煩雑な業務をいとわずにサポートしてくれている大石事務所の久保周子事務長と、家族ぐるみで助けてくれている涼太君、夏菜ちゃん、自分の思うままに行動する私を支え続けてくれている妻千景、興と京、両親、妻の両親、弟の英、妻さくらとその家族、私が政治という特殊な世界に身を投じたことによって好むと好まざるとに関わらず巻き込まれてしまった親族一同にも、心よりの感謝を伝えたいと思います。いつもいつも世話をかけています。ありがとうございます。

短期間で本を仕上げるという無茶な取り組みにお付き合いいただき、多くのご協力をもらった依光隆明さん、毎夜毎夜の依光さんとの対話は私の人生の中において珠玉の時間でした。急なお願いにも関わらず推薦の言葉を快く引き受けてくれた中西聖さん、本当にありがとうございました。ビジネスで超多忙な中西さんが分厚い原稿を読んでくれただけでもうれしいのに、中西さんはじっくりと深く読み込んで望外の推薦文を寄せてくれました。感謝の言葉もありません。

無理な日程の中で素晴らしい本を作り上げてくれたリーブル出版の方々にもお世話になりました。坂本圭一朗社長、島村学制作部長、高校時代からの悪友であるクリエイティブ事業部長の小石晃弘君、ほか社員の皆さん、ありがとうございました。いつもながら最高のデザインを提供してくれた和田裕之さんにも心より御礼申し上げます。これまですべての広報物をともに創ってきた和田さんは、文字どおり戦友です。文字だけの分厚い本をデザインの力で素晴らしいものに仕上げてくれました。

作家の小松成美さんには驚かされました。校了直前、「宗くんの大切な記念の本だもの。私も文章書くよー」とうれしい連絡をくださったのです。小松さんはすぐにこの長い長い原稿を読み込んで素晴らしいメッセージを送ってくれました。中西さんの推薦文と小松さんのメッセージは私の初出版へのビッグプレゼントです。ありがとうございました。

そしてなによりお礼を伝えなければならないのは、私を高知県の政治の現場で働かせ続けてくれている多くの県民の皆さまです。本当にありがとうございます。皆さまに心よりの感謝をお伝えし、筆をおくこととします。

本当に、本当にありがとうございます。

令和5年1月

高知県議会議員　大石　宗

「高知の未来を創る人」の想いに寄せる言葉

ノンフィクション作家　小松成美

大石宗さん、初の著作『思宗紀』の出版、おめでとうございます。

その文章を目で追いながら、私は言葉には形容し難い感情に包まれていました。感激と尊敬とが合わさった熱い思いが込み上げてきたからです。大石さんの爆ぜるような激動の魂とともに、土佐の大いなる歴史と先人たちの試練に耐えた勇敢な姿にも触れることができたからです。

本書にもあるように、第二次世界大戦時に三度召集され出征した大石さんのお祖父さまは、最後は沖縄竹富島の守備隊で終戦を迎え、生き残った者として戦友会活動や慰霊事業に取り組まれました。その姿を幼い頃から見ていた大石さんは、若くして慰霊の心を持ち、海外における戦没者の御遺骨収容に参加するのです。

私が初めて大石さんにお会いしたのは、2013年5月のことでした。待ち合わせ場所のひろめ市場の一角に座っていると、小走りで近づいてきた大石さんは手の甲で額の汗を拭いながら開口一番、言いました。

「今、サイパンの遺骨収容から戻りました！」

そして、高知から出征した兵士の方々の過酷な運命を語り聞かせてくれたのです。会う由もない方々に想いを馳せた大石さんは、私の目を見てこう続けました。

「皆さん、何年経っても、高知に帰りたいと思っていらっしゃるはずです。高知の地で安らかに眠っていただきたいと願って活動を続けています」

若き政治家であった大石さんの言葉を噛み締めながら、過去から連なる人々を思いやる大石さんの心が、今を生きる人々の幸福を築き、やがて高知の未来を創るのだと強く感じていました。彼が政治家を生涯の仕事に選んだ理由が、いっぺんに理解できた瞬間でした。

ここからはいつもの通り、宗くんと呼ばせてください。

「とにかく熱い男です。爽やかです。絶対に小松さんと仲良くなれます！」

そう言って、宗くんを紹介してくれたのは、「道」「愛唄」「キセキ」「星影のエール」といった大ヒット曲を持つボーカルグループGReeeeNのリーダーのＨＩＤＥさんです。当時私は、GReeeeNの青春を描いた小説『それってキセキ GReeeeNの物語』を執筆するためにメンバーそれぞれのご家族や友人たちに取材を重ねていました。

「中高と高知で過ごし、バンド活動に無我夢中だった僕のことを一番知っているのが大石宗です。ライブハウスで何時間も語り合った友人です。最高のベーシストです！」

紹介後、すぐに取材を快諾してくれた宗くんは、遺骨収容から戻ったその日にインタビューを受けてくれたのです。かけがえのない青春時代の思い出話は、深夜まで続きました。

「それってキセキ」に〝大垣〟という名前で登場する宗くん。彼は、ＨＩＤＥさんの最大の理解者であり、応援者です。歯科医師でありながらアーティスト活動をし、楽曲制作も手掛けるＨＩＤＥさんは、忙殺され時にストレスに苛まれることもあります。ＨＩＤＥさんはその度に高知を訪ね、旧友と語り合いました。人気シンガーでも学会に忙しい歯科医師でもない、素の自分に戻れる場所をどんな時にも提供していたのが、まさに宗くんでした。

やがてＨＩＤＥさんは「高知への恩返しの気持ちを形にしたい」と、よさこい祭りのための「この地へ～」という楽曲を提供します。

宗くんをはじめ、よさこい祭りを愛する皆さんの力で「総踊り」が実現し、いつもは賞を競い合う参加チームが垣根を越えて一つになり、曲に合わせて踊る姿は、高知の情熱の結集の証でした（この経緯と様子も「それってキセキ」に記しました）。

宗くんは、どんな時にも人を大切にし、そのために行動しています。高知へ出向き、彼と話せば、いつも話題は高知とそこに暮らす人々のことです。

高知の農業・水産業の生産者さん、文化を繋ぐ職人の方々、街に活気をもたらす商店の方々、人々の暮らしに尽くす実業家や行政の方々、大学の教授やその学生たち。宗くんから紹介された方々は、今では私にとっても素敵な友人、仲間です。

出会って数年後、私がプライベートで高知を訪ねた際、宗くんが自由民権記念館を案内してくれました。その時、彼が呟いた言葉が今も忘れられません。

「先人が残してくれた『自由は土佐の山間より』の精神は、高知人の宝です。この意志を繋いでいくことが、僕の使命だと思っています」

高知と、そして日本のために、時代を駆け抜けていくその姿に、これからもずっと声援を送ります。

監修人のあとがき

依光　隆明

大石宗さんから「本を出したいと思う」と相談を受けたのは２０２２（令和４）年の10月末ごろだった。翌年４月に県議会議員の選挙があるから２月には出したい、と。タイトだとは思ったが、できるだろうと答えた。11月16日から作業に入った。集中的に聞き取りをして原稿の骨格を作り、大石さんが矢継ぎ早に書き足す原稿を猛スピードで手直しした。

私が頼まれた理由は中学高校の先輩後輩という関係からである。しかも学芸中の一時期、私は剣道部に属していた。この本にもたびたび出てくる大石さんの盟友、武石利彦高知県議会議員とは学芸中高の同級生で剣道仲間でもある。実は武石さんと大石さんには若干の恩義もある。２００８（平成20）年に私は高知新聞から朝日新聞東京本社に移り、２０１７（平成29）年に長野県の諏訪支局長になった。左遷というわけでもなかったが、武石さんと2人そろって二度も激励に来てくれたのだ。一度目は2018（平成30）年で、一緒に諏訪大社巡りをした。諏訪大社は戦いの神であり、武田信玄が崇敬していたことでも知られている。諏訪大社は上社、下社にそれぞれ二つずつあるのだが、落選を続けていた大石さんは4社すべてを回って熱心に手を合わせていた。

二度目に来てくれたのは私が朝日新聞を辞めて高知に帰る前日だった。2022（令和4）年3月30日である。翌日には高知に帰るのだからわざわざ来なくてもいいのに、またも2人で来てくれた。諏訪支局管内には五・一五事件で斃れた犬養毅の別荘「白林荘」があって、大石さんはそこにも足を運びたかったらしい。白林荘は犬養毅が終の棲家と決めた場所である。高知県出身の濱口雄幸首相が凶弾に倒れたあと、1931（昭和6）年4月に若槻礼次郎が首相に就いた。5カ月後、満州事変が勃発して中国と戦争状態に。収拾困難に陥った若槻内閣は総辞職する。次に擁立されたのが、引退を表明して白林荘に引っ込んでいた犬養だった。五・一五事件が起きたのは翌年である。

大アジア主義者として頭山満とも盟友関係にあった犬養の痕跡は今も白林荘に

残っている。3月末はまだ冬季閉館中だったが、高知からはるばるというのでその日に限って開けてくれた。白林荘までの案内役は朝日新聞長野総局の清水大輔記者が務めた。清水記者は朝日新聞高知総局にいたことがあり、そのときから大石さんとは知り合いだった。

当然、夜は諏訪支局内で最後の晩餐である。新聞記者仲間や取材で知り合った人、引っ越しを手伝ってくれた地元の奥さま方、行きつけの店の人、ご近所さん……。取材エリアの原村からは俳優の滝田栄さん夫妻やその友人たちが料理と酒を持って駆けつけてくれた。総勢20余人で夜更けまでさまざまなことを楽しく語り、飲み、食べた。

というわけで、恩ある大石さんに出版への協力を頼まれたら嫌と言えるわけがない。加えてもう一つ、2022年4月以降の私は個人事業主「TSURUGI舎（つるぎや）」主人として看板を出していた。さまざまな仕事に手を出しているのだが、うち一つが編集工房である。見方を変えると大石さんが私に仕事をくれたことにもなる。

監修するに当たり、関連文献も読ませてもらった。曽祖父の大石大が書いた本、祖父大石喬の手記、竹富島関係書籍、戦史などなど。大石宗さんは歴史に深い思いを持っている。土佐藩や自由民権運動、大正デモクラシー、先の大戦など、基礎知識がないと大石さんの原稿に付いていけないのである。いちおう新聞記者として40年やってきたので、原稿を書くのも直すのも普通の人よりは多分速い。初稿がおおむねできたのは11月末だった。内容の豊富さを考えると奇跡的なスピードなのだが、そこからがまた大変だった。大石さんの脳裏に次々と記憶が降ってくるのである。「こんなことを思い出した」「あのことも入れよう」。とはいえ12月は大石さんも忙しかったらしい。執筆のスイッチが入ったのは年末、12月26日である。11月末段階で200ページ強だった本が、その日から猛烈なスピードで膨らんだ。あっという間に300ページを超え、12月末には400ページ弱、原稿締め切りの1月初めにはとうとう500ページを超えてしまった。

政治家の本といえば自己PRが前面に出るが、この本はその枠にはとどまっていない。大石さんの頭の中を文章にしたというか、大石さんが歩んだ道、経験したこと、考えていることをそのまま活字にしたというか。要するに大石宗という人間を活字にした本だと思っている。大石さんの考えが正しいと主張する本ではなく、大石宗という人間を知ってもらう本なのである。大石家の歴史をたどることで高知県の歴史の一端を知る構成にもなっていると思う。

できる限り読みやすくしたつもりだが、振り返るとまだまだ不十分かもしれない。最後に一つ。１９４２（昭和17）年に行われた翼賛選挙後にできた「非推薦議員倶楽部」など、大石大の本にはほかの資料で裏付けられない記述もある。戦争による混乱時の裏面史でもあり、記述も具体的なので、大石さんと話し合ったうえでそのまま採録した。

番外編・宗《しゅう》のつぶやき

番外編・宗《しゅう》のつぶやき

戦争が終わり、高度成長で経済的に興隆したあと、斜陽になりかけたときに物心ついたのが私たちの世代です。

そのような時代感覚を持ちながら、私はよく過去・現在・未来を考えます。歴史を知り、それを踏まえて現在と未来を考えるのです。

過去、現在、未来の連続性でいえば、今は時代の分岐点だと思います。このままいくと必ず日本も高知も力を失ってしまう。つまり、その未来は望ましい未来ではないというのが前提としてあります。だからこそ、少しでも豊かな未来を作らないといけない。それが課題認識としてあって、その中で地方をどういうふうにしたら幸せなのか、日本がどうしたらいいのか、というのを考え続けています。

20代のときに岩國哲人、細川護煕の『鄙の論理』に出合って地方の時代を意識しました。植木枝盛や原敬も書いています（付録に転載）が、多くの歴史を振り返ったとき、都市と地方で大きな格差が出てくると、結果的に国が力を失っていくことが多いのです。人も富も分散させる必要があります。

そのために地方分権の考え方は重要です。原は、中央集権が進みすぎると都市に人も富も集中するが、地方分権体制では地方から人材が出てくる。国家の革新は地方から行わなければならないとも書いています。本来、多様な文化を形成し、産業という現場がある地方の方が創意工夫もエネルギーも持っているはずです。

私は大学時代に大前研一さんの勉強会に参加しましたが、そこでも地方の可能性を学びました。都市と地方の関係、中央集権からの脱却というのは、私の政治の出発点なのです。足場はふるさと高知県です。高知県という足場に立ち、考え、動きます。

明治以後、地方は中央に人と富を供給し続けてきました。日本という大きな船を動かしていくうえで、大きなエンジンを一か所に集積しなければならなかったのです。富国強兵にはそれが必要だったし、戦後は製造業中心の経済構造にするためにそれを続けました。おカネをかけて教育した人材を中央に集め、安い土地、安価な労働力を供給して富を中央に移転しました。

今、時代は大きく変わっています。各地域地域で産業を起こし、経済を回し、いろんな可能性を探る時代だと思います。そのためには地方が自立することが欠かせません。経済的にも自立し、魅力的な地方をつくり、人を呼び込むことで日本を分散型の社会にする必要があります。

地方の自立といっても、人がいないとどうしようもありません。人口の問題は大きな課題です。２０２２（令和４）年の高知県の人口は67万人です。統計を取り始めた１９２０（大正９）年は、曽祖父大石大が衆議院に初当選した年です。この年の人口が同じ67万人でした。現代と違うのは、日本全体の人口が今の半分である５５００万人だったことです。つまり、人口という数字だけ見ても、全国に対する高知県の存在感は今の倍あったことになります。

もう一つ違うのは、１９２０年の67万人は県土に満遍なくいたことです。今は高知市一極集中です。大正、昭和、そして戦後の高度成長の時代、高知県の人口は増え続けました。1955（昭和30）年には90万人近くにまで達しています。減少傾向が顕著となったのは1985（昭和60）年ごろです。1990（平成2）年には全国に15年先駆けて人口の自然減が始まりました。日本の未来の姿を先取りしているのです。以来、高知県では激しい減少傾向が続いています。ピーク時と比べると67年間で20万人も減っているのです。

減っているのは県都の高知市ではありません。郡部です。県土に張り巡らされた道の端、毛細血管の先に人がいなくなっています。地方あっての日本ですし、郡部あっての高知県です。人を増やすことを真剣に考える必要があります。

現在、県民68万人のうち32万人が高知市民です。合併を繰り返したとはいえ、県民の約半分が高知市民というのは異常です。都市集中と過疎化減少は日本の病巣であり、裏表だと思います。それによって文化の多様性が失われています。将来の成長も阻害されています。

人に来てもらうためには魅力が欠かせません。産み育てるには安心して生活できる環境が大切です。もちろん仕事は必要です。一つ一つ、知恵を使って実行しなければなりません。

潜在成長率は労働力が支えています。労働投入量、資本投入量、生産性です。労働投入量は地方が支えてきたのですが、とうとう使い果たしました。そのために日本は世界で最も潜在成長率が低い国になっています。将来成長する見込みがないから、足元の景気対策だけをやっていたのがこの30年でした。構造的に、将来にわたって生きていけるような国の形をつくってこなかったのです。この30年、公共投資や経済対策に使った予算は何十兆円にも達します。少子化対策や地方の問題など、構造的課題に手を付けていたら日本の姿は違っていたと思います。残念ながら今も同じことをやっています。円安で輸入飼料が高くなったから補助金、油が高くなったから補助金。もちろん大事なことではありますが、今日明日をしのぐためのカネの使い方しかできていないのが実情です。

政治と行政は違います。行政は現在だけを見たらいい。政治は連続性なんです。長期的な視点を持って未来を見据えた政策を進めていけるのは政治です。未来だけではなくて、過去にも責任を持たないといけないのも政治です。過去と未来に責任を持つその連続性を、北神圭朗さんは「国家の物語」と言っています。物語です。

高知市には高知市の物語があります。たとえば坂本昭市長の時代、高知市はコミュニティカルテを作っていました。歴代の高知市長は自治の精神を基本に置いた市政を志していました。全国に誇ることができる、地域に行き届く政治を行おうとする志を現実の行政に反映させていたわけです。過去と未来という観点を大切にしつつ、現在につなげていたのです。高知県にも高知県の物語があります。政治は、そうした物語を踏まえて施策をつくり上げていかなければなりません。

戦後の日本は経済力をつけ、強い円を背景に外国の物を買いあさっていました。今は全く違います。食べ物をはじめ、外国から買いあさっていた物を内製化しなければいけない時代になっています。内製化の伸びしろがあるのは地方です。加えて生活満足度が圧倒的に高いのも地方です。地方の可能性は、地方の現場を歩くことによって把握できると思います。

現場を歩くとき、県議会議員という立場は恵まれています。自由に動けるのです。現場に行って、お酒を飲んで、誰かの家に泊めてもらってみんなと語りあうこともできます。地域の人と一緒にイベントを企画することもできます。お話会もできるし、勉強会もできます。近い将来にやろうと思っているのが欧州や米国に行って地方政治の現場を見てくることです。

俯瞰してものごとを見ることのできる「鳥の目」、現場を知る「虫の目」、そして時勢を読む「魚の目」。三つの目を大事に、仕事をしていきたいと思っています。

付　録

■植木枝盛　交際の平均　二篇

◎交際の平均（『海南新誌』第十四号明治十年十二月一日）

夫れ国は一なりと雖も国も更に之を分ては則県となり、又分ては州となり、邑となり、村となり、家となり人となり、各々其別あれは、則亦一人は一人の独立あり、一家は一家の独立あり、一村一邑は一村一邑の独立あり、一州一県は一州一県の独立あり、全国は全国の独立あるものにして、今夫の府県は則各其府県の風俗、習慣、気質、好尚等、総て各利害の在る所に原つきて其独立を鞏固確実にするを得ること、猶ほ一人民か私有物の確実 を得て他の妨害を受くることなきか如くにして、而して能く其県を愛し其県を憂へ、総て善く自ら任して之に当ること、亦彼の一人民か鞏固確実を得たる私有に於けるか如く、以て善く人民をして自主自治の処に至らしむるを得へし。故に若し又それをして能く確実鞏 固を得す、却て其廃立分合全く常なきか如くならしむれは、則是れ其人民は自主自治を壊折すること甚た多かるへし。豈に何そ国家の大害たりと云はさるへけんや。但し府県を廃合すること、大政府に於ては曾て損害を感するなく、更に会計上に就て多少の便益を得ることあるへきや否や我儕今之を知らすと雖も、而かも決して永久国家の便益に非らさるへく、又某の論者の如きは廃合に依て府県の地を広大にすれは、則其府県を盛昌にし其権勢を弘大にするものにして地方分権に傾向すと云ふへく、中央集権に傾向する所以には非すと。然れども是れ亦徒に或は県官の威勢を張らしむるに足て、而して真に其 県を益するに足らす。（略）今日府県の徒に広大となるは人民に於て却て許多の病害を受 くへく又総て其利便を失ふこと最も多かるへし。斯の如くか故に我儕は今日に在り只政府か枯根養枝の策たる中央集権を廃し益々分権の域に至らしめんことを欲するのみ。彼の容易に府県を廃合するか如き固より甚た之を好ます。縦令本年九州の内乱に因て会計の困難を為すことあるも吾儕は之か為めに府県を廃合 することを欲せす府県を廃合する吾儕一人一県の害たるか為めに非す国会交際の平均を傷へはなり。

◎交際の平均（『大阪日報』明治十三年九月二日付）

交際の平均と云へることは国家に於て殊に肝要なることにて、この平均を得国乃ち興り之を失へは国随て衰ふ。而してこの平均を得るには三つの須要なるものあり。権柄の首府と各地方に平均すること一なり。人士の首府と各地方に平均すること二なり。財貨の首府と各地方に平均すること三なり。即ち此の三者は彼の平均をして、或は得、或は失はしむるの原因を為すものなり。然るに我邦に於ては、徳川氏の代より彼の三者を江戸に聚め、其度強く、其間久しく四方或は萎靡の勢を見ること少なからさりき。徳川政府踣れて我明治政府新に政を為ることなりても、廃藩の頃よりは頻に権力の中央に聚まることとなり、地方には権も無く力も無きことに至り、人々競ふて東京江戸に趨き、首府は益々盛んに、地方は愈々衰へ、随て財貨も地方を辞して京地に流れ込むの勢となれり。故に此勢は今尚ほ盛に行はれ、地方は日々に貧弱に傾けり。豈に哀しむ可きに非すや。蓋し斯の如きは所謂る交際の平均を失へる訳にて、国の為めに甚た憂ふ可きことなり。何となれは此の勢の儘にて移り行かは、日本全国の精英と思ふ事物は唯た東京の首府にのみ聚まり、地方は悪しき糟粕のみ残留し、擾乱も起り、盗悪も増し、竟には東京の為めに日本を併呑せらるゝと云ふか如き有様を訓致す可けれは也。然らは則ち国の為めに之を図る、宜しく今日に於て速に手を此に下して、此弊を救はさる可からず。誠に之を救はんと欲すれは、彼の権柄と人衆と財貨との三者を平均する様にせさる可からず。此三者の平均は天下交際の平均の基礎なれはなり。然るにこの三者の平均を得ることを為すには、必すしも直に一物を引分くるか如くなることを得さるものありて、種々の計策なかる可からす。而して余輩は茲に聊か考へたるものあり左に掲く一久く論者か主張する如く地方分権の旨を行ひて、治権を地方に分与し、成る可き丈け権柄の中央政府に偏重なるなく、又た地方に在ては出来べき丈け自ら治むるの風に為し、一州県に属す可き事柄は一県中にて之を為し、一郡区に属す可き事柄は一郡区中にて之を為し、一町村に属す可き事柄は一町村中にて之を為し、各々相侵さず相妨けずして自治独立すべし。一地方に教育を手厚すべし。即ち其事は公私小学中学洋学等の学校を建てゝ之を盛んにすべし。一地方に於て法律を執行する敢て首府より厳酷ならしむ可らず。又其保護方をも首府より粗悪になすことなき様にすべし。都府の方に限り法律寛に政治美にして人民の為めに宜しきに適ひ、地方にては法律厳に政治悪しく人民の為めに宜しきを失する様にては、人士は愈益地方を厭ふて都府に移集するに至る可きなり。一政府凡百の事業を収攬することなく、民間にて人民の為す可き事業は成るべく人民に任すべし。一中央政府にて独り其府下の巨商等を而已偏愛し、専ら之れに利益を得せしむる等のことなき様注意す可し。

◎原敬　地方の新聞（『郵便報知』明治十三年九月十四日付）

政権の帰する所は、人才の集まる所なり。而して人才の集まる所、未だ嘗て開明の本づく所ならずんばあらず。是故に、政権地方に分るれば、人才多く地方に出で、政権首府に帰するれば、人才多く首府に集まる。而して人才の集まる所は、開明の本づく所にして、乃ち一国人民の感想を左右する所なり。是を以てフランス政治の中央集権なるは、人才をして争ふて首府に集まらしめ、而して一国の開明は常に首府より地方にうるおし、アメリカ政治の地方分権なるは、人才をして安んじて地方に在らしめ、而して一国の開明は常に地方より起こる。是れけだしまた、避く可からざるの勢なり。

《参考》兵籍簿の確認方法（高知県の場合）について

（高知県が保管しているのは陸軍のみ。海軍は厚生労働省の所管）

申請書類は高知県庁ホームページから指定の様式をダウンロードする。それができない場合は高知県子ども・福祉政策部地域福祉政策課に相談する。個人情報の開示になるため、本人以外の申請（遺族のみ認められている。定義は配偶者ならびに六親等内の血族、三親等内の姻族）は、本人の死亡戸籍と申請者との血縁関係が分かる書類、申請者の本人確認書類（免許証など顔写真があるものは1通、ないものは2通）が必要となる。兵籍簿が存在しないケースもあるので、詳しくは同課援護調査担当に事前にご相談を。氏名・本籍地・生年月日・所属部隊など、本人情報を準備していたほうが時間がかからない。同課の電話は088（823）9662。

■参考資料

『春風秋雨八十年』（大石大）
『黒い陽炎』（高知新聞編集局取材班）
『植木枝盛憲法草案と日本国憲法』（公文豪）
『フィリピン戦の回想 ― 一当番兵の記録 ―』（山本正道）
『大豊町史』（大豊町）
『一揆の系譜』（山原健二郎）
『町田旦龍』（石丸重義）
『史跡ガイド 土佐の自由民権』（公文豪）
『土佐自由民権運動史』（外崎光広）
『土佐の自由民権』（外崎光広）
『土佐自由民権読本』（外崎光広）
『大政翼賛会への道 近衛新体制』（伊藤隆）
『大政翼賛会に抗した40人 ― 自民党源流の代議士たち』（楠精一郎）
『人間中野正剛』（緒方竹虎）
『中野正剛』（猪俣敬太郎）
『獅子の道 中野正剛』（日下藤吾）
『憂国の士 中野正剛』（濱地政右衛門）

『中野正剛　自決の謎』（渡邊行男）
『実録竹下登』（塩田潮）
『まぐろ土佐船』（斎藤健次）
『市政研究　第12号　高知市企画部企画課編「砂上の楼閣とならないために」』（甲藤次郎）
『新版　現代政治の理論と諸相』（秋山和宏）
『国会劇場　上・下』（秋山和宏）
『国家の骨格』（北神圭朗）
『北神けいろうの挑戦』（松下隆一）
『その男、日本を変える　北神圭朗という生き方』（松下隆一）
『理想の国　内向き、下向き、後ろ向き政治への訣別』（大前研一）
『平成維新』（大前研一）
『道州制で日はまた昇るか』（道州制.com・一新塾）
『人ありて　頭山満と玄洋社』（井川聡・小林寛）
『鼠　鈴木商店焼打ち事件』（城山三郎）
『大番頭金子直吉』（鍋島高明）
『鈴木商店と台湾』（齋藤尚文）
『植民地期台湾の銀行家・木村匡』（波形昭一）
『鄙の論理』（細川護熙・岩國哲人）
『高知生コン事件の全貌』（和田幸雄）

『高知人文社会科学研究第5号「浦戸湾と高知パルプ生コン事件」』（田中正晴）
『江ノ口川・市民の心を映す川―江ノ口川浄化史―』
（江ノ口川うつくしいまちづくり市民会議・高知市）
『氏原一郎伝』（氏原一郎伝刊行委員会）
『野村茂久馬翁』（九曜会野村翁伝記編さん委員会）
『今西中通展　清逸なる情念の画家、その美の変遷　没後50年』（高知県立美術館）
『学生時代の思い出集』（明治大学校友会高知県支部）
『電力会社を九つに割った男　民営化の鬼、松永安左ヱ門』（浅川博忠）
『まかり通る　電力の鬼・松永安左ヱ門』（小島直記）
『大石喬兵籍簿』（高知県庁子ども・福祉政策部地域福祉課）
『大平山・第41～43号』（三里史談会）
『戦時竹富島追想集～兵隊と島民の記録～』（高知竹富会）
『輸送船富山丸の戦没記録と遺族のあゆみ』（富山丸遺族会全国連合会）
『燃える海　―輸送船富山丸の悲劇―』（福地曠昭）
『八重山の戦争』（大田静男）
『石垣島防衛戦史』（瀬名波栄）
『うつぐみは時を超えて　―沖縄・竹富島と高知の絆―』（鍋島寿美枝）
『研究報告・本土空襲の墜落米軍機と捕虜飛行士』（ＰＯＷ研究会）
『沖縄戦秘話・島民と日本兵の友愛　戦禍・マラリアから島民を守った守備隊長の話』（河上親彦）

参考資料

『高知竹富』（沖縄・高知・東京を結ぶぅつぐみの会）
『マラリア撲滅への挑戦者たち』（南風原英育）
『日本軍と戦争マラリア』（宮良作）
『戦史資料』（国立公文書館アジア歴史資料センター）
『月刊「商工会」２０１６・８ 経営者の転機 竹富島を宝の島に』（上勢頭保）
『土佐の塔』（高知県戦没者慰霊土佐の塔建立期成同盟会）
『具志頭村史』（具志頭村史編纂委員会）
『沖縄県八重瀬町の戦没者慰霊空間』（上杉和央）
『良平が行く』（里見義裕）
『高知県政12年 回顧録 至誠通天の記』（尾﨑正直）
『野口健が聞いた英霊の声なき声 戦没者遺骨収集のいま』（喜多由浩）
『ココダの約束』（チャールズ・ハペル・丸谷元人）
『ココダ』（クレイグ・コリー・丸谷元人）
『祖父たちの戦争』（福田仁、高知新聞社）
『鎮魂の賦』（辻本喜彦）
『父が残した戦場日記』（花井睦）
『幡多郡誌』（高知県幡多郡役所）
『雄魂 高知県郷土戦史』（高知県）
『歩兵第百四十四聯隊戦記』（歩兵第百四十四聯隊戦記編纂委員会）

『歩兵第百四十四聯隊（高知）通信中隊誌』（中隊誌編纂委員会）
『米軍が記録したニューギニアの戦い』（森山康平）
『永遠の四一』（大田祐介）
『カウラ出撃』（森木勝）
『カウラの風』（土屋康夫）
『カウラの突撃ラッパ』（中野不二男）
『トラオ　徳田虎雄　不随の病院王』（青木理）
『追憶の絆　高知県フィリピン遺族会の歩み』（高知県フィリピン遺族会）
『平成25年　フィリピン慰霊の旅』（高知県フィリピン遺族会）
『黒潮の航跡　第5回 高知県青年の船』（高知県青年の船実行委員会）
『富士山の赤い雪』（ガブリエル・P・キース）
『独立・土佐黒潮共和国　やっちゃれ、やっちゃれ！』（坂東眞砂子）
『梟首の島』（坂東眞砂子）
『時の方舟　高知　あすの海図』（高知新聞社）
『一壺春詩片』（湯山愧平）
『神皇正統記』（北畠親房）
『土佐・人物ものがたり』（高知新聞社）
『随感録』（濱口雄幸）
『ライオン宰相』（吉良川文張）

『政友会と民政党―戦前の二大政党制に何を学ぶか』（井上寿一）
『いずみの　2016年秋号』（いずみの病院）
『谷干城　憂国の明治人』（小林和幸）
『狼の義　新 犬養木堂伝』（林新／堀川惠子）
『たんぽぽ　素顔の高知県政と日韓交流　評伝西森潮三』（足羽潔）
『愛の黙示録　母よ、そして我が子らへ』（田内基）
『南国夜話　別名話の泉百三十の扉』（小島徳治）
『安重根と伊藤博文』（中野泰雄）
『韓国わが心の故里』（安藤豊禄）
『韓日親善講演録　東洋平和のための日韓友好協力』（金滉植）
『高知大空襲に関する米軍資料「戦術作戦任務報告」』（高知空襲と戦災を記録する会）
『南学讀本』（中島鹿吉）
『南学史』（寺石正路）
『炎の陽明学』（矢吹邦彦）
『山田方谷に学ぶ改革成功の鍵』（野島透）
『山田方谷の思想』（小野晋也）
『峠』（司馬遼太郎）
『言志四録』（佐藤一斎）
『人間学言志録』（越川春樹）

『吉田茂　ポピュリズムに背を向けて』（北康利）
『回想十年』（吉田茂）
『大磯随想・世界と日本』（吉田茂）
『未知の星を求めて』（関勉）
『コメットハンター関勉のblog』（関勉）
『国立天文台ニュース No.273 2016.4』（大学共同利用機関法人　自然科学研究機構）
『無天雑録』（植木枝盛）
『いごっそう考　―土佐人気質の性格学的考察―』（沢田淳）
『それってキセキ　GReeeeN の物語』（小松成美）
『はりまや STORY Vol・97・98 7―10月号』（アトリエよくばり子リス松田雅子）
『土佐からハワイへ　―奥村多喜衛の軌跡―』（中川芙佐）
『「奥村資料」とハワイ日本（系）人社会』（中川芙佐）
『「冒険ダン吉」になった男　森小弁』（将口泰浩）
『台湾紀行』（司馬遼太郎）
『台湾人と日本精神　日本人よ胸を張りなさい』（蔡焜燦）
『南十字星　第4号』（高知県ニューギニア会）
『日本軍ゲリラ台湾高砂義勇隊　台湾原住民の太平洋戦争』（菊池一隆）
『証言　台湾高砂義勇隊』（林えいだい）
『棄てられた皇軍兵士たち―台湾人元日本兵―』（河野利彦）

参考資料

『還ってきた台湾人日本兵』（河崎真澄）
『パゴダ ビルマ残留記①②町田速雄・吉岡徳喜対談』（高知パゴダ会）
『戦後70年 もう一つの祖国 ミャンマー編』（朝日新聞）
『帰還せず 残留日本兵 六〇年目の証言』（青沼陽一郎）
『後藤新平の「仕事」』（藤原書店編集部）
『小説 後藤新平 行革と都市政策の先駆者』（郷仙太郎）
『会報 板垣会第４号 台湾同化会事件』（公文豪）
『医療介護者のための起業の教科書』（物部真一郎）
『日本一バズる公務員』（守時健）
『ビジョナリーカンパニー 時代を超える生存の原則』（ジム・コリンズ）
『土佐史談 ２５１号 スペイン・インフルエンザと高知県』（公文豪）
『猿猴川に死す』（森下雨村）
『運命の船 サン・フェリーペ号』（浦戸漂着四〇〇年実行委員会）
『サン・フェリーペ号は来た』（大原富枝）
『はりまやＳＴＯＲＹ Ｖｏｌ・１０８ ５—６月号』（アトリエよくばり子リス松田雅子）
『平和を愛した最後の陸軍大将 山脇正隆』（明神慶昌）
『論文 ブロニスワフ・ピウスツキのポーランドと日本』（Ewa Palasz-Rutkowska）
『耕す心』（藤田三郎）
『朱鳥』（田中貢太郎）

『鶏口牛後』（中谷元）
『歴史と文学』（小林秀雄）
『文士　小林秀雄』（占部賢志）
『高知県10年ビジョンの提言
「日本一の幸福実感県・高知」～土佐的循環型・共生社会の実現』（土佐経済同友会）
『竹富島憲章』（地縁団体法人　竹富公民館）
『「五箇条の御誓文」関係資料集成』（所功）
『「五箇条の御誓文」を読む』（川田敬一）
『由利公正　万機公論に決し、私に論ずるなかれ』（角鹿尚計）
『未来を変えた島の学校　隠岐島前発　ふるさと再興への挑戦』（山内道雄／岩本悠／田中輝美）
『フランクル著作集１　夜と霧　ドイツ強制収容所の体験記録』（ヴィクトール・Ｅ・フランクル）
『高知市コミュニティ計画　１９７４』（高知市企画部企画課）
『植木枝盛　交際の平均　二篇』（公文豪）
『原敬の大正』（松本健一）
『帝国議会議事録』
『国会議事録』
『高知県議会議事録』

動画配信・SNS・ブログ・ホームページは
こちらのQRコードから

良かったら登録お願い致します！

YouTube, Podcast
Instagram, Facebook, Twitter, LINE

大石宗プロフィール

1980年9月11日、高知市で出生。

若草幼稚園、小高坂小、高知学芸中高を経て日本大学法学部入学。卒業後、株式会社神戸製鋼所に入社。

2005年8月退社し、2007年4月、26歳で県議会議員に当選。

2012年から衆議院議員選挙に3度連続で挑戦し、すべて落選。

6年4カ月の浪人生活を経て2019年4月県議会に復帰。

趣　　味　剣道（3段）、読書（乱読）、バンド（ギター担当）、狂言（狂言師茂山逸平高知一門会「逸高会」所属）
愛 読 書　『漂流』（吉村昭）、『男子の本懐』（城山三郎）、『深夜特急』（沢木耕太郎）、『ぼくんち』（西原理恵子）
座右の銘　「天下一人を以て興る」「人生意気に感ず」
カラオケの十八番　「おいらの船は300とん」「三線の花」「走れコウタロー」「酔って候」「月の爆撃機」
好きな食べ物　土佐ジローの卵かけご飯とウツボの唐揚げ、鶏の水炊き（大川村のはちきん地鶏か南国のごめんケンカシャモが最高です）

思《し》宗《しゅう》紀《き》　つながる高知《こうち》の物語《ものがたり》

2023年2月23日　初版第1刷発行

著　者――大石　宗
監　修――依光　隆明
発行人――坂本圭一朗
発　行――リーブル出版
〒780―8040
高知市神田2126―1
TEL088―837―1250
装　幀――和田　裕之
印刷所――株式会社リーブル

定価はカバーに表示してあります。

落丁本、乱丁本は小社宛にお送りください。

送料小社負担にてお取り替えいたします。

ISBN 978-4-86338-372-2

日本音楽著作権協会（出）許諾番号 2300388-301